Business Glossary
English-Dutch/Dutch-English

Titles in the series

Business Glossaries in:

English-Catalan/Catalan-English	ISBN 0-948549-57-2
English-Dutch/Dutch-English	ISBN 0-948549-56-4
English-French/French-English	ISBN 0-948549-52-1
English-German/German-English	ISBN 0-948549-53-X
English-Greek/Greek-English	ISBN 1-901659-29-1
English-Italian/Italian-English	ISBN 0-948549-55-6
English-Polish/Polish-English	ISBN 0-948549-46-7
English-Portuguese/Portuguese-English	ISBN 0-948549-92-0
English-Spanish/Spanish-English	ISBN 0-948549-54-8
Spanish-German/German-Spanish	ISBN 0-948549-98-X

Also available

Comprehensive Bilingual Business Dictionaries:

Business Chinese Dictionary	ISBN 0-948549-63-7
Business French Dictionary	ISBN 0-948549-64-5
Business German Dictionary	ISBN 0-948549-50-5
Business Romanian Dictionary	ISBN 0-948549-45-9
Business Slovene Dictionary	ISBN 0-948549-38-6
Business Spanish Dictionary	ISBN 0-948549-30-0
Business Swedish Dictionary	ISBN 0-948549-14-9

For our complete catalogue listing our range of over 50 specialist English and bilingual dictionaries, please write to:
Peter Collin Publishing Ltd
1 Cambridge Road,
Teddington, TW11 8DT, UK
fax: +44 181 943 1673 email: info@pcp.co.uk

Information, samples, and related resources are available on our web site:

www.pcp.co.uk

Business Glossary
English-Dutch/Dutch-English

General Editor
PH Collin

Dutch Editor
Frances Brettell

PETER COLLIN PUBLISHING

First Published in Great Britain 1999

published by
Peter Collin Publishing Ltd
1 Cambridge Road, Teddington, Middlesex, TW11 8DT

Business Glossary Text
© Copyright P.H. Collin 1999

British Library Cataloguing in Publications Data

A Catalogue record for this book is available from the British Library

ISBN 0-948549-56-4

Text computer typeset by PCP
Printed and bound in Finland by WSOY

Cover illustration by Gary Weston

Preface

This glossary is for any business person or traveller who needs to deal with a foreign business language. It contains over 5,000 essential business terms with clear and accurate translations.

How to use this glossary

This glossary is arranged in two main sections. The first lists English terms with a Dutch translation, the second half lists Dutch terms with an equivalent English translation.

Throughout the Business Glossary we have used a number of abbreviations:

adj	bijvoeglijk naamwoord	adjective
adv	bijwoord	adverb
m	mannelijk	masculine
m/vr	mannelijk of vrouwelijk	masculine or feminine
mv	meervoud	plural
m mv	mannelijk meervoud	masculine plural
n	zelfstandig naamwoord	noun
o	onzijdig	neutral
o mv	onzijdig meervoud	neutral pleural
v	werkwoord	verb
vr	vrouwelijk	feminine
vr mv	vrouwelijk meervoud	feminine plural

Woord vooraf

Dit lexicon is bedoeld voor iedere zakenman/zakenvrouw of reiziger die met een vreemde taal zakelijk te maken heeft. Het bevat meer dan 5.000 onmisbare termen uit de zakenwereld voorzien van heldere en nauwkerige vertalingen.

Gebruiksaanwijzingen

Dit lexicon is in twee delen opgesplitst. In het eerste deel staan Engelse termen met de Nederlandse vertaling vermeld, in het tweede deel Nederlandse termen met de overeenkomstige Engelse vertaling.
In dit zakenlexicon worden de volgende afkortingen gebruikt:

adj	bijvoeglijk naamwoord	adjective
adv	bijwoord	adverb
m	mannelijk	masculine
m/vr	mannelijk of vrouwelijk	masculine or feminine
mv	meervoud	plural
m mv	mannelijk meervoud	masculine plural
n	zelfstandig naamwoord	noun
o	onzijdig	neutral
v	werkwoord	verb
vr	vrouwelijk	feminine
vr mv	vrouwelijk meervoud	feminine plural

Aa

A1 eerste klas

abandon opgeven

abandon an action een aanklacht (vr) intrekken *of* afzien van een rechtsvordering (vr)

abatement vermindering (vr) *of* korting (vr)

abroad in *of* naar het buitenland (o)

absence afwezigheid (vr)

absent afwezig

absolute monopoly absoluut monopolie (o)

accelerated depreciation versnelde afschrijving (vr)

accept (v) *[agree]* aannemen

accept (v) *[take something]* aanvaarden *of* accepteren

accept a bill een wissel (m) accepteren

accept delivery of a shipment een levering (vr) aannemen *of* aanvaarden

accept liability for something aansprakelijkheid (vr) voor iets aanvaarden

acceptable aanvaardbaar

acceptance aanvaarding (vr)

acceptance of an offer aanvaarding (vr) van een offerte (vr) *of* aanbod (o)

acceptance sampling steekproef (m/vr) *of* keuringssteekproef (m/vr)

accommodation address correspondentieadres (o)

accommodation bill schoorsteenwissel (m) *of* accomodatiewissel (m)

according to volgens

account rekening (vr)

account executive relatiebeheerder (m) *of* accountmanager (m)

account for verantwoorden

account in credit rekening (vr) met positief saldo (o) *of* batig rekeningsaldo (o)

account on stop geblokkeerde rekening (vr)

account: on account op rekening (vr) *of* op afbetaling (vr)

accountant accountant (m) *of* hoofdboekhouder (m) *of* administrateur (m)

accounting boekhouding (vr)

accounts department boekhoudafdeling (vr) *of* afdeling financiële administratie (vr)

accounts payable crediteuren (m mv) *of* te betalen rekeningen (vr mv)

accounts receivable debiteuren (m mv) *of* uitstaande rekeningen (vr mv)

accrual aangroei (m) *of* toename (m)

accrual of interest toename (vr) van rente (vr)

accrue aangroeien *of* toenemen

accrued interest aangegroeide rente (vr) *of* gekweekte rente (vr)

accumulate aangroeien *of* accumuleren

accurate nauwkeurig

acknowledge receipt of a letter ontvangst (vr) van een brief (m) bevestigen

acknowledgement ontvangstbevestiging (vr) *of* kwitantie (vr)

acquire a company een bedrijf (o) verwerven *of* aankopen

acquisition verkrijging (vr) *of* verwerving (vr) *of* aankoop (m) *of* aanwinst (vr)

across-the-board algemeen

act (v) *[do something]* handelen *of* ingrijpen

act (v) *[work]* optreden *of* fungeren

act of God overmacht (vr)

acting waarnemend

acting manager waarnemend bedrijfsleider (m)

action *[lawsuit]* proces (o) *of* rechtsvordering (vr)

action *[thing done]* handeling (vr)

action for damages actie (vr) voor schadevergoeding (vr) *of* tot schadeloosstelling (vr)

actual feitelijk

actuals werkelijke cijfers (o mv)

actuarial tables verzekeringsstatistieken (vr mv)

actuary actuaris (m)

ad valorem naar (geschatte) waarde (vr)

ad valorem tax belasting (vr) naar (geschatte) waarde (vr)

add toevoegen

add on 10% for service 10% toeslag voor bediening (vr)

add up a column of figures een kolom (vr) cijfers (o mv) optellen

addition *[calculation]* optelling (vr)

addition *[thing added]* toevoeging (vr) *of* bijvoegsel (o)

additional bijkomend

additional charges bijkomende kosten (m mv) *of* meerkosten (m mv)

additional premium bijkomende premie (vr)

address (n) adres (o)

address (v) toespreken

address a letter *or* **a parcel** een brief (m) *of* een pakje (o) adresseren

address label adresetiket (o) *of* adreslabel (m/o) *of* adresstrookje (o)

address list adressenlijst (vr)

addressee geadresseerde (m/vr)

adequate voldoende

adjourn onderbreken *of* verdagen

adjourn a meeting een vergadering (vr) verdagen

adjudicate in a dispute uitspraak (vr) doen in een geschil (o)

adjudication gerechtelijke uitspraak (vr)

adjudication tribunal arbitragecommissie (vr)

adjudicator scheidsrechter (m)

adjust aanpassen

adjustment aanpassing (vr)

administration administratie (vr)

administrative administratief

administrative expenses administratieve kosten (m mv)

admission toelating (vr) *of* toegang (m)

admission charge toegangsprijs (m)

admit *[confess]* toegeven

admit *[let in]* toelaten

advance (adj) vooraf

advance (n) *[increase]* stijging (vr)

advance (n) *[loan]* voorschot (o) *of* lening (vr)

advance (v) *[increase]* stijgen

advance (vr) *[lend]* vooruitbetalen *of* lenen

advance booking reservering (vr)

advance on account voorschot (o) bij afbetaling (vr) *of* voorschot (o) in rekening-courant (vr)

advance payment vooruitbetaling (vr)

advertise adverteren

advertise a new product reclame (vr) maken voor een nieuw product (o)

advertise a vacancy een vacature (vr) bekendmaken

advertisement advertentie (vr)

advertiser adverteerder (m) *of* advertentieblad (o)

advertising reclame (vr)

advertising agency reclamebureau (o)

advertising budget reclamebudget (o)

advertising campaign reclamecampagne (vr)

advertising manager reclamechef (m)

advertising rates advertentietarieven (o mv)

advertising space advertentieruimte (vr)

advice note verzendadvies (o) *of* pakbrief (m)

advise *[tell what happened]* informeren *of* op de hoogte (vr) brengen

advise *[what should be done]* aanraden *of* adviseren

adviser *of* **advisor** adviseur (m)

affidavit beëdigde schriftelijke verklaring (vr) *of* attest (o)

affiliated aangesloten bij

affirmative bevestigend *of* positief

afford zich veroorloven

after-sales service klantenservice (m)

after-tax profit winst (vr) na belasting (vr)

agency agentschap (o)

agenda *[of a meeting]* agenda (vr)

agent *[representative]* vertegenwoordiger (m)

agent *[working in an agency]* agent (m)

AGM (= annual general meeting) jaarlijkse algemene vergadering (vr)

agree *[accept]* akkoord gaan

agree *[approve]* goedkeuren

agree *[be same as]* overeenstemmen

agree to do something afspreken *of* overeenkomen om iets te doen

agree with *[be same as]* overeenstemmen

agree with *[of same opinion]* akkoord gaan met

agreed overeengekomen

agreed price overeengekomen prijs (m)

agreement overeenkomst (vr) *of* contract (o)

agricultural landbouwkundig

Aim (n) doel (o)

aim (v) trachten *of* richten

air lucht (vr)

air freight luchtvracht (vr)

air freight charges *of* **rates** luchtvrachtkosten (m mv) *of* luchtvrachttarieven (o mv)

air letter luchtpostbrief (m)

air terminal luchthavengebouw (o)

airfreight (v) per vliegtuig (o) verzenden

airline luchtvaartmaatschappij (vr)

airmail (n) luchtpost (vr)

airmail (v) per luchtpost (vr) verzenden

airmail sticker zelfklever (m) 'per luchtpost' (vr) *of* sticker (m) 'per luchtpost' (vr)

airport luchthaven (vr)

airport bus luchthavenbus (vr)

airport tax luchthavenbelasting (vr)

airport terminal luchthavengebouw (o)

airtight packaging luchtdichte verpakking (vr)

all expenses paid alle (on)kosten (m mv) betaald

all-in alles inbegrepen

all-in price all-in prijs (m)

all-risks policy all-riskpolis (vr)

allocate toewijzen *of* verdelen

allow *[agree]* erkennen

allow *[give]* toekennen

allow *[permit]* toestaan

allow 10% for carriage 10% voor transportkosten (m mv) berekenen

allow for rekening (vr) houden met

allowance for depreciation afschrijvingsvoorziening (vr)

alphabetical order alfabetische volgorde (vr)

alter veranderen

alteration verandering (vr)

alternative (adj) alternatief

alternative (n) alternatief (o) *of* keuze (vr) *of* mogelijkheid (vr)

amend verbeteren *of* wijzigen

amendment amendement (o) *of* wijziging (vr)

American (adj) Amerikaans

American (n) Amerikaan (m) *of* Amerikaanse (vr)

amortization afschrijving (vr) *of* amortisatie (vr)

amortize afschrijven *of* afbetalen *of* amortiseren

amount *[of money]* bedrag (o) *of* hoeveelheid (vr)

amount owing verschuldigde bedrag (o)

amount paid betaalde bedrag (o)

amount to bedragen *of* oplopen tot

analyse or analyze analyseren

analyse the market potential het marktpotentieel (o) analyseren

analysis analyse (vr)

announce aankondigen

announcement aankondiging (vr)

annual jaarlijks

annual accounts jaarrekeningen (vr mv)

annual general meeting (AGM) jaarlijkse algemene vergadering (vr)

annual report jaarverslag (o)

annually jaarlijks

answer (n) antwoord (o)

answer (v) antwoorden

answer a letter een brief (m) beantwoorden

answer the telephone de telefoon (m) beantwoorden

answering machine automatisch antwoordapparaat (o)

answering service telefonische antwoorddienst (m)

antedate antidateren

apologize zich verontschuldigen

apology verontschuldiging (vr)

appeal (n) *[against a decision]* appel (o) *of* beroep (o)

appeal (n) *[attraction]* aantrekkingskracht (vr)

appeal (v) *[against a decision]* appelleren *of* in beroep (o) gaan

appeal to (v) *[attract]* aantrekken

appear verschijnen

appendix bijlage (m/vr) *of* appendix (o)

applicant for a job sollicitant (m) *of* sollicitante (vr)

application aanvraag (vr)

application for a job sollicitatie (vr)

application form aanvraagformulier (o)

application form *[job]* sollicitatieformulier (o)

apply for *[ask for]* aanvragen

apply for a job solliciteren voor een baan (vr)

apply in writing schriftelijk aanvragen

apply to *[affect]* toepasselijk zijn *of* van toepassing zijn

appoint benoemen *of* aanstellen

appointment *[job]* aanstelling (vr)

appointment *[meeting]* afspraak (vr)

appointment *[to a job]* benoeming (vr)

appointments book agenda (vr)

appointments vacant vacatures (vr mv)

appreciate *[how good something is]* waarderen *of* op prijs stellen

appreciate *[increase in value]* stijgen

appreciation *[how good something is]* waardering (vr)

appreciation *[in value]* waardevermeerdering (vr) *of* waardestijging (vr)

appropriate passend *of* geschikt

appropriate (v) *[funds]* bestemmen *of* aanwenden

approval goedkeuring (vr)

approval: on approval op zicht (o) *of* op proef (vr)

approve the terms of a contract de voorwaarden (vr mv) van een contract (o) goedkeuren

approximate geschat *of* approximatief

approximately circa *of* ongeveer *of* bij benadering (vr)

arbitrate in a dispute een geschil (o) arbitreren

arbitration arbitrage (vr) *of* bemiddeling (vr)

arbitration board *or* **arbitration tribunal** arbitragecommissie (vr) *of* arbitragetribunaal (o) *of* geschillencommissie (vr)

arbitrator scheidsrechter (m) *of* arbiter (m)

area *[of town]* wijk (m/vr)

area *[region]* streek (vr)

area *[subject]* gebied (o)

area *[surface]* oppervlakte (vr)

area code netnummer (o)

area manager rayonleider (m) *of* rayonmanager (m)

argument ruzie (vr)

arrange *[meeting]* afspreken *of* beleggen

arrange *[set out]* inrichten *of* rangschikken

arrangement *[compromise]* schikking (vr) *of* regeling (vr) *of* overeenkomst (vr)

arrangement *[system]* voorbereiding (vr)

arrears achterstand (m)

arrival aankomst (vr)

arrivals aankomsthal (m/vr)

arrive aankomen

article *[clause]* artikel (o) *of* bepaling (vr)

article *[item]* artikel (o) *of* product (o)

articles of association *or* **articles of incorporation** statuten (o mv)

articulated lorry *or* **articulated vehicle** truck (m) met aangekoppelde oplegger (m)

as per advice volgens verzendadvies (o)

as per invoice volgens factuur (vr)

as per sample volgens monster (o)

asap (= **as soon as possible**) zo spoedig mogelijk

ask vragen

ask *[someone to do something]* verzoeken *of* verlangen

ask for *[ask a price]* iets vragen *of* verlangen

ask for *[something]* om iets vragen

ask for a refund om terugbetaling (vr) vragen *of* verlangen

ask for further details *or* **particulars** meer details (o mv) vragen

assembly *[meeting]* vergadering (vr) *of* bijeenkomst (vr)

assembly *[putting together]* montage (vr)

assembly line montagelijn (m/vr) *of* lopende band (m)

assess beoordelen *of* bepalen *of* opnemen *of* schatten *of* taxeren *of* vaststellen

assess damages schade (vr) opnemen *of* schatten *of* taxeren *of* vaststellen

assessment of damages schade-expertise (vr) *of* schadeopneming (vr) *of* schadetaxatie (vr) *of* schadevaststelling (vr)

asset aanwinst (vr) *of* creditpost (m)

asset value vermogenswaarde (vr)

assets and liabilities activa (mv) en passiva (mv)

assign a right to someone iemand een recht (o) toekennen

assignee gevolmachtigde (m/vr) *of* cessionaris (m)

assignment *[cession]* cessie (vr)

assignment *[work]* opdracht (vr)

assignor cedent (m) *of* overdrager (m)

assist assisteren *of* helpen

assistance assistentie (vr) *of* hulp (vr)

assistant assistent (m) *of* assistente (vr)

assistant manager adjunct-directeur (m)

associate (adj) gelieerd *of* verbonden

associate (n) partner (m) *of* collega (m)

associate company gelieerde vennootschap (vr) *of* bedrijf (o)

association vereniging (vr) *of* associatie (vr)

assurance levensverzekering (vr)

assurance company (levens)verzekeringsmaatschappij (vr)

assurance policy (levens)verzekeringspolis (vr)

assure someone's life iemands leven (o) verzekeren

attach aanhechten

attack aanvallen *of* aanpakken

attend bijwonen

attend to zich bezig houden met *of* zorgen voor *of* aandacht schenken aan

attention attentie (vr) *of* aandacht (vr)

attorney advocaat (m) *of* procureur (m)

attract aantrekken

attractive salary aantrekkelijk salaris (o)

auction (n) veiling (vr)

auction (v) veilen

auction rooms veilingzaal (vr)

audit (n) accountantsonderzoek (o) *of* (accountants)controle (m/vr)

audit (v) controleren

audit the accounts de (jaar)rekeningen (vr mv) controleren

auditing accountantscontrole (vr)

auditor (register)accountant (m)

authenticate authentiek verklaren *of* legaliseren

authority autoriteit (vr) *of* bevoegdheid (vr)

authorization autorisatie (vr) *of* machtiging (vr)

authorize *[give permission]* autoriseren *of* machtigen

authorize payment opdracht (vr) geven tot betaling (vr) *of* betaling (vr) autoriseren

authorized gevolmachtigd

availability beschikbaarheid (vr)

available beschikbaar

available capital beschikbaar kapitaal (o)

average (adj) gemiddeld *of* middelmatig

average (n) gemiddelde (o)

average (n) *[insurance]* averij (vr)

average (v) het gemiddelde (o) halen *of* het gemiddelde (o) berekenen

average (n) gemiddelde (o)

average price gemiddelde prijs (m)

avoid vermijden

await instructions instructies (vr mv) afwachten

award (n) prijs (m) *of* beloning (vr) *of* (scheidsrechterlijke) uitspraak (vr)

award (v) toekennen *of* belonen

award a contract to someone iemand een contract (o) toewijzen

Bb

back (n) achterkant (m)

back orders achterstallige bestellingen (vr mv)

back payment achterstallige betaling (vr)

back tax achterstallige belasting (vr)

back up *[computer file]* backup (m) *of* reserve (vr)

back up (v) *[support]* steunen

backdate antedateren

backer sponsor (m) *of* financier (m)

backhander smeergeld (o)

backing (financiële) steun (m)

backlog achterstand (m) *of* achterstallig werk (o)

backup (adj) *[computer]* backup *of* reserve

backup copy reservekopie (vr)

backwardation deport (o) *of* stukkenhuur (m/vr)

bad buy slechte aankoop (m)

bad debt oninbare vordering (vr)

bag tas (vr) *of* zak (m)

bail someone out borgtocht (m) betalen voor iemand

balance (n) tegoed (o) *of* saldo (o) *of* evenwicht (o)

balance (v) sluitend maken *of* in evenwicht (o) brengen

balance (v) *[a budget]* sluitend maken *of* in evenwicht (o) brengen

balance brought down transport (o)

balance brought forward *of* **balance carrried forward** transport (o)

balance due to us het ons nog verschuldigde saldobedrag (o) *of* schuldsaldo (o)

balance of payments betalingsbalans (vr)

balance of trade handelsbalans (vr)

balance sheet balans (vr)

ban (n) verbod (o)

ban (v) verbieden

bank (n) bank (vr)

bank (v) deponeren *of* bankieren

bank account bankrekening (vr)

bank balance banksaldo (o)

bank base rate bank basisrente (m/vr)

bank bill (GB) bankwissel (m)

bank bill (US) bankbiljet (o)

bank book bankboek (o)

bank borrowings bankleningen (vr mv)

bank charges bankkosten (m mv)

bank credit bankkrediet (o)

bank deposits bankdeposito's (o mv)

bank draft bankwissel (m)

bank holiday officiële feestdag (m)

bank loan banklening (vr)

bank manager bankdirecteur (m)

bank mandate bankmachtiging (vr) *of* betalingsopdracht (m/vr) *of* betaalopdracht (m/vr)

bank statement bankafschrift (o)

bank transfer bankoverschrijving (vr)

bankable paper verdisconteerbaar (waarde)papier (o)

banker bankier (m)

banker's draft bankwissel (m)

banker's order opdracht (vr) automatische overboeking (vr)

banking bankwezen (o)

banking hours openingstijden (m mv) van een bank (vr)

banknote bankbiljet (o)

bankrupt (adj) failliet *of* bankroet

bankrupt (n) faillissement (o)

bankrupt (v) failliet gaan

bankruptcy faillissement (o)

bar chart staafdiagram (o)

bar code streepjescode (m)

bargain (n) *[cheaper than usual]* koopje (o)

bargain (n) *[deal]* overeenkomst (vr)

bargain (n) *[stock exchange]* effectentransactie (vr)

bargain (v) onderhandelen *of* loven en bieden

bargain offer uitverkoop (m) *of* koopje (o)

bargain price spotprijs (m) *of* weggeefprijs (m)

bargaining onderhandeling (vr mv)

bargaining position onderhandelingspositie (vr)

bargaining power onderhandelingsmacht (vr)

barrier barrière (vr)

barter (n) ruilhandel (m)

barter (v) ruilhandel (m) drijven

bartering ruilhandel (m)

base (n) *[initial position]* basis (vr) *of* uitgangspunt (o)

base (n) *[place]* basis (vr) *of* hoofdvestiging (vr)

base (v) *[in a place]* vestigen

base (v) *[start to calculate from]* baseren op

base year basisjaar (o)

basic (adj) *[most important]* fundamenteel *of* basis

basic (adj) *[simple]* elementair

basic discount basiskorting (vr)

basic tax basisbelastingtarief (o)

basis basis (vr) *of* grondslag (m)

batch (n) *[of orders]* groep (vr) *of* serie (vr)

batch (n) *[of products]* partij (vr)

batch (v) groeperen

batch number partijnummer (o)

batch processing groepsgewijze verwerking (vr)

bear (n) *[Stock Exchange]* baissespeculant (m) *of* baissier (m)

bear (v) *[carry]* dragen

bear (v) *[interest]* opbrengen

bear (v) *[pay for]* dragen *of* op zich nemen

bear market baissemarkt (vr) *of* dalende effectenmarkt (vr)

bearer toonder (m) *of* houder (m)

bearer bond obligatie (vr) aan toonder (m) *of* toonderobligatie (vr)

begin beginnen

beginning begin (o)

behalf: on behalf of namens *of* in opdracht (o) van

belong to toebehoren aan *of* eigendom zijn van

below-the-line expenditure uitgaven (m/vr mv) onder de streep (m/vr) *of* uitzonderlijke kosten (m mv)

benchmark referentiepunt (o)

beneficiary begunstigde (m/vr)

benefit (n) uitkering (vr) *of* voorziening (vr)

benefit from (v) profiteren van *of* voordeel (o) halen uit

berth (n) ligplaats (vr) *of* ankerplaats (vr)

berth (v) aanleggen

best (adj) best

best (n) beste (m/vr/o)

best-selling car meest verkochte auto (m)

bid (n) *[at an auction]* bod (o)

bid (n) *[offer to buy]* aanbod (o)

bid (n) *[offer to do work]* offerte (vr) *of* inschrijving (vr)

bid (n) *[offer to sell]* US aanbod (o)

bidder bieder (m)

bidding bod (o)

bilateral bilateraal

bill (n) (US) bankbiljet (o)

bill (n) *[in a restaurant]* rekening (vr) *of* prijslijst (m/vr)

bill (n) *[in Parliament]* wetsontwerp (o)

bill (n) *[list of charges]* rekening (vr) *of* factuur (vr)

bill (n) *[written promise to pay]* wissel (m)

bill (v) in rekening (vr) brengen *of* factureren

bill of exchange wissel (m)

bill of lading vrachtbrief (m)

bill of sale koopakte (vr) *of* koopbrief (m) *of* verklaring van eigendomsoverdracht (m/vr)

billing facturering (vr)

billion miljard (o)

bills for collection wissels (m mv) ter incasso

bills payable te betalen wissels (m mv)

bills receivable te innen wissels (m mv)

binding bindend

black economy het zwarte circuit (o)

black list (n) zwarte lijst (vr)

black market zwarte markt (vr)

blacklist (v) op de zwarte lijst (vr) plaatsen

blame (n) schuld (vr)

blame (v) de schuld (vr) geven aan

blank (adj) blanco

blank (n) leemte (vr)

blank cheque blanco cheque (m)

blister pack blisterverpakking (vr)

block (n) *[building]* blok (o)

block (n) *[of shares]* pakket (o)

block (v) blokkeren

block booking reservering (vr) voor een groep (m/vr) *of* groepsreservering (vr)

blocked currency geblokkeerde valuta (m/vr)

blue chip eersteklas effecten (o mv)

blue-chip investments eersteklas investeringen (vr mv)

board (n) *[group of people]* raad (m) *of* commissie (vr)

board (v) aan boord (m) gaan

board meeting bestuursvergadering (vr)

board of directors raad (m) van beheer (o) *of* raad (m) van bestuur (o) *of* directie (vr)

board: on board aan boord (m)

boarding card *of* **boarding pass** instapkaart (vr)

boardroom bestuurskamer (vr) *of* directiekamer

bona fide te goeder trouw (vr)

bond *[borrowing by government]* obligatie (vr)

bonded warehouse entrepot (o)

bonus bonus (m) *of* premie (vr)

bonus issue uitgifte (vr) van bonusaandelen (o mv)

book (n) boek (o)

book (v) reserveren

book sales geboekte verkoop (m)

book value boekwaarde (vr)

booking boeking (vr) *of* reservering (vr)

booking clerk kaartjesverkoper (m) *of* kaartjesverkoopster (vr)

booking office reserveringsloket (o) *of* plaatskaartenbureau (o)

bookkeeper boekhouder (m)

bookkeeping boekhouding (vr)

boom (n) hausse (vr) *of* forse groei (m) *of* hoogconjunctuur (vr) *of* sterke koersstijging (vr)

boom (v) sterk toenemen *of* opbloeien *of* forse groeien

boom industry groeiindustrie (vr) *of* groeisector (m)

booming bloeiend *of* florerend

boost (n) stimulans (m) *of* sterke stijging (vr)

boost (v) stimuleren

border grens (m/vr)

borrow lenen (van)

borrower lener (m) *of* kredietnemer (m)

borrowing iets dat is geleend *of* het geleende (o)

borrowing power leenkracht (vr)

boss werkgever (m)

boss (informal) baas (m) *of* bazin (vr) *of* chef (m)

bottleneck knelpunt (o)

bottom bodem (m)

bottom line onderste regel (m) (van winst en verliesrekening) *of* eindresultaat (o) *of* nettoresultaat (o)

bought (see BUY) gekocht

bought ledger crediteurenboek (o)

bought ledger clerk medewerk(st)er (m/vr) crediteurenadministratie (vr)

bounce *[cheque]* geweigerd worden *of* ongedekt zijn

box number postbusnummer (o)

boxed set in een doos (vr) verpakt

boycott (n) boycot (m)

boycott (v) boycotten

bracket (n) *[tax]* belastingschijf (m/vr)

bracket together groeperen

branch filiaal (o) *of* kantoor (o)

branch manager filiaalhouder (m) *of* kantoordirecteur (m) (bank)

branch office filiaal (o) *of* bijkantoor (o) *of* kantoor (o) (bank)

brand handelsmerk (o) *of* merknaam (m)

brand image merkimago (o)

brand loyalty merkentrouw (vr)

brand name merknaam (m)

brand new splinternieuw

breach of contract contractbreuk (vr)

breach of warranty niet-nakoming (vr) van garantievoorwaarden (vr)

break (n) pauze (vr)

break (v) *[contract]* niet-nakomen

break an agreement een overeenkomst (vr) verbreken

break down (v) *[itemize]* specificeren

break down (v) *[machine]* kapot gaan *of* defect raken

break down (v) *[talks]* mislukken

break even (v) kostendekkend worden

break off negotiations onderhandelingen (vr mv) afbreken

break the law de wet (vr) overtreden

breakages breuken (vr mv) *of* breukschade (vr)

breakdown (n) *[items]* specificatie (vr)

breakdown (n) *[machine]* defect (o)

Breakdown (n) *[talks]* mislukking (vr)

breakeven point break-evenpoint (o) *of* kostendekkend punt (o)

bribe (n) steekpenning (vr) *of* smeergeld (o)

bribe (v) omkopen

brief (v) informeren *of* voorbereiden *of* instrueren

briefcase aktetas (vr) *of* diplomatentas (vr)

bring (mee)brengen

bring a civil action een civiel procedure (m/vr) aanspannen

bring in opbrengen

bring out uitbrengen *of* op de markt brengen

British Brits

brochure brochure (vr)

broke (informal) platzak *of* blut *of* bankroet

broker makelaar (m)

brokerage *or* **broker's commission** makelarij (vr) *of* courtage (vr)

brown paper pakpapier (o)

bubble pack (v) blisterverpakken

budget (n) *[government]* begroting (vr)

budget (n) *[personal or company]* budget (o)

budget (v) budgetteren *of* begroten

budget account budgetrekening (vr)

budgetary budgettair

budgetary control budgetbewaking (vr) *of* budgetcontrole (m/vr)

budgetary policy budgetbeleid (o) *of* begrotingsbeleid (o)

budgeting budgetteren (o)

building society hypotheekbank (vr)

built-in ingebouwd

bulk massa (vr) *of* in het groot (o)

bulk buying massaverkopen (m mv) doen *of* aankopen in het groot (o)

bulk shipments zendingen (vr mv) van stortgoederen (o mv)

bulky volumineus

bull *[stock exchange]* haussier (m) *of* haussespeculant (m)

bull market stijgende markt (vr) *of* haussemarkt (vr)

bulletin bulletin (o) *of* circulaire (vr)

bullion ongemunt goud (o) *of* ongemunt zilver (o)

bureau de change wisselkantoor (o)

bus bus (m/vr)

business *[commerce]* handel (m) *of* zaken (vr mv)

business *[company]* zaak (vr) *of* bedrijf (o)

business *[discussion]* gesprekspunt (o) *of* agenda (m/vr)

business address zakenadres (o) *of* kantooradres (o)

business call zakenbezoek (o)

business card visitekaartje (o)

business centre bedrijfscentrum (o)

business class business class (vr)

business equipment kantooruitrusting (vr)

business hours openingstijden (m mv) *of* kantooruren (o mv)

business letter zakelijke brief (m)

business lunch zakenlunch (m)

business premises *or* **commercial premises** bedrijfspand (o) *of* bedrijfsgebouw (o)

business strategy zakelijke strategie (vr)

business transaction zakelijke transactie (vr)

business trip zakenreis (vr)

business: on business voor zaken (vr mv)

businessman *or* **businesswoman** zakenman (m) *of* zakenvrouw (vr)

busy druk *of* bezet (telefoon)

buy (v) kopen

buy back terugkopen

buy for cash à contant kopen

buy forward op termijn (m) kopen

buyer *[for a store]* inkoper (m) *of* inkoopster (vr)

buyer *[person]* koper (m) *of* koopster (vr)

buyer's market kopersmarkt (vr)

buying het kopen (o)

buying department inkoopafdeling (vr)

by-product bijproduct (o)

Cc

c.i.f. (cost, insurance and freight) kostprijs (m) inclusief vracht (m/vr) en verzekering (vr) tot plaats van levering (vr)

c/o (= care of) per adres (o)

cable address telegramadres (o)

calculate (be)rekenen

calculation berekening (vr)

calculator rekenmachine (vr)

calendar month kalendermaand (vr)

calendar year kalenderjaar (o)

call (n) *[for money]* opvraging (vr)

call (n) *[phone]* telefoongesprek (o)

call (n) *[stock exchange]* opvraging (vr) *of* koopoptie (vr)

call (n) *[visit]* bezoek (o)

call (v) *[ask to do something]* oproepen

call (v) *[meeting]* bijeenroepen

call (v) *[phone]* telefoneren

call box telefooncel (vr)

call off a deal een transactie (vr) annuleren *of* ongedaan maken

call rate bezoekfrequentie (vr)

callable bond vervroegd aflosbare obligatie (vr)

campaign campagne (vr)

cancel annuleren

cancel a cheque een cheque (m) annuleren *of* een cheque (m) ongeldig maken

cancel a contract een contract (o) annuleren

cancellation annulering (vr) *of* afzegging (vr)

cancellation clause annuleringsclausule (vr)

cancellation of an appointment afzegging (vr) van een afspraak (vr)

candidate kandidaat (m) *of* kandidate (vr)

canvass colporteren *of* stemmen (vr mv) werven *of* klanten (m mv) werven *of* een opiniepeiling (vr) houden

canvasser colporteur (m) *of* stemmenwerver (m)

canvassing colportage (vr) *of* stemmenwerving (vr)

canvassing techniques colportagetechnieken (vr mv)

capable of in staat zijn tot

capacity *[ability]* bekwaamheid (vr)

capacity *[production]* capaciteit (vr)

capacity *[space]* capaciteit (vr) *of* bergruimte (vr)

capacity utilization bezettingsgraad (m)

capital kapitaal (o) *of* vermogen (o)

capital account kapitaalrekening (vr)

capital assets kapitaalgoederen (o mv)

capital equipment kapitaalgoederen (o mv)

capital expenditure kapitaaluitgaven (vr mv)

capital gains vermogenswinst (vr) *of* vermogensresultaat (o)

capital gains tax vermogenswinstbelasting (vr)

capital goods kapitaalgoederen (o mv)

capital loss vermogensverlies (o)

capital-intensive industry kapitaalintensieve industrie (vr)

capitalization kapitalisatie (vr) *of* activering (vr)

capitalization of reserves kapitalisatie (vr) *of* activering (vr) van reserves (vr mv)

capitalize kapitaliseren *of* activeren

capitalize on profiteren van *of* uitbuiten

captive market monopolistische afzetmarkt (m/vr)

capture (v) veroveren *of* verwerven

carbon copy carbonkopie (vr) *of* doorslag (m)

carbon paper carbonpapier (o)

carbonless zonder carbon (o)

card *[business card]* adreskaartje (o) *of* visitekaartje (o)

card *[material]* karton (o)

card *[membership]* lidmaatschapskaart (vr)

card *[postcard]* briefkaart (vr)

card index (n) kaartindex (m) *of* kaartsysteem (o)

card phone kaarttelefoon (m)

card-index (v) ficheren *of* catalogiseren

card-index file kaartenbestand (o) *of* kaartsysteem (o)

card-indexing kaartsysteem (o)

cardboard karton (o)

cardboard box kartonnen doos (vr)

care of (c/o) per adres (o)

cargo vracht (vr) *of* lading (vr)

cargo ship vrachtschip (o)

carnet *[document]* carnet (o)

carriage vrachtkosten (m mv) *of* vrachtprijs (m) *of* transport (o)

carriage forward vracht (m/vr) onder rembours (o) te betalen

carriage free franco *of* vracht betaald

carriage paid franco *of* vracht betaald

carrier *[company]* expediteur (m) *of* transporteur (m)

carrier *[vehicle]* vrachtwagen (m)

carry *[approve in a vote]* aannemen

carry *[have in stock]* verkopen *of* in voorraad hebben

carry *[produce]* dragen *of* opbrengen

carry *[transport]* transporteren *of* vervoeren

carry forward transporteren

carry on a business een zaak (vr) voeren

carry over a balance een saldo (o) transporteren

cartel kartel (o)

carton *[box]* kartonnen doos (vr) *of* pak (o)

carton *[material]* karton (o)

case (n) *[box]* kist (vr) *of* doos (vr)

case (n) *[suitcase]* koffer (m)

case (v) *[put in boxes]* inpakken

cash (adv) contant

cash (n) *[money]* contant geld (o)

cash a cheque een cheque (m) innen

cash account kasrekening (vr)

cash advance kasvoorschot (o)

cash and carry zelfbedieningsgroothandel (m)

cash balance kassaldo (o)

cash book kasboek (o)

cash card bankpas (m)*of* pinpas (m)

cash deal contante transactie (vr)

cash deposit kasstorting (vr)

cash desk kassa (m/vr)

cash discount *or* **discount for cash** korting (vr) bij contante betaling (vr)

cash dispenser kasgeldautomaat (m)

cash float startbedrag (o) aan kleingeld (o) in kassa (m/vr)

cash flow cash flow (m) *of* kasstroom (m) *of* geldstroom (m)

cash flow forecast liquiditeitsbegroting (vr)

cash flow statement overzicht (o) van de kasstroom (m)

cash in hand contant geld (o)

cash offer aanbod (o) bij contante betaling (vr)

cash on delivery (c.o.d.) levering onder rembours (o)

cash payment contante betaling (vr)

cash price *or* **cash terms** contante prijs (m) *of* prijs bij contante betaling

cash purchase contante aankoop (m) *of* contante inkoop (m)

cash register kasregister (o) *of* kassa (m/vr)

cash reserves kasreserves (vr mv)

cash sale verkoop (m) tegen contante betaling (vr) *of* contante verkoop (m)

cash terms prijs (m) bij contante betaling (vr)

cash till kasregister (o) *of* kassa (m/vr)

cash transaction contante transactie (vr)

cash voucher kasbescheid (o) *of* kasbewijsstuk (o)

cashable verzilverbaar

cashier kassier(ster) (m/vr) *of [bank]* baliemedewerk(st)er (m/vr)

cashier's check (US) bankcheque (m)

casting vote beslissende stem (vr)

casual work tijdelijk werk (o)

casual worker tijdelijke medewerk(st)er (m/vr)

catalogue catalogus (m)

catalogue price catalogusprijs (m)

category categorie (vr)

cater for voorzien in *of* zich richten op

caveat emptor op risico (o) van de koper (m)

ceiling plafond (o)

ceiling price maximumprijs (m)

cellular telephone draagbare telefoon (m)

central centraal

central bank centrale bank (vr)

central purchasing gecentraliseerde aankopen (m mv)

centralization centralisatie (vr)

centralize centraliseren

centre *[important town]* centrum (o)

CEO (= chief executive officer) president-directeur (m) *of* hoofddirecteur (m)

certificate certificaat (o) *of* bewijs (o)

certificate of approval certificaat (o) van goedkeuring (vr) *of* homologatiecertificaat (o)

certificate of deposit depositocertificaat (o)

certificate of guarantee garantiebewijs (o)

certificate of origin certificaat (o) van oorsprong (m)

certificate of registration inschrijvingsbewijs (o)

certificated gediplomeerd *of* bevoegd

certificated bankrupt gerehabiliteerde gefailleerde (m)

certified accountant gediplomeerd accountant (m)

certified cheque gegarandeerde cheque (m)

certified copy gewaarmerkt afschrift (o)

certify waarmerken *of* certificeren

cession cessie (vr) *of* afstand (m)

chain *[of stores]* winkelketen (vr)

chain store (winkel)filiaal (o) *of* filiaalbedrijf (o)

chairman *[of committee]* voorzitter (m)

chairman *[of company]* president (m)

chairman and managing director president-directeur (m)

Chamber of Commerce Kamer (vr) van Koophandel (m)

change (n) *[cash]* wisselgeld (o) *of* kleingeld (o)

change (n) *[difference]* verandering (vr)

change (v) *[become different]* veranderen

change (v) *[money]* wisselen

change hands verhandeld worden *of* in andere handen (vr mv) overgaan

change machine wisselgeldautomaat (m)

channel (n) kanaal (o)

channel (v) kanaliseren *of* in een bepaalde richting (vr) sturen

channels of distribution distributiekanalen (o mv)

charge (n) *[in court]* beschuldiging (vr)

charge (n) *[money]* kosten (m mv) *of* onkosten (m mv)

charge (n) *[on account]* debet (o)

charge (v) *[in court]* beschuldigen

charge (v) *[money]* in rekening (vr) brengen

charge a purchase een aankoop (m) in rekening (vr) brengen

charge account klantenkredietrekening (vr) *of* klantenrekening (vr)

charge card kredietkaart (vr) *of* klantenkaart (vr)

chargeable in rekening (vr) te brengen

charges forward onder rembours (o)

charter (n) charter (o) *of* privilege (o)

charter (v) charteren

charter an aircraft een vliegtuig (o) charteren

charter flight chartervlucht (vr)

charter plane charter vliegtuig (o)

charterer bevrachter (m) *of* vervrachter

chartering het charteren (o) *of* bevrachting (vr)

chase *[an order]* bespoedigen

chase *[follow]* achtervolgen

cheap goedkoop

cheap labour goedkope arbeidskrachten (vr mv)

cheap money goedkoop geld (o)

cheap rate lager tarief (o) *of* voordelig tarief (o)

check (n) *[examination]* controle (m/vr)

check (n) *[stop]* rem (vr) *of* stop (m)

check (v) *[examine]* controleren

check (v) *[stop]* (doen) stoppen *of* afremmen *of* belemmeren

check in (v) *[at airport]* inchecken

check in (v) *[at hotel]* registreren *of* zich inschrijven

check out *[of hotel]* vertrekken uit *of* zich uitschrijven

check sample staal (o) *of* controlemonster (o)

check-in *[at airport]* inchecken (o)

check-in counter incheckbalie (vr)

check-in time inchecktijd (m)

checkout (in supermarket) kassa (m/vr)

cheque cheque (m)

cheque (guarantee) card bankpas (m)

cheque account lopende rekening (vr) *of* rekening courant (vr)

cheque book chequeboek (o)

cheque number chequenummer (o)

cheque stub chequecontrolestrook (vr)

cheque to bearer cheque (m) aan toonder (m)

chief hoofd (m) *of* chef (m)

chief (adj) belangrijkst *of* voornaamst

chief clerk bureauchef (m)

chief executive *or* **chief executive officer (CEO)** president-directeur (m) *of* hoofddirecteur (m)

choice (adj) kwaliteits- *of* uitgelezen *of* uitstekende kwaliteit (vr)

choice (n) *[choosing]* keuze (vr)

choice (n) *[items to choose from]* assortiment (o) *of* keuze (m/vr) *of* keus (m/vr)

choice (n) *[thing chosen]* keuze (vr) *of* het gekozene (o)

choose kiezen

Christmas bonus kerstpremie (vr) *of* kerstbonus (m)

chronic chronisch

chronological order chronologische volgorde (vr)

circular (n) rondschrijven (o) *of* circulaire (vr)

circular letter rondschrijven (o) *of* circulaire (vr)

circular letter of credit circulaire kredietbrief (m)

circulation *[money]* omloop (m)

circulation *[newspaper]* oplage (vr)

civil law burgerlijk recht (o)

claim (n) eis (m)

claim (v) *[insurance]* aanspraak maken op

claim (v) *[right]* recht (o) hebben op

claim (v) *[suggest]* beweren

claimant eiser (m) *of* eiseres (vr) *of* reclamant (m) *of* rechthebbende (m/vr)

claims department afdeling (vr) schadeclaims (m mv)

claims manager manager (m) afdeling schadeclaims

class klas (vr) *of* klasse (vr)

classification classificatie (vr)

classified ads rubriekadvertenties
(vr mv)

classified advertisements
rubriekadvertenties (vr mv)

classified directory bedrijvengids (m) *of*
handelsgids (m)

classify classificeren

clause clausule (vr)

clawback terugvordering (vr)

clear (adj) *[easy to understand]*
duidelijk

clear (adj) *[free]* vrij

clear (v) *[stock]* opruimen

clear a cheque een cheque (m)
verrekenen

clear a debt een schuld (vr) vereffenen

clear profit zuiver winst (vr) *of* netto
winst (vr)

clearance certificate douanecertificaat
(o) *of* douane-inklaring (vr)

clearance of a cheque verrekening (vr)
van een cheque (m)

clearing *[paying]* verrekening (vr)

clearing bank clearingbank (vr)

clerical administratief

clerical error schrijffout (vr) *of* tikfout
(vr)

clerical staff kantoorpersoneel (o)

clerical work administratief werk (o)

clerk kantoor bediende *of*
administratieve medewerk(st)er (m/vr)

client client (m) *of* klant (m)

clientele klantenkring (m)

climb klimmen

clinch beklinken *of* sluiten

clipping service knipseldienst (m)

close (n) *[end]* einde (o) *of* slot (o)

close (v) *[after work]* sluiten

close a bank account een bankrekening
(vr) afsluiten

close a meeting een vergadering (vr)
(af)sluiten

close an account een rekening (vr)
afsluiten

close down sluiten *of* opheffen

close to vlak bij

closed gesloten

closed circuit gesloten circuit (o)

closed market gesloten markt (vr)

closing (adj) sluitings-

closing (n) sluiting (vr) *of* eind (o) *of* slot
(o)

closing balance eindbalans (vr)

closing bid laatste bod (o)

closing date sluitingsdatum (m) *of*
afsluitdatum (m)

closing price slotkoers (m) *of* eindprijs
(m)

closing stock eindvoorraad (m)

closing time sluitingstijd (m)

closing-down sale opheffingsuitverkoop
(m)

closure afsluiting (vr)

co-creditor medecrediteur (m)

co-director mededirecteur (m)

co-insurance medeverzekering (vr)

co-operate samenwerken *of* meewerken

co-operation samenwerking (vr) *of*
medewerking (vr)

co-operative (adj) coöperatief

co-operative (n) coöperatief (m/vr)

co-opt someone iemand coöpteren

co-owner mede-eigenaar (m)

co-ownership mede-eigendom (m)

COD *or* c.o.d. (= cash on delivery)
levering onder rembours (o)

code code (m)

code of practice gedragscode (m)

coding codering (vr) *of* codificatie

coin munt (m/vr)

cold call 'koude bezoek' (o) *of*
ongevraagde bezoek (o)

cold start 'koude' start (m)

cold storage koelbewaring (vr)

cold store koelhuis (o)

collaborate samenwerken *of* meewerken

collaboration samenwerking (vr) *of*
medewerking (vr)

collapse (n) ineenstorting (vr) *of* krach
(m)

collapse (v) ineenstorten

collateral (adj) door onderpand (o)
gedekt *of* als onderpand (o) dienen

collateral (n) onderpand (o)

collect (v) *[fetch]* halen

collect (v) *[money]* incasseren *of* innen

collect a debt een schuld (vr) incasseren

collect call (US) collect belletje (o) *of*
collect telefoontje (o)

collection *[goods]* afhalen (o)

collection *[money]* inning (vr) *of* incasso
(o)

collection *[post]* lichting (vr)

collection charges or **collection rates** incassokosten (m mv)

collective collectief of gemeenschappelijk

collective ownership collectieve eigendom (m)

collective wage agreement collectieve loonovereenkomst (vr)

collector ontvanger (m) (belasting) of incasseerder (m) (schuld)

commerce handel (m)

commercial (adj) commercieel of zakelijk

commercial (n) *[TV]* reclamespot (m)

commercial attaché handelsattaché (m)

commercial college handelsopleiding (vr)

commercial course handelscursus (m)

commercial directory bedrijvengids (m) of handelsregister (o)

commercial district handelswijk (m/vr)

commercial failure zakelijk bankroet (o)

commercial law handelsrecht (o)

commercial traveller handelsreiziger (m) of vertegenwoordiger (m)

commercial undertaking commerciële onderneming (vr)

commercialization vercommercialisering (vr)

commercialize vercommercialiseren

commission *[committee]* commissie (vr)

commission *[money]* commissieloon (o) of provisie (vr) of courtage (vr)

commission agent commissionair (m)

commission rep vertegenwoordiger (m) op provisiebasis (vr)

commit *[crime]* plegen

commit funds to a project fondsen (o mv) beschikbaar stellen of toewijzen voor een project (o)

commitments verplichtingen (vr mv)

commodity handelsartikel (o)

commodity exchange goederenbeurs (vr)

commodity futures goederentermijntransacties (vr mv)

commodity market goederenmarkt (vr)

common *[frequent]* veel voorkomend

common *[to more than one]* gemeenschappelijk

common carrier algemeen transportbedrijf (o)

Common Market Europese Economische Gemeenschap (EEG) (vr)

common ownership gemeenschappelijke eigendom (m)

common pricing kartel (o)

communicate communiceren of mededelen

communication *[general]* communicatie (vr)

Communication *[message]* mededeling (vr) of bericht (o)

communications communicatie (vr) of communicatiemiddelen (o mv) of verbindingen (vr mv)

community gemeenschap (vr)

commute *[exchange]* omwisselen of omruilen

commute *[travel]* forenzen of pendelen

commuter forens (m)

companies' register or **register of companies** handelsregister (o)

company maatschappij (vr) of bedrijf (o) of vennootschap (vr)

company director vennootschapsdirecteur (m)

company law vennootschapsrecht (o)

company secretary secretaris (m) van de vennootschap (vr)

comparability vergelijkbaarheid (vr)

comparable vergelijkbaar

compare (v) vergelijken

compare with vergelijken met

comparison vergelijking (vr)

compensate vergoeden of compenseren

compensation kostenvergoeding (vr) of compensatie (vr) of vergoeding (vr)

compensation for damage schadevergoeding (vr)

compete with someone of **with a company** met iemand of met een bedrijf concurreren

competing concurrerend

competing firms concurrerende bedrijven (o mv)

competing products concurrerende producten (o mv)

competition concurrentie (vr) of competitie (vr) of mededinging (vr)

competitive concurrerend

competitive price concurrerende prijs (m) of scherpe prijs (m)

competitive pricing concurrerende prijsstelling (vr)

competitive products concurrerende producten (o mv)

competitively priced concurrerend geprijsd

competitiveness concurrentievermogen (o)

competitor concurrent (m)

complain (about) klagen (over)

complaint klacht (vr)

complaints department klachtenafdeling (vr)

complementary complementair *of* aanvullend

complete (adj) volledig

complete (v) voltooien

completion voltooiing (vr)

completion date voltooiingsdatum (m) *of* afsluitingsdatum (m) (contract)

completion of a contract afronding (vr) *of* levering (vr) van een contract (o)

compliance naleving (vr)

complimentary gratis

complimentary ticket vrijkaartje (o)

compliments slip kaartje (o) met de complimenten (o mv) van de afzender (m) *of* complimentenkaartje (o)

comply with nakomen *of* naleven *of* voldoen aan

composition *[with creditors]* schikking (vr)

compound interest samengestelde rente (vr)

comprehensive veelomvattend *of* uitgebreid

comprehensive insurance uitgebreide verzekering (vr) *of* all-riskverzekering (vr)

compromise (n) compromis (o)

compromise (v) een compromis (o) sluiten *of* schikken *of* compromitteren

compulsory verplicht

compulsory liquidation gedwongen liquidatie (vr)

compulsory purchase onteigening (vr)

computer computer (m)

computer bureau computerbureau (o) *of* computerdienstverleningbureau (o)

computer department automatiseringsafdeling (vr)

computer error computerfout (vr)

computer file computerbestand (o)

computer language computertaal (vr) *of* programmeertaal (vr)

computer listing computerlijst (vr)

computer printer printer (m)

computer printout computeruitdraai (m)

computer program computerprogramma (o)

computer programmer computerprogrammeur (m)

computer programming programmeren (o) van de computer (m)

computer services computerdiensten (m mv)

computer system computersysteem (o)

computer terminal computerterminal (m)

computer time computertijd (m)

computer-readable computer-leesbaar

computer-readable codes computer-leesbare codes (m mv)

computerize automatiseren

computerized geautomatiseerd

concealment of assets verberging (vr) van activa (mv)

concern (n) *[business]* onderneming (vr) *of* concern (o)

concern (n) *[worry]* bezorgdheid (vr)

concern (v) *[deal with]* aangaan *of* betreffen *of* bezighouden met

concession *[reduction]* korting (vr)

concession *[right]* vergunning (vr) *of* concessie (vr)

concessionaire concessionaris (m) *of* concessiehouder (m)

conciliation conciliatie (vr) *of* verzoening (vr)

conclude *[agreement]* afsluiten

condition *[state]* conditie (vr) *of* staat (m) *of* toestand (m)

condition *[terms]* voorwaarde (vr)

condition: on condition that op voorwaarde (vr) dat

conditional voorwaardelijk

conditions of employment arbeidsvoorwaarden (vr mv)

conditions of sale verkoopsvoorwaarden (vr mv)

conduct negotiations onderhandelingen (vr mv) voeren

conference *[large]* congres (o)

conference *[small]* vergadering (vr) *of* conferentie (vr)

conference phone conferentietelefoon (m)

conference room vergaderzaal (vr)

confidence (zelf)vertrouwen (o)

confidential confidentieel *of* vertrouwelijk

confidential report vertrouwelijk verslag (o)

confidentiality vertrouwelijkheid (vr)

confirm bevestigen

confirm a booking een reservering (vr) bevestigen

confirm someone in a job een benoeming (vr) bevestigen

confirmation bevestiging (vr) *of* goedkeuring (vr)

conflict of interest belangentegenstelling (vr) *of* tegenstrijdig belangen (o mv)

conglomerate conglomeraat (o)

connect verbinden

connecting flight doorverbinding (vr) *of* aansluitende vlucht (m/vr)

connection verbinding (vr)

consider beschouwen *of* overwegen

consign consigneren *of* verzenden

consignee consignatienemer (m)

consignment *[sending]* consignatiezending (vr)

consignment *[things sent]* verzending (vr) *of* consignatiegoederen (o mv)

consignment note vrachtbrief (m)

consignor consignatiegever (m)

consist of bestaan uit

consolidate consolideren

consolidate *[shipments]* combineren

consolidated geconsolideerd

consolidated shipment groepage (vr)

consolidation consolidatie (vr) *of* samenvoeging (vr)

consortium consortium (o)

constant constant *of* voortdurend

consult raadplegen

consultancy advies (o)

consultancy firm adviesbureau (o)

consultant consulent (m) *of* adviseur (m)

consulting engineer adviserend ingenieur (m)

consumables consumptiegoederen (o mv)

consumer consument (m)

consumer credit consumentenkrediet (o)

consumer durables duurzame consumptiegoederen (o mv)

consumer goods consumptiegoederen (o mv)

consumer panel consumentenpanel (o)

consumer price index consumentenprijsindexcijfer (o)

consumer protection consumentenbescherming (vr)

consumer research consumentenonderzoek (o)

consumer spending consumptie-uitgaven (m/vr mv) *of* consumentenbestedingen (vr mv)

consumption consumptie (vr) *of* verbruik (o)

contact (n) *[general]* contact (o)

contact (n) *[person]* contactpersoon (m)

contact (v) contact (o) opnemen met

contain bevatten

container *[box or tin]* doos (vr) *of* koker (m) *of* bus (vr)

container *[for shipping]* container (m)

container port containerhaven (vr)

container ship containerschip (o)

container terminal containerhaven (vr)

containerization *[putting into containers]* verpakking (vr) in containers (m mv)

containerization *[shipping in containers]* containervervoer (o)

containerize *[put into containers]* verpakken in containers (m mv)

containerize *[ship in containers]* vervoeren per container (m)

content inhoud (m)

contents inhoud (m)

contested takeover betwiste overname (vr)

contingency contingentie (vr) *of* onvoorziene gebeurtenis (vr)

contingency fund gebeurtenissenfonds (o) *of* rampenfonds (o)

contingency plan rampenplan (o)

continual voortdurend

continually voortdurend

continuation voortzetting (vr) *of* vervolg (o)

continue doorgaan *of* voortgaan *of* voortzetten

continuous ononderbroken *of* doorlopend *of* continu *of* onafgebroken

continuous feed continue invoer (vr)

continuous stationery kettingpapier (o)

contra account tegenrekening (vr)

contra an entry een post (m) tegenboeken *of* een post (m) storneren

contra entry tegenboeking (vr)

contract (n) contract (o)

contract (v) contracteren

contract law *or* **law of contract** verbintenissenrecht (o)

contract note koopnota (m/vr) *of* contract nota (m/vr)

contract of employment arbeidscontract (o)

contract work aangenomen werk (o) *of* aanbesteed werk (o)

contracting party contractpartij (vr)

contractor aannemer (m) *of* contractant (m)

contractual contractueel

contractual liability contractuele aansprakelijkheid (vr)

contractually contractueel

contrary tegengesteld

contrast (n) contrast (o)

contribute bijdragen

contribution bijdrage (vr)

contribution of capital kapitaalbijdrage (vr)

contributor bijdrager (m)

control (n) *[check]* controle (vr)

control (n) *[power]* beheer (o)

control (v) beheren *of* beheersen

control a business een zaak (vr) beheren *of* beheersen

control key controletoets (m)

control systems controlesystemen (o mv)

controlled economy geleide economie (vr)

controller (US) hoofdadministratie (m) *of* thesaurier (m)

controller *[who checks]* controleur (m)

controlling (adj) beheersend

convene bijeenroepen

convenient geschikt *of* passend

conversion conversie (vr) *of* omrekening (vr) *of* omzetting (vr)

conversion of funds verduistering (vr) van fondsen (o mv) *of* verduistering (vr) van gelden (o mv)

conversion price *or* **conversion rate** conversiekoers (m) *of* omrekeningskoers (m)

convert omrekenen *of* wisselen

convertibility convertibiliteit (vr) *of* omwisselbaarheid (vr)

convertible currency converteerbare valuta (vr) *of* inwisselbare valuta (vr)

convertible loan stock converteerbare obligatie (vr)

conveyance levering (vr) *of* overdracht (vr)

conveyancer notaris (m)

conveyancing levering (vr) *of* overdracht (vr)

cooling off period afkoelingsperiode (vr) (conflict) *of* bedenktijd (m) (huurkoop) *of* opzeggingsperiode (vr) (levensverzekering)

cooperative society coöperatie (vr) *of* coöperatieve vereniging

copartner compagnon (m) *of* medevennoot (m)

copartnership medevennootschap (o)

cope aankunnen

copier kopieerapparaat (o)

copy (n) *[a document]* (foto)kopie (vr)

copy (n) *[book or newspaper]* exemplaar (o) *of* kopie (vr)

copy (n) *[of document]* afschrift (o)

copy (v) kopiëren

copying machine *or* **duplicating machine** kopieerapparaat (o)

corner (n) *[angle]* hoek (m)

corner (n) *[monopoly]* corner (m) *of* monopolie (o) (door opkoping van voorraden)

corner shop hoekwinkel (m)

corner the market de markt (vr) inpalmen

corporate image bedrijfsimago (o)

corporate name ondernemingsnaam (m)

corporate plan ondernemingsplan (o)

corporate planning ondernemingsplanning (vr)

corporate profits ondernemingswinst (vr)

corporation vennootschap (vr)

corporation tax vennootschapsbelasting (vr)

correct (adj) correct *of* juist

correct (v) verbeteren *of* corrigeren

correction verbetering (vr)

correspond with someone corresponderen met iemand *of* briefwisseling (vr) voeren met iemand

correspond with something overeenkomen met iets

correspondence correspondentie (vr)

correspondent *[journalist]*
correspondent (m) *of* verslaggever (m)

correspondent *[who writes letters]*
briefschrijver (m) *of* correspondent
(m)

cost (n) (kost)prijs (m) *of* kosten (m mv)
of uitgave (vr)

cost (v) kosten (bedragen) *of* begroten
(prijs calculeren)

cost accountant bedrijfsadministrateur
(m) *of* kostenprijsadministrateur (m)

cost accounting kostenverantwoording
(vr) *of* kostprijsadministratie (vr)

cost analysis kostenanalyse (vr)

cost centre kostenplaats (vr)

cost factor kostenfactor (m)

cost of living kosten (m mv) van
levensonderhoud (o)

cost of sales kostprijs (m) van verkoop
(m)

cost plus kostprijs plus (m)

cost price kostprijs (m)

cost, insurance and freight (c.i.f.)
kostprijs inclusief vracht en assurantie
(vr) bij levering (vr) inbegrepen

cost-benefit analysis
kosten-batenanalyse (vr)

cost-cutting kostenbezuiniging (vr) *of*
kostenbeperking (vr)

cost-effective kostendekkend *of* rendabel

cost-effectiveness kostenbesparing (vr)

cost-of-living allowance duurtetoeslag
(m)

cost-of-living bonus duurtetoeslag (m)

cost-of-living increase toeslag (m) voor
de gestegen kosten (m mv) van
levensonderhoud (o)

cost-of-living index prijsindex (m) van
de gezinsconsumptie (vr) *of*
indexcijfer (o) van kosten van
levenshout (o)

cost-push inflation kosteninflatie (vr)

costing kostprijsberekening (vr)

costly duur

costs kosten (m mv)

counsel raad (m) *of* advies (o) *of* overleg
(o) *of* advocaat (persoon)

count (v) *[add]* (op)tellen

count (v) *[include]* meetellen *of* tellen

counter toonbank (vr) *of* loket (o) *of*
[bank] balie (vr)

counter staff toonbankverkopers (m mv)
of toonbankverkoopsters (vr mv) *of*
[bank] baliepersoneel (o)

counter-claim (n) tegeneis (m) *of*
tegenvordering (vr)

counter-claim (v) een tegeneis (m)
inbrengen (tegen)

counter-offer tegenbod (o) *of*
tegenofferte (vr)

counterbid tegenbod (o)

Counterfeit (adj) vervalst *of* nagemaakt

Counterfeit (v) vervalsing (vr) *of*
namaak (m)

counterfoil controlestrookje (o)

countermand annuleren *of* herroepen *of*
afbestellen

countersign contrasigneren

country *[not town]* platteland (o)

country *[state]* land (o)

country of origin land (o) van herkomst
(vr) *of* land (o) van oorsprong (m)

coupon coupon (m) *of* bon (m)

coupon ad advertentie (vr) met
antwoordcoupon (m)

courier *[guide]* reisgids (m)

courier *[messenger]* koerier (m)

court rechtbank (vr) *of* gerechtshof (o)

court case rechtszaak (vr)

covenant (n) contract (o) *of* convenant
(o) *of* schenkingsbelofte (vr)

covenant (v) een convenant (o) sluiten *of*
een contract (o) sluiten *of* een
schenkingsbelofte (vr) vastleggen

cover (n) *[insurance]* dekking (vr)

cover (n) *[top]* bedekking (vr) *of* deksel
(o)

cover (v) *[expenses]* dekken

cover (v) *[put on top]* bedekken

cover a risk een risico (o) dekken

cover charge couvertkosten (m mv)

cover costs couvertkosten (m mv)

cover note sluitnota (vr) *of* sluitbriefje
(o)

covering letter begeleidende brief (m)

covering note begeleidend notitie (vr)

crane kraan (vr)

crash (n) *[accident]* ongeval (o) *of*
botsing (vr)

crash (n) *[financial]* krach (m) *of*
beurskrach (m)

crash (v) *[fail]* ineenstorten *of* failliet
gaan

crash (v) *[hit]* botsen *of* neerstorten

crate (n) krat (o) *of* kist (vr)

crate (v) verpakken in kratten (o mv) *of*
verpakken in kisten (vr mv)

credit (n) krediet (o) *of* credit (o)

credit (v) crediteren

credit account rekening (vr) (bij een winkel)

credit agency kredietinformatiebureau (o)

credit balance creditsaldo (o)

credit bank kredietbank (vr)

credit card kredietkaart (vr) *of* creditcard (vr)

credit card sale kredietkaartverkoop (m)

credit ceiling kredietlimiet (vr)

credit column creditkolom (vr)

credit control kredietbewaking (vr)

credit entry creditpost (m)

credit facilities kredietfaciliteiten (vr mv)

credit freeze kredietbeperking (vr)

credit limit kredietlimiet (vr)

credit note creditnota (vr)

credit policy kredietbeleid (o)

credit rating kredietbeoordeling (vr) *of* kredietwaardigheid (vr)

credit side creditzijde (vr)

creditworthy kredietwaardig

credit: on credit op krediet (o) *of* op afbetaling (vr)

creditor crediteur (m) *of* schuldeiser (m)

cross a cheque een cheque (m) kruisen

cross off schrappen

cross out doorstrepen *of* doorhalen

cross rate kruiselingse wisselkoers (m)

crossed cheque gekruiste cheque (m)

cubic kubiek

cubic measure inhoudsmaat (vr)

cum inclusief *of* met

cum coupon cum-coupon (m) *of* inclusief coupon (m)

cum dividend cum-dividend (o)

cumulative cumulatief

cumulative interest cumulatieve interest (m)

cumulative preference share cumulatief preferent aandeel (o)

currency valuta (vr) *of* deviezen (o mv)

currency conversion valutaomrekening (vr)

currency note bankbiljet (o)

currency reserves valutareserves (vr mv)

current huidig *of* gangbaar *of* actueel *of* lopend

current account rekening-courant (vr)

current assets vlottende activa (mv)

current cost accounting huidige kostprijsadministratie (vr) *of* huidige kostenverantwoording (vr)

current liabilities vlottende passiva (mv)

current price actuele prijs (m)

current rate of exchange actuele wisselkoers (m)

current yield actueel rendement (o)

curriculum vitae (CV) curriculum (o) vitae (CV)

curve curve (vr)

custom klandizie (vr)

custom-built *or* **custom-made** op maat (vr) gebouwd *of* op maat gemaakt

customer klant (m)

customer appeal aantrekkingskracht (vr) *of* attractiekracht (vr)

customer loyalty klantentrouw (vr)

customer satisfaction klantentevredenheid (vr)

customer service department klantenservice (m)

customs douane (vr)

Customs and Excise *or* **Excise Department (UK)** Douane en Accijns

customs barrier tariefmuur (m)

customs broker douane-agent (m) (makelaar)

customs clearance douane-inklaring (vr)

customs declaration douaneverklaring (vr)

customs declaration form douaneverklaringsformulier (o)

customs duty douaneheffing (vr) *of* invoerrechten (o mv) *of* uitvoerrechten (o mv)

customs entry point douaneaangiftepunt (o)

customs examination douane-controle (o)

customs formalities douaneformaliteiten (vr mv)

customs officer douanebeambte (m/vr)

customs official douanebeambte (m/vr)

customs receipt douanebewijs (o)

customs seal douanezegel (o)

customs tariff douanetarief (o)

customs union douane-unie (vr)

cut (n) bezuiniging (vr) *of* ombuiging *of* verlaging (vr) *of [share]* aandeel (o)

cut (v) inkorten *of* maaien *of* verzuimen *of* stopzetten *of* verminderen

cut down on expenses bezuinigen *of* uitgaven (vr mv) beperken

cut price (n) afbraakprijs (m) *of* verlaagde prijs (m)

cut-price (adj) goedkoop *of* discount-

cut-price goods goedkope goederen (o mv)

cut-price petrol goedkope benzine (vr) *of* witte benzine (vr)

cut-price store discountwinkel (m)

cut-throat competition genadeloze concurrentie (vr)

CV (= curriculum vitae) CV (= curriculum vitae)

cycle cyclus (m)

cyclical cyclisch

cyclical factors conjunctuurfactoren (m mv)

Dd

daily dagelijks

daisy-wheel printer daisywheelprinter (m)

damage (n) schade (vr)

damage (v) beschadigen *of* schaden

damage survey expertiseverslag (o)

damage to property materiële schade (vr)

damaged beschadigd

damages schadevergoeding (vr) *of* schadeloosstelling (vr)

data gegevens (o mv)

data processing gegevensverwerking (vr)

data retrieval gegevensterugwinning (vr) *of* data-retrieval (vr)

database gegevensbestand (o) *of* gegevensbank (m/vr) *of* database (vr)

date (n) datum (m)

date (v) dateren

date of receipt datum (m) van ontvangst (vr)

date stamp datumstempel (m)

dated gedateerd *of* ouderwets

day *[24 hours]* dag (m) *of* etmaal (o)

day *[working day]* werkdag (m)

day shift dagploeg (vr)

day-to-day dagelijks *of* alledaags

dead (adj) *[person]* dood *of* overleden *of* gestorven

dead account dode rekening (vr)

dead loss totaal verlies (o)

deadline uiterste datum (m) *of* tijdslimiet (m/vr)

deadlock (n) impasse (vr) *of* patstelling (vr)

deadlock (v) in een impasse (vr) raken

deadweight dood gewicht (o) *of* laadvermogen (o)

deadweight cargo vracht (vr) volgens laadvermogen (o)

deadweight tonnage ton (m/vr) waterverplaatsing (vr)

deal (n) overeenkomst (vr) *of* zakelijke transactie (vr)

deal (v) handelen *of* zaken (vr mv) doen

deal with an order een bestelling (vr) behandelen

deal with someone zaken (vr mv) doen met iemand

dealer handelaar (m) *of* agent (m)

dealing *[commerce]* handel (m) *of* transactie (vr)

dealing *[stock exchange]* beurstransactie (vr)

dear duur *of* kostbaar

debenture obligatie (vr)

debenture holder obligatiehouder (m)

debit (n) debet (o) *of* debetpost (m)

debit an account een rekening (vr) debiteren

debit balance debetsaldo (o)

debit column debetkolom (vr)

debit entry debetboeking (vr) *of* debetpost (m)

debit note debetnota (vr)

debits and credits schulden (vr mv) en tegoeden (o mv)

debt schuld (vr)

debt collection incasso (o) van vorderingen (vr mv) *of* schuldinvordering (vr)

debt collection agency incassobureau (o)

debt collector incasseerder (m)

debtor debiteur (m)

debtor side debetzijde (vr)

debts due opeisbare schulden (vr mv)

decentralization decentralisatie (vr)

decentralize decentraliseren

decide beslissen *of* besluiten *of* bepalen

decide on a course of action een gedragslijn (m/vr) bepalen *of* over een handelwijs (m/vr) /handelwijze (m/vr) beslissen

deciding beslissend

deciding factor beslissende factor (m)

decimal (n) decimaal getal (o)

decimal point decimaalpunt (o) *of* komma (vr)

decision beslissing (vr) *of* besluit (o)

decision maker beslisser (m)

decision making besluitvorming (vr)

decision-making processes besluitvormingsprocessen (o mv)

deck dek (o)

deck cargo deklading (vr)

declaration verklaring (vr) *of* aangifte (vr)

declaration of bankruptcy faillissementsverklaring (vr)

declaration of income aangifte (vr) inkomstenbelasting (o)

declare verklaren

declare goods to customs aangifte doen van goederen (o mv) bij de douane (vr)

declare someone bankrupt failliet verklaren

declared (adj) verklaard *of* aangegeven

declared value aangegeven waarde (vr)

decline (n) daling (vr) *of* achteruitgang (m) *of* terugval (m) *of* afname (m/vr) *of* inzinking (vr)

decline (v) *[fall gradually]* achteruitgaan *of* afnemen *of* dalen *of* teruglopen *of* terugvallen

decontrol (v) vrijgeven *of* liberaliseren *of* controle (m/vr) opheffen

decrease (n) afname (m/vr) *of* afwaardering (vr) *of* mindering (vr) *of* verlaging (vr)

decrease (v) afnemen *of* verminderen

decrease in price prijsverlaging (vr)

decrease in value afwaardering (vr) *of* waardevermindering (vr)

decreasing afnemend *of* dalend

deduct aftrekken *of* inhouden *of* onttrekken *of* verrekenen *of* in mindering brengen

deductible aftrekbaar

deduction aftrek (m) *of* aftrekpost (m) *of* inhouding (vr) *of* mindering (vr)

deed *[document]* akte (vr)

deed of assignment akte (vr) van cessie (vr)

deed of covenant akte (vr)

deed of partnership vennootschapsakte (vr)

deed of transfer overdrachtsakte (vr)

default (n) *[failure to fulfil obligations]* wanbetaling (vr) *of* wanprestatie (vr) *of* verzuim (o)

default (v) in gebreke (o) zijn *of* niet voldoen aan verplichtingen (vr mv)

default on payments wanbetaling (vr) *of* bij gebreke (o) van betaling (vr)

defaulter wanbetaler (m)

defect gebrek (o) *of* mankement (o) *of* defect (o)

defective *[faulty]* gebrekkig *of* defectief

defective *[not valid]* ondeugdelijk

defence *or* **defense (legal)** verdediging (vr) *of* verweer (o)

defence *or* **defense (protection)** verdediging (vr) *of* defensie (vr)

defence counsel verdediger (m)

defend verdedigen

defend a lawsuit als verdediger (m) optreden *of* zich verdedigen tegen een rechtszaak (vr)

defendant gedaagde (m/vr)

defer uitstellen

defer payment betaling (vr) uitstellen

deferment uitstel (o)

deferment of payment uitstel (o) van betaling (vr)

deferred uitgesteld

deferred creditor uitgestelde crediteur (m) *of* crediteur die uitstel van betaling heeft aanvaard

deferred payment uitgestelde betaling (vr)

deficit deficit (o) *of* tekort (o)

deficit financing tekortfinanciering (vr)

deflation deflatie (vr)

deflationary deflatoir

defray *[costs]* bekostigen *of* bestrijden (onkosten)

defray someone's expenses onkosten (m mv) bestrijden

del credere delcredere (o)

del credere agent delcredere verkoopagent (m)

delay (n) vertraging (vr) *of* uitstel (o)

delay (v) vertragen *of* uitstellen

delegate (n) gedelegeerde (m/vr) *of* afgevaardigde (m/vr)

delegate (v) delegeren *of* afvaardigen

delegation *[action]* delegering (vr) *of* overdracht (m/vr)

delegation *[people]* delegatie (vr) *of* afvaardiging (vr)

delete doorhalen *of* schrappen

deliver *[transport goods]* leveren *of* bezorgen

delivered price franco prijs (m)

delivery *[bill of exchange]* overdracht *of* levering

delivery *[goods]* aflevering (vr)

delivery date afleveringsdatum (m) *of* leveringsdatum (m)

delivery note vrachtbrief (m) *of* afleveringsbon (m) *of* leveringsnota (m/vr)

delivery of goods aflevering (vr) van goederen (o mv)

delivery order afleveringsopdracht (o)

delivery time leveringstijd (m)

delivery van bestelauto (m) *of* bestelwagen (m)

deliveryman bezorger (m) *of* besteller (m)

demand (n) *[for payment]* aanmaning (vr) *of* opvraging (vr)

demand (n) *[need]* vraag (vr)

demand (v) eisen *of* opvragen

demand deposit direct opvraagbaar deposito (o)

demonstrate demonstreren *of* aantonen

demonstration demonstratie (vr) *of* vertoning (vr) van de werking (vr)

demonstration model demonstratiemodel (o)

demonstrator demonstrateur (m) *of* demonstratrice (vr)

demurrage overliggeld (o) *of* staangeld (o)

department *[in government]* ministerie (o)

department *[in office]* afdeling (vr) *of* dienst (m)

department *[in shop]* afdeling (vr)

department store warenhuis (o)

departmental afdelings- *of* departementaal

departmental manager afdelingschef (m) *of* afdelingshoofd (m)

departure *[going away]* vertrek (o)

departure *[new venture]* nieuwe koers (m) *of* nieuwe richting (vr)

departure lounge vertrekhal (vr)

departures vertrekhal (m/vr)

depend on afhangen van *of* vertrouwen op *of* rekenen op

depending on afhankelijk van

deposit (n) *[in bank]* deposito (o) *of* storting (vr)

deposit (n) *[paid in advance]* aanbetaling (vr)

deposit (v) deponeren *of* storten

deposit account depositorekening (vr)

deposit slip stortingsbewijs (o)

depositor deposant (m) *of* inlegger (m)

depository *[place]* bewaarplaats (vr) *of* opslagruimte (vr)

depot *[central warehouse]* depot (o) *of* centraal magazijn (o)

depreciate *[amortize]* afschrijven

depreciate *[lose value]* in waarde dalen *of* in waarde verminderen

depreciation *[amortizing]* afschrijving (vr)

depreciation *[loss of value]* waardedaling (vr) *of* waardevermindering (vr)

depreciation rate afschrijvingspercentage (o)

depression depressie (vr) *of* laagconjunctuur (vr)

dept (= department) afdeling (vr) *of* dienst (m)

deputize for someone invallen voor iemand

deputy plaatsvervanger (m)

deputy manager plaatsvervangend beheerder (m) *of* adjunct-chef (m)

deputy managing director adjunct-directeur (m) *of* adjunct-directrice (vr)

deregulation deregulering (vr)

describe beschrijven

description beschrijving (vr)

design (n) ontwerp (o) *of* vormgeving (vr)

design (v) ontwerpen

design department ontwerpafdeling (vr)

desk bureau (o)

desk diary kantooragenda (vr)

desk-top publishing (DTP) desktop publishing (m) (DTP)

despatch (= dispatch) zending (vr)

destination bestemming (vr)

detail (n) detail (o) *of* bijzonderheid (vr)

detail (v) detailleren *of* specificeren

detailed gedetailleerd *of* gespecificeerd

detailed account gedetailleerd verslag (o) *of* gespecificeerd verslag (o)

determine vaststellen *of* bepalen

Deutschmark Duitse mark (m)

devaluation devaluatie (vr)

devalue devalueren

develop *[build]* ontwikkelen

develop *[plan]* ontwikkelen

developing countries ontwikkelingslanden (o mv)

developing country *or* **developing nation** ontwikkelingsland (o)

development ontwikkeling (vr)

device apparaat (o) *of* toestel (o)

diagram diagram (o) *of* figuur (o/m) *of* tekening (vr)

dial (v) draaien

dial a number een nummer (o) draaien

dial direct doorkiezen

dialling (n) draaien (o)

dialling code netnummer (o) *of* landnummer (o)

dialling tone kiestoon (m)

diary agenda (vr)

dictate dicteren

dictating machine dicteerapparaat (o)

dictation dictee (o)

differ verschillen

difference verschil (o)

differences in price *or* **price differences** prijsverschillen (o mv)

different verschillend

differential (adj) differentieel

differential tariffs differentiële tarieven (o mv)

digit cijfer (o)

dilution of shareholding kapitaalverwatering (vr)

direct (adj) direct *of* rechtstreeks

direct (adv) rechtstreeks

direct (v) leiding geven *of* besturen

direct cost directe kosten (m mv)

direct debit automatische afschrijving (vr)

direct mail direct mail (m/vr)

direct mailing direct mailing (vr)

direct selling rechtstreekse verkoop (m)

direct tax directe belasting (vr)

direct taxation directe belasting (vr)

direct-mail advertising direct-mail reclame (vr)

direction leiding (vr)

directions for use gebruiksaanwijzing (vr)

directive richtlijn (vr) *of* instructie (vr)

director directeur (m)

directory telefoongids (m)

disburse betalen *of* uitbetalen *of* uitgeven

disbursement betaling (vr) *of* uitbetaling (vr) *of* uitgave (m/vr)

discharge (n) *[of debt]* kwijting (vr)

discharge (v) *[employee]* ontslaan

discharge a debt *or* **to discharge one's liabilities** een schuld (vr) afbetalen *of* delgen *of* kwijten *of* vereffenen

disclaimer ontkenning (vr) *of* afwijzing (vr)

disclose bekendmaken *of* onthullen

disclose a piece of information informatie (vr) onthullen *of* informatie (vr) openbaar maken

disclosure onthulling (vr) *of* openbaarmaking (vr)

disclosure of confidential information onthulling (vr) van vertrouwelijke informatie (vr)

discontinue staken *of* stoppen *of* ophouden met *of* opheffen

discount (n) reductie (vr) *of* korting (vr) *of* disconto (o)

discount (v) korting (vr) geven *of* verdisconteren (wissel)

discount house *[bank]* discontobank (m/vr)

discount house *[shop]* discountzaak (m/vr)

discount price gereduceerde prijs (m) *of* prijs naar korting (vr)

discount rate discontotarief (o) *of* discontovoet (m)

discount store discountzaak (m/vr)

discountable discontabel

discounted cash flow (DCF) contante waarde (vr) van toekomstige kasstroom (m)

discounter discontobank (m/vr) *of* discountzaak (m/vr)

discrepancy afwijking (vr) *of* discrepantie (vr) *of* tegenstrijdigheid (vr)

discuss bespreken *of* bediscussiëren

discussion bespreking (vr) *of* discussie (vr)

dishonour weigeren *of* niet honoreren

dishonour a bill een wissel (m) niet honoreren *of* niet aannemen *of* niet betalen

disk (geheugen)schijf (vr) *of* diskette (vr)

disk drive schijfeenheid (vr)

diskette diskette (vr)

dismiss an employee een werknemer (m) *of* werkneemster (vr) ontslaan

dismissal ontslag (o)

dispatch (n) *[goods sent]* zending (vr)

dispatch (n) *[sending]* verzending (vr)

Dispatch (v) *[send]* verzenden *of* sturen

dispatch department expeditieafdeling (vr)

dispatch note verzendbericht (o)

display (n) tentoonstelling (vr) *of* uitstalling (vr) *of* display (m/vr/o)

display (v) uitstallen *of* etaleren

display case vitrine (vr) *of* uitstalkast (m/vr) *of* display case

display material displaymateriaal (o)

display pack presentatieverpakking (vr)

display stand displaystelling (vr)

display unit display stelling (vr) *of* display unit (m/vr)

disposable (adj) wegwerp

disposal verkoop (m) *of* afstoting (vr)

dispose of excess stock surplus voorraad (m) afstoten *of* verkopen *of* wegwerken

dissolve opheffen *of* ontbinden

dissolve a partnership een vennootschap (o) ontbinden

distress merchandise gedwongen verkochte goederen (mv)

distress sale noodverkoop (m) *of* gedwongen verkoop (m)

distributable profit uitkeerbare winst (vr)

distribute *[goods]* distribueren

distribute *[share]* uitkeren

distribution distributie (vr) *of* uitkering (vr)

distribution channels *or* **channels of distribution** afzetkanalen (o mv) *of* distributiekanalen (o mv)

distribution costs distributiekosten (m mv)

distribution manager hoofd expeditie (vr)

distribution network distributienetwerk (o)

distributor distributeur (m)

distributorship distributeurschap (m/vr)

diversification diversificatie (vr)

diversify diversificeren

dividend dividend (o)

dividend cover dividenddekking (vr)

dividend warrant dividendbewijs (o)

dividend yield dividendrendement (o)

division *[part of a company]* afdeling (vr) *of* dienst (m)

division *[part of a group]* divisie (vr) *of* onderdeel (o)

dock (n) dok (o) *of* kader (m/vr) *of* haven (m/vr)

dock (v) *[remove money]* inhouden

dock (v) *[ship]* dokken *of* afmeren

docket geleidebiljet (o) *of* inhoudsaanduiding (vr)

doctor's certificate doktersverklaring (vr) *of* doktersattest (o) *of* geneeskundige verklaring (vr)

document document (o)

documentary documentair

documentary evidence bewijsstuk (o)

documentary proof bewijsstuk (o)

documentation documentatie (vr) *of* bewijsmateriaal (o)

documents documenten (o mv)

dollar dollar (m)

dollar area dollarzone (vr)

dollar balances handelsbalans (vr) in dollars (m mv)

dollar crisis dollarcrisis (vr)

domestic binnenlands

domestic market binnenlandse markt (vr)

domestic production binnenlandse productie (vr)

domestic sales binnenlandse verkopen (m mv)

domestic trade binnenlandse handel (m)

domicile domicilie (o) *of* woonplaats (vr)

door deur (vr)

door-to-door huis-aan-huis-

door-to-door salesman huis-aan-huis verkoper (m)

door-to-door selling huis-aan-huis verkoop (m)

dossier dossier (o)

dot-matrix printer matrixprinter (m)

double (adj) dubbel

double (v) verdubbelen

double taxation dubbele belasting (vr)

double taxation agreement verdrag (o) ter voorkomen van dubbele belasting (vr)

double-book dubbel reserveren

double-booking dubbele boeking (vr)

down omlaag *of* naar beneden

down market goedkope goederenmarkt (m/vr) *of*

down payment aanbetaling (vr)

down time leeglooptijd (vr)

downside factor negatieve factor (m) *of* nadelige factor (m)

downtown (adj) binnenstad (vr)

downtown (n) stadscentrum (o)

downturn teruggang (m)

downward benedenwaarts *of* naar beneden gaand

dozen dozijn (o)

drachma drachme (vr)

draft (n) *[money]* wissel (m) *of* traite (m/vr)

draft (n) *[rough plan]* concept (o) *of* schets (vr)

draft (v) opstellen *of* concipiëren

draft a contract een contract (o) opstellen

draft a letter een brief (m) opstellen

draft plan conceptplan (vr)

draft project projectontwerp (o)

draw *[a cheque]* uitschrijven

draw *[money]* opnemen *of* disponeren

draw up opstellen *of* opmaken

draw up a contract een contract (o) opstellen

drawee betrokkene (m/vr) *of* trassaat (m)

drawer trekker (m) *of* trassant (m)

drawing trekking (vr)

drive (n) *[campaign]* actie (vr) *of* campagne (vr)

drive (n) *[energy]* energie (vr) *of* élan (o)

drive (n) *[part of machine]* aandrijving (vr)

drive (v) *[a car]* rijden

driver bestuurder (m) *of* chauffeur (m)

drop (n) achteruitgang (m) *of* daling (vr) *of* terugval (m)

drop (v) achteruitgang *of* dalen *of* teruglopen *of* terugvallen *of* zakken

drop in sales omzetdaling (vr)

due *[awaited]* verwacht

due *[owing]* schuldig *of* verschuldigd

dues *[orders]* vooruitbestellingen (vr mv)

duly *[in time]* stipt *of* punctueel

duly *[legally]* naar behoren

dummy model (o) *of* nepartikel (o) *of* proefnummer (o)

dummy pack lege etalageverpakking (vr)

dump bin stortbak (m)

dump goods on a market goederen (o mv) op de markt (vr) dumpen

dumping dumping (vr)

duplicate (n) duplicaat (o) *of* kopie (vr) *of* tweevoud (o)

duplicate (v) kopiëren

duplicate an invoice een factuur (vr) in tweevoud (o) opmaken

duplicate receipt *or* **duplicate of a receipt** duplicaat (o) van een kwitantie (vr)

duplication kopiëren (o) *of* duplicering (vr)

durable goods duurzame goederen (o mv)

duty (tax) accijns (m) *of* invoerrechten (mv) *of* douanerechten (mv)

duty-free vrij van douanerechten (mv) *of* belastingvrij

duty-free shop belastingvrije winkel (m)

duty-paid goods belastingvrije goederen (o mv)

Ee

e. & o.e. (errors and omissions excepted) vergissingen (vr mv) voorbehouden *of* onder gewone voorbehoud

early vroeg

earmark funds for a project fondsen (o mv) voor een project (o) reserveren *of* fondsen (o mv) bestemmen voor een project (o)

earn *[interest]* opbrengen

earn *[money]* verdienen

earning capacity winstcapaciteit (vr) *of* rentabiliteit (vr)

earnings *[profit]* winst (vr)

earnings *[salary]* inkomen (o) *of* verdiensten (vr mv)

earnings per share *of* **earnings yield** winst (vr) per aandeel (o) *of* rendement (o)

easy gemakkelijk *of* makkelijk

easy terms op gemakkelijke condities (vr mv) *of* op afbetaling (vr)

EC (= European Community) EG (= Europese Gemeenschap (vr))

ECGD (= Export Credit Guarantee Department) ECGD (Brits ministerie (vr) voor export kredietgarantie (vr))

economic *[general]* economisch

economic *[profitable]* rendabel

economic cycle conjunctuurcyclus (m)

economic development economische ontwikkeling (vr)

economic growth economische groei (m)

economic indicators economische indicatoren (m mv)

economic model economisch model (o)

economic planning economische planning (vr)

economic trends conjunctuurontwikkelingen (vr mv)

economical zuinig *of* economisch

economics *[profitability]* rendabiliteit (vr)

economics *[study]* economie (vr) *of* economische wetenschap (vr)

economies of scale schaalvoordelen (o mv) *of* besparingen (vr mv) door schaalvergroting (vr)

economist economist (m) *of* econoom (m)

economize besparen *of* bezuinigen

economy *[saving]* besparing (vr) *of* bezuiniging (vr)

economy *[system]* economie (vr)

economy class toeristenklasse (vr)

ecu *or* **ECU (= European currency unit)** ecu *of* ECU (Europese Munteenheid) (m)

effect (n) effect (o) *of* resultaat (o) *of* gevolg (o)

effect (v) tot stand brengen *of* veroorzaken *of* verwezenlijken

effective effectief *of* doeltreffend

effective date aanvangsdatum (m) *of* datum (m) van ingang (m) *of* invoeringsdatum (m)

effective demand effectieve vraag (vr)

effective yield effectief rendement (o)

effectiveness effectiviteit (vr) *of* doeltreffendheid (vr)

efficiency doelmatigheid (vr) *of* efficiency (vr)

efficient efficiënt *of* doelmatig

effort inspanning (vr)

EFTA (= European Free Trade Association) EVA (= Europese Vrijhandelsassociatie (vr))

elasticity elasticiteit (vr)

elect kiezen

election verkiezing (vr)

electronic mail elektronische post (vr)

electronic point of sale (EPOS) elektronisch verkooppunt (o)

elevator *[goods]* goederenlift (m)

elevator *[grain]* graansilo (m)

email (= electronic mail) elektronische post (vr) *of* E-mail (m/vr)

embargo (n) embargo (o) *of* blokkade (v)

embargo (v) embargo (o) leggen op

embark aan boord (o/m) gaan *of* inschepen

embark on beginnen aan *of* van start gaan *of* zich inlaten met

embarkation inscheping (vr)

embarkation card inschepingkaart (m/vr)

embezzle verduisteren

embezzlement verduistering (vr)

embezzler verduisteraar (m)

emergency noodtoestand (m) *of* onverwachte gebeurtenis (vr)

emergency reserves noodreserves (m mv)

employ in dienst nemen

employed *[in job]* in dienst zijn

employed *[money]* belegd *of* geïnvesteerd

employed *[used]* gebruikt

employee werknemer (m) *of* werkneemster (vr)

employer werkgever (m)

employment dienstbetrekking (vr) *of* dienstverband (o) *of* werkgelegenheid (vr)

employment agency plaatsingsbureau (o) *of* uitzendbureau (o)

employment bureau plaatsingsbureau (o) *of* uitzendbureau (o)

empty (adj) leeg

empty (v) ledigen *of* leegmaken

EMS (= European Monetary System) EMS (= Europees Monetair Systeem)

encash verzilveren *of* innen

encashment verzilvering (vr) *of* inning (vr)

enclose insluiten *of* bijvoegen

enclosure bijlage (vr)

end (n) einde (o)

end (v) eindigen

end of season sale seizoenopruiming (vr) *of* seizoenuitverkoop (m)

end product eindproduct (o)

end user eindgebruiker (m)

endorse a cheque een cheque (m) endosseren *of* onderschrijven

endorsee geëndosseerde (m/vr)

endorsement *[action]* endossement (o)

endorsement *[on insurance]* aanhangsel (o)

endorser endossant (m) *of* indossant (m)

energy *[electricity]* energie (vr)

energy *[human]* energie (vr) *of* kracht (vr)

energy-saving (adj) energiebesparend

enforce afdwingen *of* handhaven

enforcement uitvoering (vr) *of* handhaving (vr)

engaged *[telephone]* bezet *of* in gesprek

engaged tone bezettoon (m)

enquire (= inquire) informeren *of* inlichtingen inwinnen *of* opvragen

enquiry (= inquiry) aanvraag (vr) *of* informatie (vr) *of* opvraging (vr) *of* navraag (vr)

enter *[go in]* binnengaan *of* binnenkomen

enter *[write in]* inschrijven *of* bijschrijven *of* opschrijven *of* boeken

enter into *[discussion]* beginnen *of* aangaan *of* aanknopen aan

entering inschrijving (vr) *of* registratie (vr)

enterprise onderneming (vr)

entitle recht (o) geven

entitlement recht (o) op *of* aanspraak (m/vr) op

entrepot port entrepothaven (vr)

entrepreneur ondernemer (m)

entrepreneurial ondernemend

entrust toevertrouwen

entry *[going in]* intrede (m/vr) *of* binnenkomst (vr) *of* ingang (m)

entry *[writing]* inschrijving (vr) *of* (geboekte) post (m) *of* aangifte (vr)

entry visa inreisvisum (o)

epos *or* **EPOS (= electronic point of sale)** elektronisch verkooppunt (o)

equal (adj) gelijk

equal (v) gelijk zijn aan *of* evenaren

equalization egalisatie (vr) *of* gelijkmaken (o)

equip uitrusten

equipment uitrusting (vr) *of* apparatuur (vr) *of* materieel (o)

equities gewone aandelen (o mv)

equity eigen vermogen (o)

equity capital eigen vermogen (o)

erode verslechteren *of* verminderen

error fout (vr) *of* vergissing (vr)

error rate foutenfrequentie (vr)

errors and omissions excepted (e. & o.e.) vergissingen (vr mv) voorbehouden *of* onder gewoon voorbehoud (o)

escalate stijgen *of* (doen) escaleren *of* verhevigen

escape clause ontsnappingsclausule (vr)

escrow account escrow-rekening (vr)

escudo escudo (m)

essential essentieel *of* onmisbaar *of* noodzakelijk

establish vestigen

establishment *[business]* instelling (vr) *of* vestiging (vr)

establishment *[staff]* staf (m) *of* personeel (o)

estimate (n) *[calculation]* schatting (vr) *of* begroting (vr)

estimate (n) *[quote]* raming (vr) *of* prijsopgave (m/vr)

estimate (v) schatten *of* begroten *of* ramen

estimated geschat

estimated figure geschat cijfer (o)

estimated sales schatting (vr) van de verkopen (m mv)

estimation schatting (vr) *of* raming (vr)

EU (= **European Union**) EU (= Europese Unie (vr))

Eurocheque eurocheque (m)

Eurocurrency eurodeviezen (o mv)

Eurodollar eurodollar (m)

Euromarket Euromarkt (vr)

European Europees

European Investment Bank Europese Investeringsbank (vr)

European Monetary System (EMS) Europees Monetair Systeem (o)

European Union (EU) Europese Unie (vr)

evade ontwijken *of* ontduiken

evade tax belasting (vr) ontduiken

evaluate evalueren *of* waarde bepalen

evaluate costs kosten (m mv) berekenen

evaluation evaluatie (vr)

evasion ontwijking (vr) *of* ontduiking (vr)

ex coupon ex-coupon (m)

ex dividend ex-dividend (o)

ex-directory geheim telefoonnummer (o)

exact exact *of* precies *of* nauwkeurig

exactly exact *of* precies *of* nauwkeurig

examination *[inspection]* inspectie (vr) *of* onderzoek (o)

examination *[test]* examen (o) *of* tentamen (o)

examine examineren *of* onderzoeken *of* nagaan

exceed overschrijden *of* overtreffen

excellent uitstekend

except uitgezonderd *of* behalve

exceptional uitzonderlijk *of* exceptioneel *of* buitengewoon

exceptional items uitzonderlijke posten (m mv) *of* buitengewone baten (m/vr mv) en lasten (m mv)

excess surplus (o) *of* overvloed (m) *of* overschot (o)

excess baggage overvracht (vr)

excess capacity overcapaciteit (vr) *of* surplus capaciteit (vr)

excess profits overwinsten (vr mv)

excessive excessief *of* buitensporig

excessive costs excessieve kosten (m mv)

exchange (n) *[currency]* valuta (vr) *of* wisselkoers (vr)

exchange (v) *[currency]* wisselen

exchange (v) *[one thing for another]* ruilen *of* uitwisselen

exchange controls deviezencontroles (vr mv)

exchange rate wisselkoers (m)

exchangeable ruilbaar *of* verwisselbaar

Exchequer Ministerie (o) van Financiën (mv)

excise (v) *[cut out]* wegnemen *of* verwijderen

excise duty accijns (m)

Excise officer douanebeambte (m)

exclude uitsluiten

excluding exclusief *of* niet inbegrepen

exclusion uitsluiting (vr)

exclusion clause uitsluitingsclausule (vr)

exclusive agreement exclusiviteitovereenkomst (vr)

exclusive of met uitsluiting (vr) van *of* exclusief

exclusive of tax exclusief belasting (vr) *of* belasting (vr) niet inbegrepen

exclusivity exclusiviteit (vr)

execute uitvoeren *of* executeren

execution uitvoering (vr) *of* executie (vr)

executive (adj) leidinggevend

executive (n) leidinggevende functionaris (m) *of* kaderfunctie (vr) *of* manager (m)

executive director bestuurslid (o) *of* directeur (m) *of* directielid (o)

exempt (adj) vrijgesteld

exempt (v) vrijstellen

exempt from tax *or* **tax-exempt** vrij van belasting (vr) *of* belastingvrij

exemption vrijstelling (vr)

exemption from tax *or* tax exemption belastingvrijstelling (vr) *of* belastingontheffing (vr)

exercise (n) uitoefening (vr)

exercise (v) uitoefenen

exercise an option een optie (vr) uitoefenen

exercise of an option uitoefening (vr) van een optie (vr)

exhibit (v) tentoonstellen *of* exposeren

exhibition tentoonstelling (vr) *of* expositie (vr)

exhibition hall tentoonstellingszaal (vr)

exhibitor exposant (m)

expand uitbreiden

expansion uitbreiding (vr) *of* expansie (vr) *of* uitzetting (vr)

expenditure uitgave (vr)

expense uitgave (vr) *of* uitgaven (vr mv) *of* onkosten (m mv)

expense account onkostenrekening (vr)

expenses (on)kosten (m mv)

expensive duur

experienced ervaren

expertise deskundigheid (vr) *of* vakkundigheid (vr)

expiration afloop (m) *of* einde (o) *of* vervaltijd (m)

expire aflopen *of* verlopen *of* verstrijken *of* vervallen

expiry afloop (m) *of* einde (m) *of* expiratie (vr)

expiry date afloopdatum (m) *of* vervaldag (m) *of* vervaldatum (m)

explain verklaren *of* uitleggen

explanation verklaring (vr) *of* toelichting (vr)

exploit exploiteren

explore verkennen *of* onderzoeken

export (n) export (m) *of* uitvoer (m)

export (v) exporteren *of* uitvoeren

Export Credit Guarantee Department (ECGD) (UK) Ministerie voor export kredietgarantie (vr)

export department exportafdeling (vr)

export duty uitvoerrecht (o) *of* uitvoerbelasting (vr)

export licence exportvergunning (vr) *of* uitvoervergunning (vr)

export manager hoofd (o) exportafdeling (vr)

export trade exporthandel (m) *of* uitvoerhandel (m)

exporter exporteur (m)

exporting (adj) exporterend

exports (totale) uitvoer (m)

exposure uiteenzetting (vr) *of* publiciteit (vr) *of [risk]* blootstelling (vr)

express (adj) *[fast]* snel *of* expres-

express (adj) *[stated clearly]* uitdrukkelijk *of* expliciet

express (v) *[send fast]* per expresse (vr) versturen

express (v) *[state]* uitdrukken *of* uiten

express delivery spoedbestelling (vr) *of* expresse bestelling (vr)

express letter expresbrief (m)

extend *[grant]* aanbieden *of* verlenen

extend *[make longer]* verlengen

extended credit langlopend krediet (o)

extension *[making longer]* verlenging (vr)

extension *[telephone]* toestelnummer (o)

external *[foreign]* buitenlands

external *[outside a company]* extern

external account buitenlandse rekening (vr)

external audit externe audit (m)

external auditor externe accountant (m)

external trade buitenlandse handel (m)

extra extra *of* bijkomend

extra charges extra kosten (m mv) *of* bijkomende kosten (m mv) *of* meerkosten (m mv)

extraordinary buitengewoon

extraordinary items buitengewone posten (m mv) *of* buitengewone baten (m/vr) en lasten (m)

extras extra kosten (m mv) *of* niet inbegrepen

Ff

face value nominale waarde (vr)

facilities faciliteiten (vr mv)

facility *[building]* voorziening (vr)

facility *[credit]* faciliteit (vr)

facility *[ease]* makkelijkheid (vr) *of* gemak (o)

factor (n) *[influence]* factor (m)

factor (n) *[person or company]* factor (m) *of* agent (m) *of* commissionair (m)

factor (v) vorderingen (vr mv) overdragen aan derden *of* factoring (vr) doen

factoring factoring (vr)

factoring charges factoringkosten (m mv)

factors of production productiefactoren (m mv)

factory fabriek (vr)

factory inspector *or* inspector of factories Arbo-dienst inspecteur (m) *of* arbeidsinspecteur (m)

factory outlet fabriekswinkel (m)

factory price *of* price ex factory fabrieksprijs (m) *of* af fabriek (vr)

fail *[go bust]* failliet gaan

fail *[not to do something]* nalaten *of* niet nakomen

fail *[not to succeed]* falen *of* mislukken *of* niet slagen

failing that zo niet *of* anders

failure mislukking (vr) *of* niet-nakoming (vr) *of* niet-voldoening (vr) *of* faillissement (o)

fair (adj) eerlijk *of* behoorlijk

fair dealing zuivere handel (m) *of* eerlijk handeldrijven (o)

fair price behoorlijke prijs (m) *of* redelijke prijs (m)

fair trade economisch verantwoord handeldrijven (o) *of* handel (m) op basis van wederkerige rechten

fair trading zuivere handel (m) *of* eerlijk handeldrijven (o)

fair wear and tear normale slijtage (vr)

fake (n) namaaksel (o) *of* vervalsing (vr)

fake (v) namaken *of* vervalsen

faked documents vervalste documenten (o mv)

fall (n) val (m) *of* daling (vr) *of* baisse (vr)

fall (v) *[go lower]* vallen *of* dalen

fall (v) *[on a date]* vallen

fall behind *[be in a worse position]* terugvallen *of* achteruitgaan

fall behind *[be late]* achterop raken *of* achter raken met

fall due *or* to become due vervallen *of* betaalbaar worden *of* verschijnen

fall off achteruitgaan *of* afnemen *of* verminderen

fall through niet doorgaan *of* mislukken

falling dalend

false vals *of* onjuist

false pretences valse voorwendsels (o mv)

false weight onjuist gewicht (o)

falsification vervalsing (vr)

falsify vervalsen

family company familiebedrijf (o)

fare ritprijs (m) *of* vervoerstarief (o)

farm out work werk (o) uitbesteden

fast (adj) snel *of* vlug

fast (adv) snel *of* vlug

fast-selling items hardlopende items (o mv)

fault *[blame]* fout (vr) *of* schuld (m/vr)

fault *[mechanical]* defect (o)

faulty equipment defecte apparatuur (vr)

favourable gunstig *of* voordelig

favourable balance of trade gunstige handelsbalans (vr) *of* positieve handelsbalans (vr)

fax (n) (tele)fax (m)

fax (v) faxen

feasibility uitvoerbaarheid (vr) *of* haalbaarheid (vr)

feasibility report haalbaarheidsrapport (o)

fee *[admission]* entreegeld (o) *of* toegangsgeld (o) *of* inschrijfgeld (o)

fee *[for services]* honorarium (o)

feedback feedback (m) *of* terugkoppeling (vr)

ferry ferryboot (m/vr) *of* veerboot (m/vr)

fiddle (n) knoeierij (vr) *of* bedrog (o)

fiddle (v) knoeien *of* bedrog (o) plegen

field veld (o) *of* gebied (o) *of* branche (vr)

field sales manager hoofd (o) buitendienst (m) *of* chef (m) buitendienst

field work veldwerk (o)

FIFO (= first in first out) FIFO (= first in first out) (eerst in, eerst uit)

figure cijfer (o) *of* getal (o)

figures cijfers (o mv)

file (n) *[computer]* bestand (o)

file (n) *[documents]* dossier (o)

file (v) *[request]* indienen

file a patent application een octrooiaanvraag (m/vr) indienen

file documents documenten (o mv) opbergen

filing *[action]* opbergen (o) *of* archiveren (o)

filing cabinet archiefkast (vr) *of* opbergkast (vr)

filing card fiche (vr) *of* systeemkaart (m/vr)

fill a gap een gat (o) (in de markt) vullen

final laatste *of* definitief

final demand laatste herinnering (vr) *of* laatste aanmaning (vr)

final discharge laatste aflossing (vr)

final dividend slotdividend (o)

finalize afronden *of* afsluiten *of* definitief maken

finance (n) financiën (mv) *of* geldmiddelen (o mv)

finance (v) financieren

finance an operation een onderneming (vr) financieren

finance company financieringsbedrijf (o)

finance director financieel directeur (m)

finances financiën (mv) *of* geldmiddelen (o mv)

financial financieel

financial asset financiële activa (mv)

financial crisis financiële crisis (vr)

financial institution financiële instelling (vr)

financial position financiële positie (vr)

financial resources financiële middelen (o mv) *of* financieringsmiddelen (o mv)

financial risk financieel risico (o)

financial settlement financiële schikking (vr)

financial year boekjaar (o)

financially financieel

financing financiering (vr)

fine (adv) *[very good]* voortreffelijk *of* schitterend

fine (adv) *[very small]* klein *of* scherp

fine (n) boete (vr)

fine (v) beboeten

fine tuning nauwkeurige afstemming (vr)

finished afgewerkt *of* gereed

finished goods gerede producten (o mv)

fire (n) brand (m) *of* vuur (o)

fire damage brandschade (vr)

fire insurance brandverzekering (vr)

fire regulations brandvoorschriften (o mv)

fire risk brandrisico (o)

fire-damaged goods door brand (m) beschadigde goederen (o mv)

firm (adj) vast *of* stabiel *of* standvastig

firm (n) firma (vr) *of* bedrijf (o) *of* onderneming (vr)

firm (v) steviger worden *of* verstevigen *of* stabiliseren

firm price afgesproken prijs (m)

first eerst

first in first out (FIFO) *[accounting]* first in first out (FIFO) (eerst in eerst uit)

first in first out (FIFO) *[redundancy]* first in first out (FIFO) (eerst in eerst uit)

first option voorkeursrecht (o) *of* eerste keus (m/vr)

first quarter eerste kwartaal (o)

first-class prima *of* eerste klas (vr)

fiscal fiscaal

fiscal measures fiscale maatregelen (m mv)

fittings inrichting (vr) *of* uitrusting (vr)

fix *[arrange]* vastleggen *of* afspreken *of* regelen

fix *[mend]* repareren

fix a meeting for 3 p.m. een vergadering (vr) afspreken voor 15 uur

fixed vast *of* afgesproken

fixed assets vaste activa (mv)

fixed costs vaste kosten (m mv)

fixed deposit termijndeposito (o) *of* deposito (o) met vaste termijn (m)

fixed exchange rate vaste wisselkoers (m)

fixed income vast inkomen (o)

fixed interest vaste rente (m/vr)

fixed scale of charges vaste tarieven (o mv)

fixed-interest investments vastrentende investeringen (vr mv)

fixed-price agreement vaste prijsafspraak (m/vr)

fixing vaststelling (vr) *of* bepaling (vr)

flat (adj) *[dull]* flauw *of* gedrukt

flat (adj) *[fixed]* vast

flat (n) appartement (o)

flat rate eenheidstarief (o) *of* uniform tarief (o)

flexibility flexibiliteit (vr) *of* soepelheid (vr)

flexible flexibel *of* soepel *of* variabel

flexible prices flexibele prijzen (m mv)

flexible pricing policy flexibel prijsbeleid (o)

flight *[of money]* vlucht (vr)

flight *[of plane]* vlucht (vr)

flight information vluchtinformatie (vr)

flight of capital kapitaalvlucht (vr)

flip chart flip-over (m)

float (n) *[money]* wisselgeld (o) *of* kleingeld (o)

float (n) *[of company]* opstarten (o) *of* oprichten (o) (door uitgifte van aandelen)

float (v) *[a currency]* laten zweven

float a company een bedrijf (o) naar de beurs (vr) brengen

floating zwevend *of* variabel *of* vlottend

floating exchange rates zwevende wisselkoersen (m mv)

floating of a company naar de beurs (vr) brengen van een bedrijf (o)

flood (n) vloed (m) *of* stroom (m)

flood (v) (over)stromen

floor *[level]* verdieping (vr) *of* etage (vr)

floor *[surface]* vloer (m) *of* oppervlakte (vr)

floor manager afdelingschef (m)

floor plan plattegrond (m)

floor space vloeroppervlakte (vr)

flop (n) mislukking (vr) *of* fiasco (o)

flop (v) mislukken *of* floppen

flotation oprichting (vr)

flourish bloeien *of* floreren

flourishing bloeiend *of* florerend

flourishing trade bloeiende handel (m)

flow (n) stroom (m) *of* toevloed (m)

flow (v) stromen *of* vloeien

flow chart stroomdiagram (o)

flow diagram stroomdiagram (o)

fluctuate fluctueren *of* schommelen

fluctuating fluctuerend *of* schommelend

fluctuation fluctuatie (vr) *of* schommeling (vr)

FOB *or* **f.o.b. (free on board)** vrij aan boord (o/m)

follow volgen

follow up opvolgen *of* navolgen *of* nagaan

follow-up letter vervolgbrief (m)

for sale te koop

forbid verbieden

force majeure overmacht (vr)

force prices down prijzen (m mv) drukken *of* prijzen (m mv) doen dalen

force prices up prijzen (m mv) opjagen *of* prijzen (m mv) opdrijven

forced gedwongen

forced sale gedwongen verkoop (m)

forecast (n) voorspelling (vr) *of* prognose (vr)

forecast (v) voorspellen *of* prognosticeren

forecasting vooruitzicht (o) *of* prognose (vr)

foreign vreemd *of* buitenlands

foreign currency buitenlandse valuta (vr) *of* vreemde valuta (vr)

foreign exchange *[changing money]* valuta wisselen (o)

foreign exchange *[currency]* deviezen (o mv)

foreign exchange broker wisselmakelaar (m) *of* valutamakelaar (m)

foreign exchange dealer deviezenhandelaar (m)

foreign exchange market deviezenmarkt (vr) *of* valutamarkt (vr) *of* wisselmarkt (vr)

foreign investments buitenlandse investeringen (vr mv)

foreign money order buitenlandse postwissel (m)

foreign trade buitenlandse handel (m)

forfeit (n) verbeurde (o)
forfeit (v) verbeuren
forfeit a deposit een aanbetaling (vr) verbeuren *of* waarborgsom (m/vr) verbeuren
forfeiture verbeurdverklaring (vr)
forge vervalsen
forgery *[action]* vervalsen (o)
forgery *[copy]* vervalsing (vr)
fork-lift truck vorkheftruck (m)
form (n) opmaak (m) *of* formulier (o)
form (v) oprichten *of* vormen
form of words formulering (vr)
formal formeel
formality formaliteit (vr)
forward vooruit- *of* termijn-
forward buying *or* **buying forward** op termijn (m) kopen *of* termijnkoop (m)
forward contract termijncontract (o)
forward market termijnmarkt (vr)
forward rate termijntarief (o)
forward sales termijnverkopen (m mv)
forwarding expeditie (vr)
forwarding address verzendadres (o)
forwarding agent expediteur (m)
forwarding instructions verzendinstructies (vr mv)
fourth quarter vierde kwartaal (o)
fragile fragiel *of* breekbaar
franc frank (m)
franchise (n) franchise (vr)
franchise (v) franchise (vr) verlenen
franchisee franchisenemer (m)
franchiser franchisegever (m)
franchising franchising (vr)
franco franco
frank (v) frankeren
franking machine frankeermachine (vr)
fraud fraude (vr) *of* bedrog (o)
fraudulent frauduleus *of* bedrieglijk
fraudulent transaction frauduleuze transactie (vr) *of* bedrieglijke transactie (vr)
fraudulently frauduleus *of* bedrieglijk
free (adj) *[no payment]* gratis *of* kosteloos *of* franco
free (adj) *[no restrictions]* vrij
free (adj) *[not busy]* vrij
free (adv) *[no payment]* gratis *of* kosteloos

free (v) bevrijden *of* vrijlaten
free delivery franco levering (vr) *of* gratis bezorging (vr)
free gift gratis geschenk (o) *of* cadeau (o)
free market economy vrije markteconomie (vr)
free of charge gratis *of* kosteloos *of* vrij van kosten *of* franco
free of duty belastingvrij *of* vrij van douanerechten (mv)
free of tax belastingvrij *of* vrij van belasting (vr)
free on board (f.o.b.) vrij aan boord (o/m)
free on rail franco station (o)
free port vrijhaven (vr)
free sample gratis monster (o)
free trade vrijhandel (m)
free trade area vrijhandelsgebied (o)
free trade zone vrijhandelszone (vr)
free trial gratis proefneming (vr) *of* gratis uitproberen (o)
free zone vrije zone (vr)
freeze (n) bevriezing (vr) *of* blokkering (vr)
freeze (v) *[prices]* bevriezen *of* fixeren
freeze credits kredieten (o mv) beperken *of* bevriezen
freeze wages and prices lonen (o mv) en prijzen (m mv) bevriezen
freight *[carriage]* vracht (vr)
freight costs vrachtkosten (m mv)
freight depot magazijn (o) *of* opslagruimte (vr)
freight forward vrachtkosten (m mv) te betalen bij levering (vr)
freight plane vrachtvliegtuig (o)
freight rates vrachttarieven (o mv)
freight train goederentrein (m)
freightage vrachtkosten (m mv)
freighter *[plane]* vrachtvliegtuig (o)
freighter *[ship]* vrachtschip (o)
freightliner containertrein (m)
frequent frequent *of* veelvuldig
frozen bevroren *of* geblokkeerd
frozen account bevroren rekening (vr) *of* geblokkeerde rekening (vr)
frozen assets geblokkeerde activa (mv)
frozen credits bevroren kredieten (o mv)
fulfil an order een bestelling (vr) uitvoeren *of* een order (m/vr/o) uitvoeren

fulfilment uitvoering (vr)

full vol *of* volledig

full discharge of a debt volledige kwijting (vr) van een schuld (vr)

full payment *or* **payment in full** volledige betaling (vr)

full price volledige prijs (m)

full refund *or* **refund in full** volledige terugbetaling (vr) *of* volledige terugstorting (vr)

full-scale volledig *of* totaal

full-time voltijds

full-time employment voltijddienstverband (o) *of* volledige dienstbetrekking (vr)

fund (n) fonds (o)

fund (v) financieren

funding financiering (vr)

funding *[of debt]* consolidatie (vr)

further to in antwoord (o) op *of* in aansluiting (vr) op

future delivery levering op termijn

Gg

gain (n) *[getting bigger]* stijging (vr) *of* toename (m/vr) *of* groei (m)

gain (n) *[increase in value]* winst (vr) *of* aanwinst (vr)

gain (v) *[become bigger]* groeien *of* stijgen *of* toenemen

gain (v) *[get]* verkrijgen *of* verwerven

gap gat (o) *of* hiaat (m/o)

gap in the market gat (o) in de markt (vr)

GATT (General Agreement on Tariffs and Trade) GATT (Algemene Overeenkomst (vr) m.b.t. Douanerechten (mv) en Tarieven (o mv)

GDP (= gross domestic product) BBP (= Bruto Binnenlands Product (o))

gear aanpassen *of* afstemmen

gearing hefboomwerking (vr) *of* financiering (vr) met vreemd vermogen (o)

general algemeen

General Agreement on Tariffs and Trade (GATT) Algemene Overeenkomst (vr) m.b.t. Douanerechten (mv) en Tarieven (o mv) (GATT)

general audit algemeen accountantsonderzoek (o)

general average *[insurance]* gemene averij (vr)

general manager algemeen directeur (m)

general meeting algemene vergadering (vr)

general office hoofdkantoor (o)

general post office hoofdpostkantoor (o)

general strike algemene staking (vr)

gentleman's agreement herenakkoord (o) *of* overeenkomst (vr) naar eer (m/vr) en geweten (o)

genuine echt *of* authentiek

genuine purchaser serieuze koper (m)

get ontvangen *of* krijgen *of* verdienen *of* bereiken

get along vooruitkomen *of* zich redden

get back *[something lost]* terugkrijgen

get into debt schulden (vr mv) maken

get rid of something iets afstoten *of* iets van de hand doen

get round *[a problem]* omzeilen *of* ontwijken

get the sack ontslagen worden

gift geschenk (o) *of* cadeau (o)

gift coupon geschenkbon (m) *of* cadeaubon (m)

gift shop souvenirwinkel (m)

gift voucher geschenkbon (m) *of* cadeaubon (m)

gilt-edged securities goudgerande effecten (o mv) *of* solide effecten (o mv)

gilts goudgerande waardepapieren (o mv) *of* solide waardepapieren (o mv)

giro account postgirorekening (vr)

giro account number postgirorekeningnummer (o)

giro system postgirosysteem (o)

give *[as gift]* schenken

give *[pass]* geven

give away weggeven *of* cadeau doen

glut (n) overschot (o) *of* overvloed (m) *of* overvoering (vr)

glut (v) (over)verzadigen *of* overvoeren

GNP (= gross national product) BNP (= Bruto Nationaal Product (o))

go gaan

go into business een bedrijf (o) starten

go-ahead (adj) voortvarend *of* vooruitstrevend

go-slow langzaam-aan-actie (vr)

going goedlopend

going rate gangbare tarief (o) *of* gebruikelijke tarief (o)

gold card speciale kredietkaart (vr) voor rijke klanten (m mv)

good goed

good buy koopje (o) *of* goede koop (m)

good management goede leiding (vr) *of* goed beheer (o)

good quality goede kwaliteit (vr)

good value (for money) waar voor je geld (o) *of* voordelig

goods goederen (o mv)

goods depot goederendepot (o) *of* opslagruimte (vr)

goods in transit goederen (o mv) onderweg (m)

goods train goederentrein (m)

goodwill goodwill (m)

government (adj) regerings- *of* overheids-

government (n) regering (vr) *of* overheid (vr)

government bonds staatsobligaties (vr mv)

government contractor aannemersbedrijf (o) werkend voor de staat (m)

government stock staatsfondsen (o mv) *of* overheidsobligaties (vr mv)

government-backed door de staat (m) gesteund *of* met regeringssteun (m)

government-controlled onder staatstoezicht (o) *of* overheidstoezicht (o)

government-regulated volgens overheidsvoorschriften (o mv)

government-sponsored door de staat (m) begunstigd *of* gesponsord

graded advertising rates degressieve advertentietarieven (o mv)

graded hotel sterrenhotel (o)

graded tax progressieve belasting (vr)

gradual geleidelijk

graduate trainee gediplomeerd stagiair(e) (m/vr)

graduated gestaffeld *of* oplopend

graduated income tax progressieve inkomstenbelasting (vr)

gram *or* **gramme** gram (o)

grand total eindtotaal (o)

grant (n) subsidie (vr) *of* toelage (m/vr) *of [students]* studiebeurs (vr)

grant (v) toekennen *of* verlenen

gratis gratis

grid rooster (o)

grid structure roosterstructuur (vr)

gross (adj) bruto

gross (n) (144) gros (o)

gross (v) opbrengen

gross domestic product (GDP) Bruto Binnenlands Product (o) (BBP)

gross earnings bruto-inkomen (o)

gross income bruto-inkomen (o)

gross margin brutomarge (vr)

gross national product (GNP) Bruto Nationaal Product (o) (BNP)

gross profit brutowinst (vr)

gross salary brutosalaris (o)

gross tonnage bruto tonnage (vr)

gross weight brutogewicht (o)

gross yield bruto rendement (o)

group *[of businesses]* groep (vr) *of* concern (o)

group *[of people]* groep (vr)

growth groei (m)

growth index groei-index (m)

growth rate groeitempo (o) *of* groeipercentage (o)

guarantee (n) garantie (vr) *of* waarborg (m)

guarantee (v) garanderen *of* waarborgen

guarantee a debt borg (m) staan voor een schuld (vr)

guaranteed wage gegarandeerd loon (o)

guarantor borg (m)

guideline richtlijn (vr)

guild gilde (m/vr) *of* vereniging (vr)

guilder *[Dutch currency]* gulden (m)

Hh

haggle afdingen

half (adj) half

half (n) helft (vr)

half a dozen *of* **a half-dozen** half dozijn (o)

half-price sale uitverkoop (m) tegen halve prijs (m) *of* uitverkoop (m) met 50% korting

half-year halfjaar (o)

half-yearly accounts halfjaarlijkse rekening (vr) *of* halfjaarlijkse balans (m/vr) en W & V rekening (vr)

half-yearly payment halfjaarlijkse betaling (vr)

half-yearly statement halfjaarlijks verslag (o) *of* rekeningafschrift (o) *of* overzicht (o)

hand in indienen *of* inleveren

hand luggage handbagage (vr)

hand over overhandigen *of* overdragen

handle (v) *[deal with]* afhandelen *of* behandelen

handle (v) *[sell]* verhandelen

handling behandeling (vr) *of* afhandeling (vr)

handling charge behandelingskosten (m mv)

handwriting handschrift (o)

handwritten handgeschreven

handy handig

harbour haven (vr)

harbour dues havenrechten (mv)

harbour facilities havenfaciliteiten (vr mv)

hard bargain (koop)overeenkomst (vr) met harde voorwaarden (vr mv)

hard bargaining harde onderhandelingen (vr mv)

hard copy (computer)uitdraai (m) *of* afdruk (m)

hard currency harde valuta (vr)

hard disk harde schijf (vr)

hard selling agressieve verkoop (m)

harmonization harmonisatie (vr)

haulage transport (o) *of* transportkosten (m mv)

haulage contractor transporteur (m) *of* vervoerder (m)

haulage costs *or* **haulage rates** transportkosten (m mv)

head of department afdelingchef (m) *of* afdelingshoofd (o)

head office hoofdkantoor (o)

headquarters (HQ) hoofdkantoor (o)

heads of agreement conceptovereenkomst (vr) *of* hoofdpunten (o mv) van een overeenkomst (vr)

health gezondheid (vr)

health insurance ziekteverzekering (vr)

healthy profit gezonde winst (vr)

heavy *[important]* zwaar *of* groot *of* aanzienlijk

heavy *[weight]* zwaar

heavy costs *of* **heavy expenditure** hoge kosten (m mv) *of* grote uitgaven (m/vr mv)

heavy equipment zware machines (vr mv)

heavy goods vehicle (HGV) zwaar transport voertuig (o) *of* zware vrachtwagen (m)

heavy industry zware industrie (vr)

heavy machinery zware machines (vr mv)

hectare hectare (vr)

hedge (n) dekking (vr)

hedging dekking (vr) *of* hedgen (o)

HGV (= heavy goods vehicle) zwaar transport voertuig (o) *of* zware vrachtwagen (m)

hidden asset ondergewaardeerd vermogen (o)

hidden reserves stille reserves (vr mv)

high interest hoge rente (m/vr)

high rent hoge huur (m/vr)

high taxation hoge belasting (vr)

high-quality hoogwaardig

high-quality goods hoogwaardige goederen (o mv)

highest bidder hoogstbiedende (m/vr)

highly motivated sales staff zeer gemotiveerd verkooppersoneel (o)

highly qualified hooggekwalificeerd

highly-geared company vennootschap (vr) met veel vreemd vermogen (o)

highly-paid hoogbetaald

highly-priced duur

hire (n) huren (o) *of* verhuur (m/vr)

hire a car *or* **a crane** een auto (m) *of* een kraan (vr) huren

hire car huurauto (m)

hire purchase (HP) huurkoop (m)

hire staff personeel (o) aannemen

hire-purchase company huurkoopbedrijf (o)

historic(al) cost historische kostprijs (m) *of* aanschaffingskosten (m mv)

historical figures historische cijfers (o mv)

hive off afstoten *of* overhevelen

hoard hamsteren *of* oppotten

hoarding *[for posters]* reclamebord (o)

hoarding *[of goods]* hamsteren (o)

hold (n) *[ship]* scheepsruim (o)

hold *[contain]* bevatten *of* inhouden

hold *[keep]* houden *of* vasthouden

hold a meeting *or* **a discussion** een vergadering (vr) houden *of* een discussie (vr) houden

hold out for blijven eisen *of* aandringen op

hold over verdagen *of* uitstellen

hold the line please *of* **please hold** blijf aan de lijn (vr) *of* een ogenblik alstublieft

hold up (v) *[delay]* vertragen *of* ophouden

hold-up (n) *[delay]* vertraging (vr) *of* oponthoud (o)

holder *[person]* houder (m) *of* bezitter (m)

holder *[thing]* houder (m) *of* etui (o)

holding company houdstermaatschappij (vr) *of* holding (vr)

holiday pay vakantiegeld (o)

home address thuisadres (o) *of* privé-adres (o)

home consumption binnenlands verbruik (o)

home market binnenlandse markt (vr)

home sales binnenlandse afzet (m)

homeward freight retourvracht (vr)

homeward journey terugreis (vr)

homeworker thuiswerker (m) *of* thuiswerkster (vr)

honorarium honorarium (o)

honour a bill een wissel (m) honoreren *of* betalen

honour a signature een handtekening (vr) honoreren

horizontal communication horizontale communicatie (vr)

horizontal integration horizontale integratie (vr)

hotel hotel (o)

hotel accommodation hotelaccommodatie (vr)

hotel bill hotelrekening (vr)

hotel manager hotelmanager (m)

hotel staff hotelpersoneel (o)

hour uur (o)

hourly ieder uur (o)

hourly rate uurtarief (o)

hourly wage uurloon (o)

hourly-paid workers per uur (o) betaalde werknemers (m mv) *of* werkneemsters (vr mv)

house *[company]* huis (o) *of* zaak (vr) *of* firma (vr)

house *[for family]* huis (o) *of* woning (vr)

house insurance opstal- en inboedelverzekering (vr)

house magazine huiskrant (m/vr) *of* huisorgaan (o) *of* personeelsblad (o)

house-to-house huis-aan-huis

house-to-house selling huis-aan-huis verkoop (m)

HP (= hire purchase) huurkoop (m)

HQ (= headquarters) hoofdkantoor (o)

hurry up haast maken *of* tot haast aanzetten

hype (n) opgeblazen reclame (m/vr) *of* overdreven publiciteit (vr)

hype (v) opschroeven

hypermarket hypermarkt (vr)

Ii

illegal illegaal *of* onwettig

illegality onwettigheid (vr)

illegally illegaal *of* onwettig

illicit clandestien *of* ongeoorloofd *of* onwettig

ILO (= International Labour Organization) IAO (= Internationale Arbeidsorganisatie (vr))

IMF (= International Monetary Fund) IMF (= Internationaal Monetair Fonds (o))

imitation imitatie (vr) *of* namaak (m)

immediate direct *of* onmiddellijk

immediately direct *of* onmiddellijk

imperfect onvolmaakt *of* gebrekkig *of* onvolkomen

imperfection onvolmaaktheid (vr) *of* gebrekkigheid (vr) *of* onvolkomenheid (vr)

implement (n) werktuig (o) *of* gereedschap (o) *of* instrument (o)

implement (v) uitvoeren *of* verwezenlijken *of* toepassen

implement an agreement een overeenkomst (vr) uitvoeren

implementation uitvoering (vr) *of* implementatie (vr)

import (n) import (m) *of* invoer (m)

import (v) importeren *of* invoeren

import ban invoerverbod (o) *of* importverbod (o)

import duty invoerrecht (o)

import levy invoerheffing (vr)

import licence *or* **import permit** invoervergunning (vr)

import quota invoercontingent (o)

import restrictions invoerbeperkingen (vr mv)

import surcharge importtoeslag (m)

import-export (adj) import-export *of* invoer-uitvoer

importance belang (o) *of* betekenis (vr)

important belangrijk

importation import (m) *of* invoer (m)

importer importeur (m) *of* invoerder (m)

importing (adj) importerend *of* invoerend

importing (n) importeren (o) *of* import (m)

imports invoer (m)

impose opleggen *of* heffen

impulse impuls (m)

impulse buyer impulsieve koper (m)

impulse purchase impulsaankoop (m)

in-house bedrijfsintern *of* binnen het bedrijf (o) *of* in-company

in-house training opleiding (vr) binnen het bedrijf (o) *of* in-company training (vr)

incentive stimulans (m) *of* prikkel (m) *of* impuls (m)

incentive bonus prestatiebonus (m) *of* aanmoedigingspremie (vr)

incentive payments prestatieloon (o) *of* prestatietoeslag (m)

incidental expenses bijkomende kosten (m mv) *of* incidentele kosten (m mv)

include bevatten *of* insluiten

inclusive inclusief

inclusive charge inclusief alle kosten (m mv) *of* alle kosten (m mv) inbegrepen *of* totaalbedrag (o)

inclusive of tax belasting (vr) inbegrepen *of* inclusief belasting (vr)

income inkomen (o)

income tax inkomstenbelasting (vr)

incoming call inkomend telefoongesprek (o)

incoming mail inkomende post (vr)

incompetent incompetent *of* onbekwaam

incorporate opnemen *of* inlijven *of* integreren

incorporate *[a company]* een onderneming (vr) oprichten

incorporation oprichting (vr) van een onderneming (vr)

incorrect incorrect *of* onjuist *of* foutief

incorrectly incorrect *of* onjuist *of* foutief

increase (n) stijging (vr) *of* toename (vr) *of* verhoging (vr)

increase (n) *[higher salary]* loonsverhoging (vr)

increase (v) toenemen *of* vermeerderen

increase (v) in price in prijs (m) verhogen *of* in prijs (m) doen stijgen

increasing stijgend *of* toenemend

increasing profits stijgende winsten (vr mv)

increment periodieke verhoging (vr)

incremental oplopend *of* stijgend

incremental cost marginale kosten (m mv)

incremental scale glijdende (loon)schaal (vr)

incur oplopen *of* maken

incur *[costs]* kosten (m mv) maken

incur debts schulden (vr mv) maken *of* oplopen

indebted schuldig *of* verschuldigd

indebtedness het verschuldigd zijn *of* verschuldigdheid (vr) *of* schuldenlast (m)

indemnification schadeloosstelling (vr) *of* schadevergoeding (vr) *of* vrijwaring (vr)

indemnify schadeloosstellen *of* vrijwaren

indemnify someone for a loss schadeloosstellen

indemnity schadevergoeding (vr) *of* schadeloosstelling (vr) *of* waarborg (m)

independent onafhankelijk *of* zelfstandig

independent company zelfstandige onderneming (vr)

index (n) *[alphabetical]* index (m) *of* register (o)

index (n) *[of prices]* index (m)

index (v) indexeren

index card indexkaart (vr) *of* steekkaart (vr) *of* systeemkaart (vr)

index number indexcijfer (o)

index-linked geïndexeerd

indexation indexering (vr)

indicator indicator (m)

indirect indirect

indirect labour costs indirecte arbeidskosten (m mv)

indirect tax indirecte belasting (vr)

indirect taxation indirecte belasting (vr)

induction introductie (vr) *of* kennismaking (vr)

induction courses *or* induction training introductiecursussen (m mv) *of* introductietraining (vr)

industrial industrieel *of* industrie-

industrial accident arbeidsongeval (o) *of* bedrijfsongeval (o)

industrial arbitration tribunal arbitragecommissie (vr) voor arbeidsgeschillen (o mv)

industrial capacity industriële capaciteit (vr)

industrial centre industrieel centrum (o) *of* industriecentrum (o)

industrial design industriële vormgeving (vr) *of* industriële ontwerp (o)

industrial disputes arbeidsgeschillen (o mv)

industrial espionage economische spionage (vr) *of* bedrijfsspionage (vr)

industrial estate industrieterrein (o)

industrial expansion industriële expansie (vr) *of* uitbreiding van de industrie (vr)

industrial processes productieprocessen (o mv)

industrial relations arbeidsverhoudingen (vr mv)

industrial tribunal arbitragecommissie (vr) voor arbeidsgeschillen (o mv)

industrialist industrieel (m)

industrialization industrialisatie (vr)

industrialize industrialiseren

industrialized societies geïndustrialiseerde maatschappijen (vr mv)

industry *[companies]* bedrijfstak (m) *of* industrie (vr)

industry *[general]* industrie (vr)

inefficiency inefficiëntie (vr) *of* ondoelmatigheid (vr)

inefficient inefficiënt *of* ondoelmatig

inflated currency abnormaal gestegen valuta (vr)

inflated prices geïnflateerde prijzen (m mv) *of* sterk gestegen prijzen (m mv)

inflation inflatie (vr)

inflationary inflatoir

influence (n) invloed (m)

influence (v) beïnvloeden

inform informeren *of* inlichten *of* op de hoogte stellen *of* mededelen *of* kennis stellen van

information informatie (vr) *of* inlichting (vr)

information bureau inlichtingenbureau (o)

information officer woordvoerder (m/vr) *of* voorlichtingsfunctionaris (m)

infrastructure infrastructuur (vr)

infringe schenden *of* inbreuk maken

infringe a patent inbreuk op een octrooi (o) maken

infringement of customs regulations inbreuk (m/vr) op douanevoorschriften (o mv)

infringement of patent inbreuk (m/vr) op een octrooi (o)

initial (adj) aanvankelijk of begin- of aanvangs-

initial (v) paraferen

initial capital startkapitaal (o) of aanvangskapitaal (o)

initiate beginnen of initiëren

initiate discussions de aanzet (m) geven tot gesprekken (o mv) of het initiatief (o) nemen tot gesprekken (o mv)

initiative initiatief (o)

inland binnenlands of binnen-

innovate innoveren of vernieuwen

innovation innovatie (vr) of vernieuwing (vr) of nieuwigheid (vr)

innovative innoverend of vernieuwend

innovator innovator (m) of vernieuwer (m)

input information informatie (vr) of gegevens (o mv) invoeren

input tax voorbelasting (BTW)

inquire onderzoeken of navragen

inquiry onderzoek (o) of navraag (vr)

insider ingewijde (m) of insider (m)

insider dealing misbruik (o) van voorkennis (vr) of (effecten)handel (m) met voorkennis (vr)

insolvency insolvabiliteit (vr) of onvermogen (o) te betalen

insolvent insolvabel of onvermogend

inspect inspecteren of onderzoeken

inspection inspectie (vr) of onderzoek (o) of [documents] inzage (m/vr)

instalment afbetaling (vr) of termijnbetaling

instant (adj) [current] jongstleden

instant (adj) [immediate] onmiddellijk

instant credit onmiddellijk krediet (o)

institute (n) instituut (o) of instelling (vr)

institute (v) instellen of beginnen

institution vaste gebruik (o) of instelling (vr)

institutional institutioneel

institutional investors institutionele beleggers (m mv)

instruction instructie (vr) of opdracht (m/vr) of aanwijzing (vr)

instrument [device] instrument (o) of gereedschap (o) of werktuig (o)

instrument [document] document (o) of akte (vr)

insufficient funds (US) fonds (o) ontoereikend

insurable verzekerbaar

insurance verzekering (vr) of assurantie (vr)

insurance agent verzekeringsagent (m)

insurance broker verzekeringsmakelaar (m)

insurance claim schadeclaim (m)

insurance company verzekeringsmaatschappij (vr)

insurance contract verzekeringscontract (o)

insurance cover verzekeringsdekking (vr)

insurance policy verzekeringspolis (vr)

insurance premium verzekeringspremie (vr)

insurance rates verzekeringstarieven (o mv)

insurance salesman verzekeringsvertegenwoordiger (m)

insure verzekeren of assureren

insurer verzekeraar (m) of assuradeur (m)

intangible immaterieel of ontastbaar

intangible assets immateriële activa (mv)

interest (n) [investment] belang (o) of aandeel (o)

interest (n) [paid on investment] rente (m/vr) of interest (m)

interest (v) interesseren

interest charges rentelasten (m mv) of rentekosten (m mv)

interest rate rentevoet (m) of rentekoers (m)

interest-bearing deposits rentedragende deposito's (o mv)

interest-free credit renteloos krediet (o)

interface (n) interface (m) of raakvlak (o) of koppeling

interface (v) aan elkaar koppelen

interim dividend interim-dividend (o)

interim payment tussentijdse betaling (vr)

interim report tussentijds rapport (o)

intermediary bemiddelaar (m) of tussenpersoon (m)

internal [inside a company] intern

internal [inside a country] binnenlands

internal audit interne accountantscontrole (vr)

internal auditor interne accountant (m) *of* interne controleur (m)

internal telephone huistelefoon (m)

international internationaal

international call internationaal telefoongesprek (o)

international direct dialling automatisch internationaal bellen *of* telefoneren

International Labour Organization (ILO) Internationale Arbeidsorganisatie (vr) (IAO)

international law internationaal recht (o)

International Monetary Fund (IMF) Internationaal Monetair Fonds (o) (IMF)

international trade internationale handel (m)

interpret tolken (talen) *of* interpreteren

interpreter tolk (m)

intervention price interventieprijs (m)

interview (n) interview (o) *of* vraaggesprek (o)

interview (n) *[for a job]* sollicitatiegesprek (o)

interview (v) interviewen

interview (v) *[for a job]* sollicitatiegesprek (o) houden *of* voeren

interviewee geïnterviewde (m/vr) *of* ondervraagde (m/vr)

interviewer interviewer (m) *of* ondervrager (m)

introduce introduceren *of* voorstellen *of* invoeren

introduction *[bringing into use]* introductie (vr) *of* invoering (vr)

introduction *[letter]* introductiebrief (m)

introductory offer introductieaanbieding (vr)

invalid ongeldig

invalidate ongeldig maken

invalidation ongeldigverklaring (vr) *of* nietigverklaring (vr)

invalidity ongeldigheid (vr)

inventory (n) *[list of contents]* inventarislijst (m/vr) *of* boedelbeschrijving (vr) *of* lijst van zaken (m/vr mv)

inventory (n) *[stock]* voorraad (m)

inventory (v) inventariseren

inventory control voorraadcontrole (vr) *of* voorraadbeheer (o)

invest investeren *of* beleggen

investigate onderzoeken

investigation onderzoek (o)

investment investering (vr) *of* belegging (vr)

investment income beleggingsinkomen (o) *of* inkomsten (o) uit beleggingen (vr mv)

investor investeerder (m) *of* belegger (m)

invisible assets immateriële activa (mv)

invisible earnings onzichtbare inkomsten (vr mv) (van diensten)

invisible trade onzichtbare handel (m)

invitation uitnodiging (vr)

invite uitnodigen

invoice (n) factuur (vr)

invoice (v) factureren

invoice number factuurnummer (o)

invoice price factuurprijs (m)

invoicing facturering (vr)

invoicing department factureringsafdeling (vr)

IOU (= I owe you) schuldbekentenis (vr)

irrecoverable debt oninbare vordering (vr)

irredeemable bond onaflosbare obligatie (vr)

irregular onregelmatig

irregularities onregelmatigheden (vr mv)

irrevocable onherroepelijk

irrevocable acceptance onherroepelijke acceptatie (vr) *of* onherroepelijke aanvaarding (vr)

irrevocable letter of credit onherroepelijke kredietbrief (m)

issue (n) *[magazine]* uitgave (vr) *of* nummer (o) *of* publicatie (vr)

issue (n) *[of shares]* emissie (vr) *of* uitgifte (vr)

issue (v) *[shares]* emitteren *of* uitgeven

issue a letter of credit een kredietbrief (m) uitgeven

issue instructions instructies (vr mv) geven *of* opdracht (m/vr) geven

issuing bank emitterende bank (vr) *of* bank (vr) van uitgifte (vr)

item *[information]* post (m)

item *[on agenda]* punt (o) *of* onderwerp (o)

item *[thing for sale]* item (o) *of* artikel (o)

itemize specificeren

itemized account gespecificeerde rekening (vr)

itemized invoice gespecificeerde factuur (vr)

itinerary reisplan (o) *of* reisroute (vr) *of* routebeschrijving (vr)

Jj

job *[employment]* functie (vr) *of* arbeidsplaats (m/vr) *of* baan (vr) *of* werk (o)

job *[piece of work]* klus (m) *of* taak (m/vr) *of* opdracht (o)

job analysis taakanalyse (vr) *of* functieanalyse (vr)

job application sollicitatie (vr)

job cuts arbeidsplaatsenverminderingen (vr mv)

job description functieomschrijving (vr)

job satisfaction werkbevrediging (vr) *of* werksatisfactie (vr)

job security werkzekerheid (vr)

job specification taakomschrijving (vr) *of* functiebeschrijving (vr)

job title functiebenaming (vr)

join samenvoegen; in dienst treden; deelnemen aan *of* zich aansluiten bij

joint gemeenschappelijk *of* gezamenlijk

joint account gemeenschappelijke rekening (vr)

joint discussions gezamenlijk overleg (o)

joint management gemeenschappelijk beheer (o)

joint managing director mededirecteur (m)

joint owner mede-eigenaar (m)

joint ownership mede-eigendom (o)

joint signatory gezamenlijke ondertekenaar (m)

joint venture samenwerkingsverband (o)

jointly gemeenschappelijk *of* gezamenlijk

journal *[accounts book]* journaal (o) *of* dagboek (o)

journal *[magazine]* tijdschrift (o)

journey order bestelling (vr) aan vertegenwoordiger (m) (door winkelier)

judge (n) rechter (m)

judge (v) oordelen

judgement *or* **judgment** uitspraak (m) *of* vonnis (o) *of* oordeel (o)

judgment debtor beslagene (m) *of* gearresteerde (m) *of* debiteur (m) van een rechtelijk toegewezen vordering (vr)

judicial processes juridische procedures (vr mv)

jump the queue voordringen *of* voor je beurt (vr) gaan

junior (adj) jong *of* junior

junior clerk jongste bediende (m/vr) *of* junior administratieve medewerk(st)er (m/vr)

junior executive *of* **junior manager** junior manager (m)

junior partner jongste medefirmant (m) *of* junior medefirmant (m)

junk bonds hoogrentende maar risicodragende obligaties (vr mv)

junk mail ongewenste reclamedrukwerk (o)

jurisdiction jurisdictie (vr) *of* rechtsgebied (o) *of* rechtsbevoegdheid (vr)

Kk

keen competition scherpe concurrentie (vr)

keen demand levendige vraag (vr)

keen prices concurrerende prijzen (m mv)

keep a promise een belofte (vr) nakomen *of* zich houden aan een belofte (vr)

keep back achterhouden

keep up onderhouden

keep up with the demand de vraag (vr) bijhouden

key (adj) *[important]* sleutel-

key *[on keyboard]* toets (m)

key *[to door]* sleutel (m)

key industry sleutelindustrie (vr)

key personnel *or* key staff sleutelpersoneel (o) *of* personeel (o) in sleutelposities (vr mv)

key post sleutelfunctie (vr)

keyboard (n) toetsenbord (o)

keyboard (v) intikken *of* invoeren (via toetsenbord)

keyboarder datatypist(e) (m/vr)

keyboarding toetsenbordwerk (o)

kilo *or* kilogram kilo(gram) (o)

knock down (v) *[price]* sterk afprijzen *of* sterk verlagen

knock off *[reduce price]* korting (vr) geven *of* reduceren

knock off *[stop work]* stoppen met werken

knock-on effect kettingreactie (vr)

knockdown prices afbraakprijs (m) *of* spotprijzen (m mv) *of* weggeefprijzen (m mv)

krona *[currency used in Sweden and Iceland]* kroon (vr)

krone *[currency used in Denmark and Norway]* kroon (vr)

Ll

L/C (= letter of credit) kredietbrief (m)

label (n) label (o) *of* etiket (o)

label (v) voorzien van een label (o) *of* voorzien van een etiket (o) *of* etiketteren

labelling het etiketteren (o)

labour arbeid (m) *of* werk (o)

labour costs arbeidskosten (m mv)

labour disputes arbeidsconflicten (o mv) *of* arbeidsgeschillen (o mv)

labour force beroepsbevolking (vr) *of* werkende bevolking (vr)

lack of funds kapitaalgebrek (o) *of* gebrek (o) aan kapitaal (o)

land (n) land (o) *of* grond (m)

land (v) *[of plane]* landen

land (v) *[passengers of cargo]* landen *of* lossen *of* ontschepen *of* aan land brengen

land goods at a port goederen (o mv) lossen in een haven (vr) *of* goederen (o mv) aan de wal (m) brengen

landed costs kosten (m mv) franco aan wal (m) *of* kosten (m mv) franco vracht (m/vr) en rechten (mv)

landing card ontschepingkaart (m/vr)

landing charges lossingskosten (m mv)

landlord verhuurder (m) *of* huisbaas (m)

lapse vervallen *of* verstrijken

laser printer laserprinter (m)

last in first out (LIFO) last in first out (LIFO) *of* laatst in eerst uit

last quarter laatste kwartaal (o)

late laat *of* te laat *of* vertraagd

late-night opening koopavond (m)

latest laatste *of* nieuwste *of* meest recente

launch (n) lancering (vr) *of* introductie (vr)

launch (v) lanceren *of* introduceren *of* op de markt (m/vr) brengen

launching lancering (vr) *of* introductie (vr)

launching costs lanceringskosten (m mv) of introductiekosten (m mv)

launching date introductiedatum (m) of lanceringsdatum (m)

launder (money) witwassen

law *[rule]* wet (vr)

law *[study]* recht (o)

law courts rechtbank (vr)

law of diminishing returns wet (vr) van de afnemende meeropbrengst (vr)

law of supply and demand wet (vr) van vraag (vr) en aanbod (o)

lawful wettig of rechtmatig

lawful trade wettige handel (m)

lawsuit rechtszaak (vr) of rechtsgeding (o) of proces (o)

lawyer advocaat (m) of jurist (m)

lay off workers (tijdelijk) arbeiders (m mv) ontslaan

LBO (= leveraged buyout) overname gefinancieerd met vreemd vermogen

lead time levertijd (m) of aanloopperiode (vr)

leaflet folder (m) of circulaire (vr)

leakage lek (m) of lekkage (vr)

lease (n) huurovereenkomst (vr) of huurcontract (o) of pachtcontract (o)

lease (v) *[by landlord]* verhuren of verpachten

lease (v) *[by tenant]* huren of leasen of pachten

lease back verkopen en terughuren

lease equipment materieel (o) (ver)huren

lease-back terughuur (m)

leasing leasing (vr) of leasen (o) of (ver)huur (m/vr)

leave (n) verlof (o) of vakantie (vr)

leave (v) *[go away]* weggaan of vertrekken

leave (v) *[resign]* ontslag (o) nemen

leave of absence verlof (o) of vakantie (vr)

ledger grootboek (o)

left *[not right]* links

left luggage office bagagedepot (m/o)

legal *[according to law]* rechtsgeldig of wettig of wettelijk

legal *[referring to law]* juridisch of rechtskundig

legal advice juridisch advies (o) of rechtskundig advies (o)

legal adviser juridisch adviseur (m) of rechtskundig adviseur (m)

legal costs of legal charges of legal expenses juridische kosten (m mv)

legal currency wettig betaalmiddel (o)

legal department juridische afdeling (vr)

legal expenses juridische kosten (m mv)

legal proceedings gerechtelijke maatregelen (m mv) of gerechtelijke procedure (m/vr) of proces (o)

legal status rechtspositie (vr)

legal tender wettig betaalmiddel (o)

legislation wetgeving (vr)

lend lenen of uitlenen

lender lener (m) of geldschieter (m) of kredietgever (m)

lending leen (o) of lening (vr)

lending limit kredietlimiet (vr) of kredietmaximum (m) of leenplafond (o)

lessee huurder (m) of pachter (m)

lessor verhuurder (m) of verpachter (m)

let (n) huurperiode (vr) of verhuurperiode (vr)

let (v) verhuren

let an office een kantoor (o) verhuren

letter brief (m) of schrijven (mv)

letter of application sollicitatiebrief (m)

letter of appointment aanstellingsbrief (m)

letter of complaint schriftelijke klacht (vr)

letter of credit (L/C) kredietbrief (m) of accreditief (o)

letter of intent intentieverklaring (vr)

letter of reference aanbevelingsbrief (m) of referentiebrief (m)

letters of administration verklaring van erfrecht (o) of volmacht (vr) tot beheer (o) van nalatenschap (vr)

letters patent octrooibrief (m) of patentbrief (m)

letting agency verhuurkantoor (o)

level niveau (o)

level off of level out (zich) stabiliseren

leverage hefboomwerking (vr)

leveraged buyout (LBO) overname gefinancierd met vreemd vermogen

levy (n) heffing (vr) of belasting (vr)

levy (v) heffen

liabilities passiva (mv) of verplichtingen (vr mv)

liability aansprakelijkheid (vr) *of* verplichting (vr) *of* schuld (m/vr)

liable for aansprakelijk voor *of* verantwoordelijk voor

liable to onderworpen aan *of* verplicht zijn

licence vergunning (vr) *of* licentie (vr)

license vergunning (vr) verlenen *of* licentie (vr) verlenen

licensee vergunninghouder (m) *of* licentiehouder (m)

licensing licentie (vr) *of* vergunning (vr)

lien pandrecht (o) *of* retentierecht (o)

life assurance levensverzekering (vr)

life insurance levensverzekering (vr)

life interest levenslang vruchtgebruik (o) *of* levenslang gebruiksrecht (o)

LIFO (= last in first out) LIFO (last in first out) *of* laatst in eerst uit

lift (n) lift (m)

lift (v) *[remove]* opheffen

lift an embargo een embargo (o) opheffen

limit (n) grens (vr) *of* limiet (vr)

limit (v) beperken *of* limiteren *of* begrenzen

limitation beperking (vr) *of* begrenzing (vr)

limited beperkt *of* gelimiteerd

limited liability beperkte aansprakelijkheid (vr)

limited liability company (Ltd) besloten vennootschap (vr) met beperkte aansprakelijkheid (vr) (BV)

limited market beperkte afzetmarkt (vr)

limited partnership commanditaire vennootschap (vr)

line (n) lijn (vr) *of* branche (vr) *of* assortiment (o) *of* regel (m)

line management lijnbeheer (o) *of* lijnmanagement (o)

line organization lijnorganisatie (vr)

line printer regelprinter (m)

liquid assets liquide middelen (o mv)

liquidate a company een maatschappij (vr) liquideren

liquidate stock voorraad (m) opruimen

liquidation liquidatie (vr) *of* vereffening (vr)

liquidator liquidateur (m) *of* vereffenaar (m)

liquidity liquiditeit (vr)

liquidity crisis liquiditeitscrisis (vr)

lira *[currency used in Italy and Turkey]* lire (vr)

list (n) lijst (vr)

list (n) *[catalogue]* catalogus (m)

list (v) noteren *of* inventariseren

list price catalogusprijs (m)

litre liter (m)

Lloyd's register Lloyd's register (o) (maritiem verzekeringsmaatschappij)

load (n) lading (vr) *of* vracht (vr)

load (v) laden *of* bevrachten

load (v) *[computer program]* laden

load a lorry *or* **a ship** een vrachtwagen *of* een schip laden

load factor bezettingsgraad (m)

load line laadlijn (vr)

loading bay laad- en los kuil (m) *of* laad- en losperron (o)

loading ramp laadbordes (o)

loan (n) lening (vr) *of* leen (o)

loan (v) lenen *of* uitlenen

loan capital leenkapitaal (o) *of* leenvermogen (o) *of* vreemd vermogen (o)

loan stock lening (vr) met vaste rente (m/vr)

local plaatselijk *of* lokaal

local call lokaal gesprek (o)

local government plaatselijke overheden (vr mv) *of* lokale overheden (vr mv) *of* lagere overheden (vr mv)

local labour plaatselijke arbeidskrachten (vr mv)

lock (n) slot (o)

lock (v) afsluiten

lock up a shop *or* **an office** een winkel (m) *of* een kantoor (o) afsluiten

lock up capital kapitaal (o) vastleggen

lock-up premises bedrijfspand (o) zonder woonruimte (vr)

log (v) registreren

log calls telefoongesprekken (o mv) registreren

logo logo (m) *of* beeldmerk (o)

long lang

long credit langlopend krediet (o)

long-dated bill langlopende wissel (m)

long-distance flight langeafstandsvlucht (vr)

long-haul flight langeafstandsvlucht (vr) *of* intercontinentale vlucht (vr)

long-range langetermijn-

long-standing al lang bestaand *of* oud

long-standing agreement langdurige overeenkomst (vr)

long-term langlopend *of* langetermijn-

long-term debts langlopende schulden (vr mv)

long-term forecast langetermijnvoorspelling (vr)

long-term liabilities langlopende verplichtingen (vr mv)

long-term loan langlopende lening (vr)

long-term planning planning (vr) op lange termijn (m) *of* langetermijnplanning (vr)

loose los *of* vrij *of* onverpakt

lorry vrachtwagen (m)

lorry driver vrachtwagenchauffeur (m)

lorry-load vrachtwagenlading (vr)

lose *[fall to a lower level]* verliezen

lose *[money]* verliezen

lose an order een bestelling (vr) verliezen *of* een bestelling (vr) kwijtraken

lose money geld (o) verliezen

loss *[not a profit]* verlies (o) *of* negatief saldo (o) *of* nadeel (o)

loss *[of something]* verlies (o) *of* teruggang (m) *of* schade (m/vr)

loss of an order verlies (o) van een bestelling (vr)

loss of customers verlies (o) van klanten (m mv)

loss-leader lokkertje (o) *of* lok artikel (o)

lot *[of items]* hoeveelheid (vr) *of* aantal (o) *of* partij (vr)

low (adj) laag

low (n) laag punt (o) *of* dieptepunt (o)

low sales geringe afzet (m)

low-grade van lage kwaliteit (vr) *of* laag *of* ondergeschikt

low-level van laag niveau (o) *of* laag

low-quality van mindere kwaliteit (vr) *of* van lage kwaliteit (vr)

lower (adj) lager *of* minder *of* geringer

lower (v) verlagen *of* verminderen

lower prices prijzen (m mv) verlagen

lowering verlaging (vr) *of* vermindering (vr)

Ltd (= limited company) BV (= besloten vennootschap (vr) met beperkte aansprakelijkheid)

luggage bagage (vr)

lump sum bedrag (o) ineens

luxury goods luxeartikelen (o mv)

Mm

machine machine (vr) *of* apparaat (o)

macro-economics macro-economie (vr)

magazine tijdschrift (o) *of* magazine (o)

magazine insert inlegvel (o) in een tijdschrift (o)

magazine mailing bezorging (vr) van tijdschriften (o mv) per post

magnetic tape *or* **mag tape** magneetband (m)

mail (n) *[letters sent of received]* postverzending (vr)

mail (n) *[postal system]* post (vr)

mail (v) verzenden per post (vr)

mail shot postreclame (vr)

mail-order postorder (m/vr)

mail-order business *or* **mail-order firm** *or* **mail-order** postorderbedrijf (o)

mail-order catalogue postordercatalogus (m)

mailing verzending (vr) *of* mailing (m) *of* postreclame (vr)

mailing list adressenlijst (vr) *of* verzendlijst (vr)

mailing piece reclamedrukwerk (o) per post

mailing shot postreclame (vr)

main belangrijkste *of* hoofd-

main building hoofdgebouw (o)

main office hoofdkantoor (o)

maintain *[keep at same level]* behouden

maintain *[keep going]* onderhouden

maintenance *[keeping in working order]* onderhoud (o)

maintenance *[keeping things going]* handhaving (vr) *of* onderhoud (o)

maintenance of contacts onderhoud (o) van contacten (o mv)

maintenance of supplies voorraden (m mv) op peil houden

major grotere *of* belangrijke *of* hoofd-

major shareholder hoofdaandeelhouder (m)

majority meerderheid (vr)

majority shareholder meerderheidsaandeelhouder (m)

make good *[a defect or loss]* goedmaken *of* (een defect) herstellen *of* (een verlies) compenseren

make money geld (o) verdienen

make out *[invoice]* opmaken *of* uitschrijven

make provision for voorzieningen treffen

make up for compenseren *of* vergoeden *of* goedmaken

make-ready time insteltijd (m) *of* opstarttijd (m)

maladministration wanbestuur (o) *of* wanbeheer (o) *of* wanbeleid (o)

man (n) man (m) *of* persoon (m)

man (v) bemannen *of* bezetten

man-hour manuur (o)

manage leiden *of* besturen *of* beheren

manage property onroerend goed (o) beheren

manage to slagen in *of* klaarspelen *of* in staat zijn tot

manageable hanteerbaar *of* beheersbaar

management *[action]* bedrijfsvoering (vr)

management *[managers]* bestuur (o) *of* beheer (o) *of* directie (vr) *of* management (o)

management accounts bestuurlijke verslaglegging (vr)

management buyout (MBO) verzelfstandiging (vr) (overname (vr) door bestaande directie (vr))

management consultant bedrijfsadviseur (m) *of* organisatieadviseur (m)

management course managementcursus (m)

management team beleidsteam (o) *of* managementteam (o)

management techniques managementtechnieken (vr mv)

management trainee aankomende manager (m/vr)

management training managementtraining (vr)

manager *[of branch or shop]* manager (m) *of [bank]* kantoordirecteur (m)

manager *[of department]* hoofd (o) *of* chef (m) *of* manager

managerial bestuurs- *of* directeurs-

managerial staff directiepersoneel (o) *of* bestuurspersoneel (o) *of* beherend personeel (o)

managing director (MD) directeur (m) *of* bestuurder (m)

mandate mandaat (o) *of* volmacht (vr) *of* machtiging (vr)

manifest manifest (o) *of* vrachtlijst (vr) *of* passagierslijst (vr)

manned bemand *of* bediend

manning bemanning (vr)

manning levels bezettingsgraad (m) van personeel (o)

manpower personeel (o) *of* arbeidskrachten (vr mv) *of* mankracht (vr)

manpower forecasting personeelsbestand prognose (vr)

manpower planning personeelsplanning (vr)

manpower requirements behoeften (vr mv) aan arbeidskrachten (vr mv) *of* personeel

manpower shortage personeelstekort (o)

manual (adj) hand-

manual (n) handboek (o) *of* handleiding (vr)

manual work handenarbeid (m)

manual worker handarbeider (m)

manufacture (n) fabricage (vr) *of* vervaardiging (vr)

manufacture (v) vervaardigen *of* produceren *of* fabriceren

manufactured goods fabrieksgoederen (o mv) *of* fabrikaat (o)

manufacturer fabrikant (m) *of* producent (m)

manufacturer's recommended price (MRP) adviesprijs (m)

manufacturing fabricage (vr)

manufacturing capacity productiecapaciteit (vr)

manufacturing costs productiekosten (m mv)

manufacturing overheads algemene productiekosten (m mv)

margin *[profit]* winstmarge (vr)

margin of error foutenmarge (vr)

marginal marginaal

marginal cost marginale kosten (m mv)

marginal pricing marginale kostprijsberekening (vr)

marine zee- *of* marine-

marine insurance zeeverzekering (vr)

marine underwriter zeeverzekeraar (m)

maritime maritiem *of* scheepvaart-

maritime law zeerecht (o)

maritime lawyer jurist gespecialiseerd (m) in zeerecht (o)

maritime trade zeehandel (m)

mark (n) teken (o) *of* merkteken (o)

mark (n) *[currency used in Germany]* mark (m)

mark (v) merken *of* markeren

mark down afprijzen

mark up verhogen *of* opwaarderen

mark-down prijsverlaging (vr) *of* afprijzen (o)

mark-up *[action]* prijsverhoging (vr) *of* opwaardering (vr)

mark-up *[profit margin]* winstopslag (m) *of* opslagfactor (m) *of* calculatiefactor (m)

marker pen markeerpen (vr) *of* markeerstift (vr)

market (n) *[place]* markt (vr)

market (n) *[possible sales]* markt (vr) *of* afzetgebied (o)

market (n) *[where a product might sell]* markt (vr)

market (v) verkopen *of* verhandelen *of* op de markt (vr) brengen

market analysis marktanalyse (vr)

market analyst marktanalist (m)

market capitalization marktkapitalisatie (vr)

market economist financieel economist (m)

market forces marktkrachten (m/vr mv)

market forecast marktvoorspelling (vr)

market leader marktleider (m)

market opportunities marktkansen (m/vr mv) *of* een gat (o) in de markt (vr)

market penetration marktpenetratie (vr)

market price marktprijs (m) beurskoers (m)

market rate marktconform prijs

market research marktonderzoek (o)

market share marktaandeel (o)

market trends markttrends (m)

market value marktwaarde (vr)

marketable verkoopbaar *of* verhandelbaar

marketing marktbewerking (vr) *of* marketing (vr)

marketing agreement marketingovereenkomst (vr)

marketing department afdeling marketing (vr)

marketing division marketingdivisie (vr)

marketing manager marketingmanager (m) *of* verkoopleider (m)

marketing strategy marketingstrategie (vr)

marketing techniques marketingtechnieken (vr mv)

marketplace *[in town]* marktplaats (vr)

marketplace *[place where something is sold]* markt (vr)

mass *[of people]* massa (vr)

mass *[of things]* massa (vr) *of* grote hoeveelheid (vr)

mass market product massaproduct (o)

mass marketing massamarketing (vr)

mass media massacommunicatiemiddelen (o mv)

mass production massaproductie (vr)

mass-produce in massa (vr) produceren

mass-produce cars auto's (m mv) in serie (vr) fabriceren

Master's degree in Business Administration (MBA) Master of Business Administration (doctorandus in bedrijfsadministratie)

materials control materiaalbeheer (o)

materials handling materiaalbeheer (o)

maternity leave zwangerschapsverlof (o)

matter (n) *[problem]* zaak (vr) *of* probleem (o)

matter (n) *[to be discussed]* zaak (vr) *of* kwestie (vr)

matter (v) van belang (o) zijn

mature (v) vervallen

mature economy volwassen economie (vr) *of* volgroeide economie (vr)

maturity date vervaldatum (m)

maximization maximalisering (vr)

maximize maximeren

maximum (adj) maximaal *of* maximum-

maximum (n) maximum (o)

maximum price maximumprijs (m)

MBA (= Master in Business Administration) doctorandus (m) in bedrijfsadministratie (vr)

MBO (= management buyout) verzelfstandiging (vr) (overname (vr) door bestaande directie (vr))

MD (= managing director) directeur (m)

mean (adj) gemiddeld

mean (n) gemiddelde (o)

mean annual increase gemiddelde jaarlijkse toename (vr)

means *[money]* (geld)middelen (o mv)

means *[ways]* manieren (m/vr mv) *of* middelen (o mv)

means test inkomstenonderzoek (o) *of* onderzoek (o) naar middelen (o mv) van bestaan (o)

measurement of profitability rentabiliteitsmeting (vr)

measurements afmetingen (vr mv)

media coverage publiciteit (vr) in de media (vr)

median mediaan (vr)

mediate bemiddelen

mediation bemiddeling (vr) *of* tussenkomst (vr)

mediator bemiddelaar (m) *of* tussenpersoon (m)

medium (adj) midden- *of* middel-

medium (n) medium (o) *of* middel (o)

medium-sized middelgroot

medium-term middellangetermijn (m)

meet *[be satisfactory]* voldoen (aan) *of* tegemoet komen (aan)

meet *[expenses]* voldoen *of* betalen

meet *[someone]* ontmoeten *of* samenkomen

meet a deadline voldoen aan een tijdslimiet (m)

meet a demand voldoen aan een vraag (vr)

meet a target een doel (o) bereiken

meeting vergadering (vr) *of* bijeenkomst (vr)

meeting place vergaderplaats (vr)

member *[of a group]* lid (o)

membership *[all members]* ledental (o)

membership *[being a member]* lidmaatschap (o)

memo memorandum (o) *of* memo (o) *of* notitie (vr)

memorandum memorandum (o)

memory *[computer]* geheugen (o)

merchandise (n) koopwaar (vr) *of* handelswaar (vr)

merchandize (v) op de markt brengen

merchandize a product verkoop van een product (o) bevorderen *of* een product (o) op de markt brengen

merchandizer sales promoter (m)

merchandizing sales promotion (m)

merchant handelaar (m) *of* koopman (m)

merchant bank handelsbank (vr)

merchant navy koopvaardij (vr)

merchant ship *of* **merchant vessel** koopvaardijschip (o)

merge fuseren

merger fusie (vr)

merit verdienste (vr) *of* waarde (vr)

merit award *or* **merit bonus** prestatietoeslag (m)

message boodschap (vr)

messenger koerier (m) *of* bode (m)

micro-economics micro-economie (vr)

microcomputer microcomputer (m)

mid-month accounts halfmaandelijkse rekeningen (vr mv)

mid-week midweeks

middle management middenkader (o)

middle-sized company middelgroot bedrijf (o)

middleman tussenpersoon (m) *of* bemiddelaar (m)

million miljoen (o)

millionaire miljonair (m)

minimum (adj) minimum-

minimum (n) minimum (o)

minimum dividend minimumdividend (o)

minimum payment minimumbedrag (o)

minimum wage minimumloon (o)

minor shareholders kleine aandeelhouders (m mv)

minority minderheid (vr)

minority shareholder minderheidsaandeelhouder (m)

minus min

minus factor minpunt (o)

minute (n) *[time]* minuut (vr) *of* moment (o) *of* ogenblik (o)

minute (v) notuleren *of* noteren

minutes (n) *[of meeting]* notulen (mv)

misappropriate verduisteren *of* wederrechtelijk toe-eigenen

misappropriation verduistering (vr) *of* wederrechtelijk toe-eigening (vr)

miscalculate foutief berekenen *of* misrekenen

miscalculation rekenfout (m/vr) *of* misrekening (vr)

miscellaneous gemengd *of* verscheiden *of* divers

miscellaneous items diverse items (o) *of* diversen (mv)

mismanage verkeerd beheren *of* verkeerd besturen

mismanagement wanbeheer (o) *of* wanbestuur (o)

miss *[not to hit]* missen *of* niet bereiken

miss *[not to meet]* missen

miss *[train or plane]* missen

miss a target een doel (o) niet bereiken *of* een doel (o) missen

miss an instalment een afbetaling (vr) verzuimen *of* met een termijnbetaling (vr) achterraken

mistake vergissing (vr) *of* fout (vr)

misunderstanding misverstand (o)

mixed *[different sorts]* gemengd

mixed *[neither good nor bad]* gemengd *of* uiteenlopend *of* verdeeld

mixed economy gemengde economie (vr)

mobility mobiliteit (vr) *of* beweeglijkheid (vr)

mobilize mobiliseren

mobilize capital kapitaal (o) beschikbaar maken *of* kapitaal (o) mobiliseren

mock-up maquette (vr) *of* schaalmodel (o) *of* proefmodel (o)

mode werkwijze (vr) *of* wijze (vr)

mode of payment wijze (vr) van betaling (vr)

model (n) *[person]* model (o) *of* mannequin (m)

model (n) *[small copy]* maquette (vr) *of* model (o) *of* schaalmodel (o)

model (n) *[style of product]* model (o) *of* type (o)

model (v) *[clothes]* als mannequin optreden *of* showen

model agreement modelovereenkomst (vr)

modem modem (m/o)

moderate (adj) gematigd *of* matig

moderate (v) matigen

monetary monetair

monetary base monetaire basis (vr)

monetary unit munteenheid (vr)

money geld (o)

money changer geldwisselaar (m)

money markets geldmarkten (vr mv)

money order postwissel (m)

money rates geldkoersen (m mv) *of* rentetarieven (o mv)

money supply geldvoorraad (m) *of* geldhoeveelheid (vr)

money up front vooruitbetaling (vr) *of* voorafbetaling (vr)

money-making winstgevend *of* voordelig

money-making plan winstgevend plan (o)

moneylender geldschieter (m)

monitor (n) *[screen]* monitor (m) *of* beeldscherm (o)

monitor (v) controleren *of* toezicht houden op

monopolization monopolisering (vr)

monopolize monopoliseren

monopoly monopolie (o)

month maand (vr)

month end maandultimo (o)

month-end accounts maandultimocijfers (o mv) *of* maandbalans (m/vr) *of* maandoverzicht (o)

monthly (adj) maandelijks

monthly (adv) maandelijks

monthly payments maandelijkse betalingen (vr mv)

monthly statement maandstaat (m)

moratorium uitstel van betaling (vr)

mortgage (n) hypotheek (vr) *of* hypotheekbedrag (o)

mortgage (v) verhypothekeren

mortgage payments hypothecaire betalingen (vr mv) *of* hypotheekaflossingen (vr mv)

mortgagee hypotheeknemer (m) *of* hypotheekhouder (m)

mortgager *or* **mortgagor** hypotheekgever (m)

most-favoured nation meestbegunstigde land (o)

motivated gemotiveerd

motivation motivering (vr) *of* motivatie (vr)

motor insurance motorrijtuigverzekering (vr) *of* autoverzekering (vr)

mount up stijgen *of* oplopen

mounting stijgend *of* oplopend

move *[be sold]* afzetten *of* verkopen

move *[house or office]* verhuizen

move *[propose]* voorstellen *of* een motie (vr) indienen

movement beweging (vr)

movements of capital kapitaalbewegingen (vr mv) *of* kapitaalverkeer (o)

MRP (= **manufacturer's recommended price**) adviesprijs (m)

multicurrency operation multivalutatransactie (vr)

multilateral multilateraal

multilateral agreement multilaterale overeenkomst (vr)

multilateral trade multilaterale handel (m)

multinational (n) multinational (m)

multiple (adj) meervoudig *of* meerdere

multiple entry visa meervoudig inreisvisum (o)

multiple ownership gemeenschappelijke eigendom (m) *of* gezamenlijke eigendom (m)

multiple store grootwinkelbedrijf (o)

multiplication vermenigvuldiging (vr)

multiply vermenigvuldigen

mutual (adj) onderling *of* wederzijds *of* wederkerig

mutual (insurance) company onderlinge verzekeringsmaatschappij (vr)

Nn

national advertising landelijke reclame (vr) *of* landelijk adverteren (o)

nationalization nationalisatie (vr) *of* nationalisering (vr)

nationalized industry genationaliseerde industrie (vr)

nationwide nationaal *of* landelijk

natural resources natuurlijke rijkdommen (m mv) *of* natuurlijke hulpbronnen (v mv)

natural wastage natuurlijk verloop (o) van arbeidskrachten (m/vr mv)

near letter-quality (NLQ) bijna-schrijfmachinekwaliteit (vr)

necessary noodzakelijk *of* onmisbaar

negative cash flow negatieve kasstroom (m) *of* negatieve cash flow (m)

neglected business verwaarloosde zaak (vr)

neglected shares aandelen (o mv) waar weinig vraag naar is

negligence verwaarlozing (vr) *of* achteloosheid (vr) *of* nalatigheid (vr)

negligent onachtzaam *of* nalatig

negligible verwaarloosbaar *of* niet noemenswaardig

negotiable verhandelbaar *of* inwisselbaar

negotiable instrument verhandelbaar waardepapier (o)

negotiate onderhandelen *of [bill]* verhandelen

negotiation onderhandeling (vr) *of [bill]* verhandeling (vr)

negotiator onderhandelaar (m)

net (adj) netto

net (v) netto verdienen *of* netto opbrengen

net assets *or* **net worth** netto-activa (o mv) *of* zuiver vermogen (o)

net earnings *of* **net income** nettowinst (vr) *of* netto-inkomen (o) *of* zuiver inkomen (o)

net income *of* **net salary** zuiver inkomen (o) *of* nettosalaris (o)

net loss nettoverlies (o)

net margin nettowinstmarge (vr)

net price nettoprijs (m)

net profit nettowinst (vr) *of* zuivere winst (vr)

net receipts netto-ontvangsten (vr mv)

net sales netto-omzet (m)

net weight nettogewicht (o)

net yield nettorendement (o)

network (n) netwerk (o)

network (v) *[computers]* netwerken

news agency persbureau (o) *of* persagentschap (o)

newspaper krant (vr)

niche niche (m/vr) *of* kleine deelmarkt (vr)

night nacht (m)

night rate nachttarief (o)

night shift nachtdienst (m) *of* nachtploeg (vr)

nil nul (vr)

nil return geen winst (vr) *of* opbrengst is nihil

NLQ (= **near letter-quality**) bijna-schrijfmachinekwaliteit (vr)

no-claims bonus no-claimkorting (vr)

no-strike agreement *or* **no-strike clause** stakingsverbodovereenkomst (vr) *of* stakingsverbodclausule (m/vr)

nominal capital maatschappelijk kapitaal (o)

nominal ledger algemeen grootboek (o)

nominal rent symbolisch huurbedrag (o)

nominal value nominale waarde (vr)

nominee kandidaat (m) *of* benoemde (m/vr)

nominee account derdenrekening (vr) *of* rekening (vr) toevertrouwd aan een gevolmachtigde (m/vr)

non profit-making zonder winstoogmerk (o) *of* non-profit-

non-delivery niet-levering (vr) *of* onbestelbaarheid (vr)

non-executive director stille vennoot (m) *of* commanditaire vennoot (m) *of* niet-beherende directeur (m)

non-negotiable instrument niet-verhandelbaar waardepapier (o)

non-payment *[of a debt]* wanbetaling (vr)

non-recurring items eenmalige posten (m mv) *of* niet-terugkerende posten (m mv)

non-refundable deposit niet-terugbetaalbare waarborgsom (m/vr) niet-restitueerbare waarborgsom (m/vr)

non-returnable packing wegwerp verpakking (vr) *of* niet-retourneerbare verpakking (vr)

non-stop non-stop *of* continu

non-taxable income niet-belastbaar inkomen (o)

nonfeasance plichtsverzuim (o) *of* schuldige nalatigheid (vr)

norm norm (vr)

notary public notaris (m)

note (n) notitie (vr) *of* nota (vr) *of* bankbiljet (o)

note (v) *[details]* noteren *of* kennisnemen van *of* opmerken

note of hand orderbriefje (o) *of* promesse (vr)

notice *[piece of information]* bericht (o) *of* mededeling (vr)

notice *[that worker is leaving his job]* opzegging (vr) *of* ontslagaanzegging (vr)

notice *[time allowed]* opzeggingstermijn (m)

notice *[warning that a contract is going to end]* opzegging (vr) *of* kennisgeving (vr) *of* aanzegging (vr)

notification kennisgeving (vr) *of* mededeling (vr)

notify informeren *of* berichten *of* bekendmaken

null nietig *of* ongeldig *of* nietszeggend

number (n) *[figure]* nummer (o) *of* getal (o)

number (v) nummeren *of* tellen

numbered account nummerrekening (vr)

numeric *or* **numerical** numeriek

numeric keypad numeriek toetsenbord (o)

Oo

objective (adj) objectief *of* onpartijdig

objective (n) doel (o) *of* doelstelling (vr)

obligation *[debt]* verplichting (vr)

obligation *[duty]* verplichting (vr) *of* plicht (m/vr) *of* verbintenis (vr)

obsolescence veroudering (vr) *of* economische veroudering (vr)

obsolescent verouderend *of* (technisch) achterhaald

obsolete verouderd

obtain verkrijgen *of* krijgen *of* behalen

obtainable verkrijgbaar

occupancy inbezitneming (vr) *of* bewoning (vr)

occupancy rate bezettingsgraad (o)

occupant bewoner (m) *of* bewoonster (vr)

occupational beroeps-

occupational accident arbeidsongeval (o)

odd *[not a pair]* enkel *of* divers

odd *[not even]* oneven

odd numbers oneven getallen (o mv)

off *[away from work]* vrij

off *[cancelled]* geannuleerd *of* afgezegd *of* afgelast

off *[reduced by]* met een korting van (vr) *of* verminderd met

off the record onofficieel

off-peak buiten de spits (vr) *of* buiten de piekuren (o mv)

off-season buiten het hoogseizoen (o)

off-the-job training externe opleiding (vr)

offer (n) offerte (vr) *of* bod (o) *of* aanbod (o) *of* aanbieding (vr)

offer (v) *[to buy]* bieden

offer (v) *[to sell]* aanbieden

offer for sale te koop aanbieden

offer price aangeboden prijs (m)

office kantoor (o) *of* kantoorgebouw (o) *of* bureau (o)

office equipment kantoorinventaris (m) *of* kantooruitrusting (vr)

office furniture kantoormeubilair (o)

office hours kantooruren (o mv)

office security kantoorbeveiliging (vr)

office space kantoorruimte (vr)

office staff kantoorpersoneel (o) *of* binnendienst (m)

office stationery kantoorbenodigdheden (vr mv)

offices to let kantoorruimte (vr) te huur

official (adj) officieel

official (n) ambtenaar (m) *of* functionaris (m) *of* beambte (m/vr)

official receiver curator (m) *of* liquidateur (m)

official return officiële verslaggeving (vr)

officialese ambtenarentaal (vr)

offload van de hand doen *of* kwijtraken *of* afschuiven

offshore offshore- *of* voor de kust (vr)

oil *[cooking]* olie (vr)

oil *[petroleum]* petroleum (m) *of* olie (vr)

oil price olieprijs (m)

oil-exporting countries olie-exporterende landen (o mv)

oil-producing countries olieproducerende landen

old oud

old-established gevestigd *of* vanouds bestaand

old-fashioned ouderwets

ombudsman ombudsman (m)

omission weglating (vr) *of* nalaten (o) *of* omissie (vr) *of* verzuim (o)

omit weglaten *of* nalaten *of* verzuimen (door nalatigheid)

on a short-term basis op korte termijn (m) *of* op korte termijn basis (vr)

on account op rekening (vr)

on agreed terms op overeengekomen voorwaarden (vr mv)

on an annual basis op jaarbasis (vr)

on approval op zicht (o) *of* op proef (vr)

on behalf of namens *of* in opdracht (m/vr) van

on board aan boord (m)

on business voor zaken (vr mv)

on condition that op/onder voorwaarde (vr) dat

on credit op krediet (o)

on favourable terms op/onder gunstige voorwaarden (vr mv)

on line *or* **online** online *of* gekoppeld

on order besteld

on request op verzoek (o)

on sale te koop

on the average gemiddeld

on the increase stijgend *of* toenemend

on time op tijd *of* precies op tijd

on-the-job training opleiding (vr) op het werk (o) *of* training in de praktijk (m/vr)

one-off eenmalig

one-off item eenmalig item (o)

one-sided eenzijdig *of* partijdig *of* unilateraal

one-sided agreement unilaterale overeenkomst (vr)

one-way fare enkele reis tarief (o)

one-way trade unilaterale handel (m)

OPEC (= Organization of Petroleum Exporting Countries) OPEC (= organisatie (vr) van petroleum exporterende landen)

open (adj) *[not closed]* open

open (v) *[begin]* openen *of* beginnen

open (v) *[start new business]* starten

open a bank account een bankrekening (vr) openen

open a line of credit kredietfaciliteiten (vr mv) openen *of* verlenen

open a meeting een vergadering (vr) openen

open account ongedekte kredietrekening (vr)

open an account een rekening (vr) openen

open cheque niet-gekruiste cheque (m)

open credit blancokrediet (o) *of* open krediet (o)

open market open markt (vr) *of* vrije markt (vr)

open negotiations onderhandelingen (vr mv) beginnen

open ticket open ticket (o)

open to offers openstaan voor ieder redelijk aanbod (o)

open-ended agreement openeinde overeenkomst (vr)

open-plan office kantoortuin (m)

opening (adj) openings- *of* inleidend

opening (n) opening (vr) *of* vacature (vr)

opening balance openingssaldo (o)

opening bid eerste bod (o)

opening hours openingstijden (m mv)

opening price openingskoers (m) *of* beginkoers (m)

opening stock beginvoorraad (m) *of* openingsvoorraad (m)

opening time openingstijd (m)

operate *[machine]* bedienen *of* *[rules]* van kracht zijn *of* geldig zijn

operating (n) *[business]* exploitatie (vr) *of* beheer *of* *[machine]* bediening (vr)

operating budget bedrijfsbegroting (vr) *of* exploitatiebudget (o)

operating costs *on* **operating expenses** bedrijfskosten (m mv) *of* exploitatiekosten (m mv)

operating manual handleiding (vr)

operating profit bedrijfswinst (vr)

operating system besturingssysteem (o)

operation bedrijfsactiviteit (vr) *of* beurstransactie (vr) *of* werking (vr)

operational operationeel *of* bedrijfsklaar

operational budget operationele begroting (vr) *of* operationeel budget (o)

operational costs operationele kosten (m mv)

operative (adj) in werking (vr) *of* van kracht (vr)

operative (n) bediener (m) *of* geschoolde fabrieksarbeider (m)

operator bediener (m) *[machine]* *of* operator *[computer]* *of* telefonist(e) (m/vr)

opinion poll opiniepeiling (vr) *of* opinieonderzoek (o)

opportunity kans (vr) *of* gelegenheid (vr)

option to purchase *on* **to sell** koopoptie (vr) *of* verkoopoptie (vr)

optional optioneel *of* facultatief *of* naar keuze (vr)

optional extras accessoires (o mv) naar keuze (vr) *of* extra's (o mv) naar keuze (vr)

order (n) *[certain way]* orde (vr) *of* volgorde (vr)

order (n) *[for goods]* bestelling (vr) *of* order (vr/o)

order (n) *[instruction]* bevel (o) (dwingend) *of* opdracht (vr) *of* instructie (vr)

order (n) *[money]* betalingsopdracht (m/vr) *of* postwissel (m)

order (v) *[goods]* bestellen

order (v) *[put in order]* ordenen

order book orderboek (o) *of* bestelboek (o)

order fulfilment orderuitvoering (vr)

order number ordernummer (o)

order picking orderpikken (o) *of* samenstelling (vr) van een order (vr/o)

order processing orderbehandeling (vr) *of* orderverwerking (vr)

order: on order besteld

ordinary gewoon

ordinary shares gewone aandelen (o mv)

organization *[institution]* organisatie (vr)

organization *[way of arranging]* organisatie (vr) *of* opbouw (m)

organization and methods organisatieonderzoek (o) en -advieswerk (o)

organization chart organogram (o) *of* organisatieschema (o)

Organization of Petroleum Exporting Countries (OPEC) organisatie (vr) van petroleum exporterende landen (o mv) (OPEC)

organizational organisatorisch

organize organiseren

origin oorsprong (m) *of* herkomst (vr)

original (adj) origineel *of* oorspronkelijk *of* authentiek

original (n) origineel (o) *of* authentieke exemplaar (o)

OS (= outsize) extra groot *of* extra grote maat (vr)

out of control onbeheersbaar *of* onbestuurbaar

out of date ouderwets *of* verouderd

out of pocket verlies (o) *of* uit eigen portemonnee (m)

out of stock uitverkocht *of* niet voorradig

out of work werkloos

out-of-pocket expenses contante uitgaven (vr mv)

outbid (v) meer bieden *of* hoger bod (o) uitbrengen

outgoing uitgaand *of* vertrekkend *of* uittredend

outgoing mail uitgaande post (vr)

outgoings onkosten (m mv) *of* uitgaven (vr mv)

outlay onkosten (m mv) *of* uitgaven (vr mv)

outlet afzetgebied (o) *of* markt (vr) *of* verkooppunt (o)

output (n) *[computer]* output (m) *of* uitvoer (m)

output (n) *[goods]* productie (vr)

output (v) *[computer]* uitvoeren *of* output (m) leveren

output tax omzetbelasting (vr)

outright compleet *of* volledig (inclusief rechten)

outside buiten *of* extern

outside director extern directeur (m)

outside line buitenlijn (vr)

outside office hours buiten kantooruren (o mv)

outsize (OS) extra grootte (vr) *of* extra grote maat (vr)

outstanding (exceptional) voortreffelijk *of* uitstekend

outstanding (unpaid) onbetaald *of* uitstaand

outstanding debts onbetaalde schulden (vr mv) *of* uitstaande schulden (vr mv)

outstanding orders nog uit te voeren bestellingen (vr mv) *of* nog niet uitgevoerde orders (vr/o)

overall algemeen *of* totaal- *of* alles omvattend

overall plan totaalplan (o)

overbook overboeken

overbooking overboeking (vr)

overcapacity overcapaciteit (vr)

overcharge (n) overvraging (vr) *of* het te veel berekende (o)

overcharge (v) overvragen *of* te veel in rekening (vr) brengen

overdraft kredietmaximum (o) *of* overtrekking (vr)

overdraft facility overtrekkingsfaciliteit (vr) *of* krediet (o) in rekening-courant (vr)

overdraw overtrekken *of* overschrijden

overdrawn account overtrokken rekening (vr)

overdue achterstallig

overestimate (v) overschatten

overhead budget algemene kosten (m mv) budget (o) *of* overheadbudget (o)

overhead costs *or* **expenses** algemene kosten (m mv) *of* overheadkosten (m mv)

overheads algemene kosten (m mv) *of* overheadkosten (m mv)

overmanning overbezetting (vr)

overpayment overbetaling (vr)

overproduce overproduceren

overproduction overproductie (vr)

overseas (adj) overzees *of* buitenlands

overseas (n) buitenland (o)

overseas markets overzeese markten (vr mv) *of* buitenlandse markten (vr mv)

overseas trade overzeese handel (m) *of* buitenlandse handel (m)

overspend overbesteden

overspend one's budget budget (o) overschrijden

overstock (v) te grote voorraad (m) hebben

overstocks te grote voorraden (m mv)

overtime overuren (o mv) *of* overwerk (o)

overtime ban overwerkverbod (o)

overtime pay overwerkbetaling (vr) *of* overwerkvergoeding (vr) in geld (o)

overvalue overwaarderen

overweight overgewicht hebben *of* te zwaar zijn

owe verschuldigd zijn

owing verschuldigd *of* schuldig

owing to wegens *of* ten gevolge van

own (v) bezitten *of* in eigendom hebben

own brand goods eigen merkartikelen (o mv)

own label goods eigen merkartikelen (o mv)

owner eigenaar (m)

ownership eigendom (m)

Pp

p & p (= postage and packing) port (o/m) en verpakking (vr)

p.o.s. *or* **POS** (= point of sale) verkooppunt (o)

P/E (= price-earnings) (k/w) (=koers/winst-verhouding (vr))

P/E ratio (= price/earnings ratio) k/w verhouding (= koers/winst-verhouding (vr))

PA (= personal assistant) directiesecretaresse (vr) *of* directiesecretaris (m)

pack (n) pak (o) *of* verpakking (vr)

pack (v) inpakken *of* verpakken *of* emballeren

pack goods into cartons goederen (o mv) in kartonnen dozen (vr mv) verpakken

pack of envelopes pak (o) enveloppen (m/vr mv)

package *[of goods]* pak (o) *of* pakket (o) *of* verpakking (vr) *of* collo (o)

package *[of services]* pakket (o)

package deal pakketovereenkomst (vr) *of* all-in overeenkomst (vr)

packaging *[action]* verpakken (o)

packaging *[material]* verpakking (vr) *of* emballage (vr)

packaging material verpakkingsmateriaal (o)

packer inpakker (m) *of* verpakker (m)

packet pakje (o)

packet of cigarettes pakje (o) sigaretten (vr mv)

packing *[action]* verpakken (o)

packing *[material]* verpakking (vr) *of* emballage (vr)

packing case pakkist (vr)

packing charges verpakkingskosten (m mv) *of* emballagekosten (m mv)

packing list *of* **packing slip** paklijst (vr)

paid *[for work]* betaald *of* vergoed

paid *[invoice]* betaald *of* voldaan

pallet pallet (m)

palletize op pallets stapellen *of* palletiseren

panel panel (o) *[people]* *of* paneel (o)

panic buying paniekaankoop (m)

paper bag papieren zak (m)

paper feed papiertoevoer (m)

paper loss verlies (o) op papier (o)

paper profit papieren winst (vr) *of* winst (vr) op papier (o)

paperclip paperclip (m) *of* papierklem (m/vr)

papers papieren (o mv) *of* documenten (o mv)

paperwork schrijfwerk (o) *of* administratief werk (o)

par pari (o) *of* gelijkheid (vr)

par value pariwaarde (vr) *of* nominale waarde (vr)

parcel (n) pakket (o)

parcel (v) als pakket verpakken

parcel post pakketpost (vr)

parent company moedermaatschappij (vr)

parity pariteit (vr) *of* gelijkheid (vr)

part (n) onderdeel (o) *of* deel (o)

part exchange inruil (m)

part-owner mede-eigenaar (m)

part-ownership mede-eigendom (m)

part-time part-time *of* deeltijds

part-time work *or* **part-time employment** part-time werk (o) *of* deeltijdarbeid (m)

part-timer part-timer (m) *of* deeltijdwerk(st)er (m/vr)

partial loss gedeeltelijk verlies (o)

partial payment gedeeltelijke betaling (vr)

particulars bijzonderheden (vr mv) *of* details (o mv)

partner partner (m) *of* vennoot (m) *of* compagnon (m) *of* firmant (m)

partnership maatschap (o) *of* associatie (vr) *of* partnership (o) *of* partnerschap (o)

party partij (vr)

patent patent (o) *of* octrooi (o)

patent agent octrooigemachtigde (m/vr)

patent an invention een uitvinding (vr) octrooieren

patent applied for *or* **patent pending** octrooi (o) aangevraagd

patent pending octrooi (o) aangevraagd

patented geoctrooieerd

pay (n) *[salary]* salaris (o) *of* loon (o)

pay (v) *[bill]* betalen

pay (v) *[worker]* betalen *of* uitbetalen

pay a bill een rekening (vr) betalen

pay a dividend een dividend (o) uitkeren

pay an invoice een factuur (vr) betalen

pay back terugbetalen

pay by cheque betalen per cheque (m)

pay by credit card met een creditcard (vr) betalen

pay cash contant betalen

pay cheque looncheque (m) *of* salarischeque (m)

pay desk kassa (vr)

pay in advance vooruitbetalen

pay in instalments in termijnen (m mv) betalen

pay interest rente (m/vr) betalen *of* uitbetalen

pay money down een aanbetaling (vr) doen *of* aanbetalen

pay off *[debt]* aflossen *of* afrekenen

pay off *[worker]* betalen en ontslaan

pay out uitbetalen

pay phone publieke telefooncel (vr) *of* munttelefoon (m)

pay rise loonsverhoging (vr) *of* salarisverhoging (vr)

pay slip loonstrookje (o) *of* salarisstrookje (o)

pay up betalen *of* achterstallige schuld (m/vr) betalen *of* volstorten (aandelen)

payable betaalbaar *of* te betalen *of* opeisbaar

payable at sixty days te betalen binnen 60 dagen (m mv)

payable in advance vooruit te betalen

payable on delivery levering (vr) onder rembours (o) *of* betaalbaar bij levering (vr)

payable on demand betaalbaar op eerst verzoek (o) *of* betaalbaar op zicht (o) (wissel)

payback terugbetaling (vr)

payback clause terugbetalingsclausule (vr)

payback period terugverdientijd (m)

payee begunstigde (m/vr)

payer betaler (m) *of* betaalster (vr)

paying (adj) lonend *of* winstgevend

paying (n) betaling (vr)

paying-in slip stortingsbewijs (o)

payload laadvermogen (o) *of* betalende vracht (vr) *of* betalende passagiers (m mv)

payment betaling (vr)

payment by cheque betaling (vr) per cheque (m)

payment by results prestatiebeloning (vr) *of* prestatieloon (o)

payment in cash contante betaling (vr)

payment in kind betaling (vr) in natura

payment on account betaling (vr) op rekening (vr)

PC (= personal computer) PC (= personal computer (m))

peak (n) piek (vr) *of* toppunt (o) *of* hoogtepunt (o)

peak (v) een hoogtepunt (o) bereiken

peak output recordproductie (vr)

peak period piekperiode (vr)

peg prices prijzen (m mv) stabiliseren

penalize bestraffen *of* beboeten

penalty straf (vr) *of* boete (vr)

penalty clause boeteclausule (vr) *of* boetebeding (o)

pending in behandeling (vr) *of* hangende *of* in afwachting (vr)

penetrate a market een markt (vr) penetreren

pension pensioen (o)

pension fund pensioenfonds (o)

pension scheme pensioenplan (o) *of* pensioenregeling (vr)

per volgens *of* per

per annum per jaar (o)

per capita per hoofd (o)

per cent procent (o)

per head per hoofd (o)

per hour *or* **per day** *or* **per week** *or* **per year** per uur (o) *of* per dag (m) *of* per week (vr) *of* per jaar (o)

percentage percentage (o)

percentage discount procentuele korting (vr) *of* korting (vr) in procenten (o mv)

percentage increase procentuele toename (m/vr) *of* stijging (vr) in procenten (o mv)

percentage point procent (o) *of* één procent (o)

performance prestatie (vr)

performance rating prestatiebeoordeling (vr)

period periode (vr)

period of notice opzeggingstermijn (m)

period of validity geldigheidsduur (m)

periodic *or* **periodical (adj)** periodiek

periodical tijdschrift (o)

peripherals randapparatuur (vr)

perishable bederfelijk

perishable goods *or* **items** *or* **cargo** bederfelijke goederen (o mv) *of* artikelen (o mv) *of* vracht (vr)

perishables bederfelijke goederen (o mv)

permission toestemming (vr)

permit (n) vergunning (vr)

permit (v) toestaan *of* toelaten *of* vergunnen

personal persoonlijk *of* privé

personal allowances belastingvrije voet (m)

personal assets persoonlijke bezittingen (vr mv)

personal assistant (PA) directiesecretaresse (vr) directiesecretaris (m)

personal computer (PC) personal computer (m) (PC)

personal income persoonlijk inkomen (o)

personalized gemerkt *of* voorzien van naam of initialen

personalized briefcase gemerkte diplomatentas (vr)

personalized cheques cheques (m mv) op naam (m)

personnel personeel (o)

personnel department afdeling (vr) personeelszaken (vr mv)

personnel management personeelsbeleid (o)

personnel manager personeelschef (m) *of* personeelsdirecteur (m)

peseta *[Spanish currency]* peseta (vr)

petty onbetekenend *of* onbeduidend *of* klein

petty cash kleine kas (vr)

petty cash box kleine kas (vr)

petty expenses kleine onkosten (m mv)

phase in geleidelijk invoeren

phase out geleidelijk stopzetten

phoenix syndrome *or* **phoenix company** fenikssyndroom (o) *of* feniksonderneming (vr)

phone (n) telefoon (m)

phone (v) telefoneren *of* opbellen

phone back terugbellen

phone call telefoongesprek (o)

phone card telefoonkaart (m/vr)

phone number telefoonnummer (o)

photocopier fotokopieerapparaat (o)

photocopy (n) fotokopie (vr)

photocopy (v) fotokopiëren

photocopying fotokopiëren (o)

photocopying bureau fotokopieerzaak (m/vr)

picking list orderpikkenlijst (vr)

pie chart cirkeldiagram (o)

piece stuk (o)

piece rate stukloon tarief (o)

piecework stukwerk (o)

pilferage *of* **pilfering** kruimeldiefstal (m)

pilot (adj) proef- *of* pilot-

pilot (n) *[person]* piloot (m) *of* loods (m)

pilot scheme proefproject (o)

pioneer (n) pionier (m) *of* voortrekker (m)

pioneer (v) pionieren

place (n) *[in a competition]* plaats (vr) *of* positie (vr)

place (n) *[in a text]* passage (vr)

place (n) *[job]* betrekking (vr) *of* aanstelling (vr) *of* positie (vr)

place (n) *[situation]* plaats (vr)

place (v) plaatsen *of* zetten (geld)

place an order een bestelling (vr) plaatsen

place of work werkplek (vr)

plaintiff eiser (m) *of* eiseres (vr) *of* aanklagende partij (vr)

plan (n) *[drawing]* plan (o) *of* plattegrond (m)

plan (n) *[project]* plan (o) *of* ontwerp (o)

plan (v) plannen

plan investments investeringen (vr mv) plannen

plane vliegtuig (o)

planner planner (m)

planning planning (vr)

plant (n) *[factory]* fabriek (vr) *of* vestiging (vr)

plant (n) *[machinery]* machinepark (o) machinerie (vr) *of* inventaris (m)

plant-hire firm bouwmachinesverhuurbedrijf (o)

platform *[railway station]* perron (o)

PLC *of* **plc** N.V. (= Naamloze Vennootschap (vr))

plug (n) *[electric]* stekker (m)

plug (v) *[block]* dichtstoppen

plug (v) *[publicize]* pluggen *of* reclame (vr) maken voor

plus plus *of* ruim

plus factor pluspunt (o)

pocket (n) zak (m)

pocket (v) in eigen zak (m) steken *of* opstrijken

pocket calculator *or* **pocket diary** zakrekenmachine (vr) *of* zakagenda (vr)

point punt (o)

point of sale (p.o.s *or* **POS)** verkooppunt (o)

point of sale material (POS material) verkooppunt promotiemateriaal (o)

policy beleid (o) *of [insurance]* polis (vr)

pool resources hulpmiddelen (o mv) samenvoegen

poor quality lage kwaliteit (vr)

poor service slechte dienstverlening (vr)

popular populair

popular prices aantrekkelijke prijzen (m mv)

port *[computer]* poort (vr)

port *[harbour]* haven (vr)

port authority havenautoriteiten (vr mv)

port charges *or* **port dues** havengelden (o mv)

port of call aanloophaven (vr) *of* aanleghaven (vr)

port of embarkation inschepingshaven (vr)

port of registry thuishaven (vr)

portable draagbaar

portfolio portefeuille (m)

portfolio management portefeuillebeheer (o)

POS material (point of sale material) POS promotiemateriaal (o)

position *[job]* ambt (o) *of* betrekking (vr) *of* functie (vr) *of* positie (vr)

position *[state of affairs]* positie (vr) *of* situatie (vr) *of* toestand (m)

positive positief

positive cash flow positieve kasstroom (m)

possess bezitten

possibility mogelijkheid (vr)

possible mogelijk

post (n) *[job]* betrekking (vr) *of* baan (vr)

post (n) *[letters]* post (vr)

post (n) *[system]* post (vr)

post (v) posten *of* versturen

post an entry een post (m) boeken

post free franco *of* portvrij

postage port (o/m) *of* portokosten (m mv)

postage and packing (p & p) port (o/m) en verpakking (vr)

postage paid portvrij

postal post-

postal charges *of* **postal rates** posttarieven (o mv)

postal order postbewijs (o) *of* postwissel (m)

postcode postcode (m)

postdate postdateren

poste restante poste restante

postpaid port (o/m) betaald *of* postvrij

postpone uitstellen *of* opschorten

postponement uitstel (o) *of* opschorting (vr)

potential (adj) potentieel *of* mogelijk

potential (n) potentieel (o) *of* mogelijkheid (vr)

potential customers potentiële klanten (m mv)

potential market potentiële markt (vr)

pound *[money]* pond (o)

pound *[weight: 0.45kg]* pond (o)

pound sterling pond (o) sterling

power of attorney volmacht (vr) *of* procuratie (vr)

PR (= public relations) PR (= public relations)

pre-empt vóór zijn

pre-financing vóórfinanciering (vr)

prefer voorkeur geven aan *of* verkiezen *of* prefereren

preference voorkeur (vr) *of* preferentie (vr)

preference shares preferente aandelen (o mv)

preferential preferentieel *of* preferent *of* voorkeurs-

preferential creditor preferent schuldeiser (m) *of* preferente crediteur (m)

preferential duty *or* **preferential tariff** preferente invoerrecht (o) *of* voorkeurtarief (o)

preferred creditor preferent schuldeiser (m) *of* preferente crediteur (m)

premises pand (o)

premium *[extra charge]* premie (vr) *of* toeslag (m)

premium *[insurance]* verzekeringspremie (vr)

premium *[on lease]* sleutelgeld (o)

premium offer reclame geschenk (o)

premium quality prima kwaliteit (vr)

prepack *or* **prepackage** voorverpakken

prepaid vooruitbetaald

prepay vooruitbetalen

prepayment vooruitbetaling (vr)

present (adj) *[being there]* aanwezig *of* present

present (adj) *[now]* huidig *of* tegenwoordig

present (n) *[gift]* geschenk (o) *of* cadeau (o)

present (v) *[give]* aanbieden *of* schenken

present (v) *[show a document]* presenteren *of* voorleggen

present a bill for acceptance een wissel (m) ter acceptatie (vr) aanbieden

present a bill for payment een wissel (m) ter betaling (vr) aanbieden

present value actuele waarde (vr) *of* huidige waarde (vr) *of* contant waarde (vr)

presentation *[exhibition]* voordracht (m/vr) *of* presentatie (vr)

presentation *[showing a document]* aanbieding (vr)

press pers (vr)

press conference persconferentie (vr)

press release persbericht (o)

prestige prestige (o)

prestige product luxeproduct (o)

pretax profit winst (vr) vóór belasting (vr)

prevent voorkomen *of* verhinderen

prevention preventie (vr) *of* voorkoming (vr)

preventive preventief

previous voorafgaand *of* vorig

price (n) prijs (m)

price (v) prijzen

price ceiling prijsplafond (o) *of* prijslimiet (vr)

price control prijsbeheersing (vr)

price controls prijscontroles (vr mv)

price differential prijsdifferentiaal (vr)

price ex quay prijs (m) af kade (vr)

price ex warehouse prijs (m) af magazijn (o)

price ex works prijs (m) af fabriek (vr)

price label prijsetiket (o) *of* prijskaartje (o)

price list prijslijst (vr)

price range prijsklasse (vr)

price reductions prijsvermindering (vr)

price stability prijsstabiliteit (vr)

price tag prijskaartje (o)

price ticket prijskaartje (o)

price war prijzenoorlog (m)

price-cutting war prijzenoorlog (m)

price-sensitive product prijsgevoelig product (o)

price/earnings ratio (P/E ratio) koers/winst-verhouding (vr) (k/w verhouding (vr))

pricing prijsstelling (vr) *of* prijsvaststelling (vr)

pricing policy prijsbeleid (o)

primary primair

primary industry primaire sector (m)

prime voornaamst *of* primaire *of* prima

prime cost directe kosten (m mv)

prime rate *of* **prime** laagste bankrente (m/vr) (voor prima debiteuren)

principal (adj) voornaamst *of* hoofd-

principal (n) *[money]* hoofdsom (vr) *of* kapitaalgedeelte (o)

principal (n) *[person]* opdrachtgever (m)

principle principe (o) *of* grondslag (m)

print out afdrukken *of* printen

printer *[company]* drukkerij (vr)

printer *[machine]* printer (m)

printout uitdraai (m) *of* print-out (m)

prior eerder *of* voorafgaand

private privé *of* particulier

private enterprise particuliere onderneming (vr) *of* particulier initiatief (o)

private limited company besloten vennootschap (vr) met beperkte aansprakelijkheid (vr) (BV)

private ownership privé-eigendom (m)

private property privé-bezit (o) *of* privé-eigendom (o)

private sector particulier sector (m) *of* privé-sector (m)

privatization privatisering (vr) *of [local government departments]* verzelfstandiging (vr)

privatize privatiseren

pro forma (invoice) pro forma (factuur (vr))

pro rata pro rata *of* naar rato

probation proeftijd (m)

probationary proef-

problem probleem (o)

problem area probleemgebied (o)

problem solver probleemoplosser (m)

problem solving probleemoplossing (vr)

procedure procedure (vr) *of* handelwijze (m/vr) *of* handelwijs (m/vr)

proceed verder gaan *of* voortgaan *of* te werk gaan

process (n) proces (o) *of* werkwijze (vr)

process (v) *[deal with]* behandelen

process (v) *[raw materials]* bewerken

process figures cijfers (o mv) verwerken

processing of information *of* **statistics** informatieverwerking (vr) *of* statistische bewerkingen (vr mv)

produce (n) *[food]* landbouwproducten (o mv) *of* product (o)

produce (v) *[bring out]* produceren *of* tonen *of* overleggen

produce (v) *[interest]* opbrengen

produce (v) *[make]* produceren *of* vervaardigen *of* maken

producer producent (m) *of* fabrikant (m)

product product (o)

product advertising productreclame (m/vr)

product cycle productcyclus (m)

product design productontwerp (o) *of* productvormgeving (vr)

product development productontwikkeling (vr)

product engineer productie-ingenieur (m) *of* bedrijfsingenieur (m)

product line productlijn (m/vr)

product mix productmix (o)

production *[making]* productie (vr) *of* fabricage (vr) *of* vervaardiging (vr)

production *[showing]* presentatie (vr) *of* tonen (o) *of* overleggen (o)

production cost productiekosten (m mv)

production department productieafdeling (vr)

production line productielijn (m/vr)

production manager productieleider (m)

production standards productienormen (vr mv)

production targets productiedoelstellingen (vr mv)

production unit productie-eenheid (vr)

productive productief

productive discussions productieve gesprekken (o mv)

productivity productiviteit (vr)

productivity agreement productiviteitsovereenkomst (vr) *of* productiviteitsafspraken (m/vr mv)

productivity bonus productiviteitspremie (vr) *of* productiviteitstoeslag (m)

professional (adj) *[expert]* beroeps- *of* vakkundig

professional (n) *[expert]* deskundige (m/vr) *of* vakman (m)

professional qualifications vakbekwaamheden (vr mv) *of* beroepskwalificaties (vr mv)

profit winst (vr) *of* resultaat (o) (bij batig saldo) *of* voordelig saldo (o) *of* positief saldo (o) *of* voordeel (o)

profit after tax winst (vr) na belasting (vr)

profit and loss account winst- en verliesrekening (vr)

profit before tax winst (vr) voor belasting (vr)

profit centre winstcentrum (o) *of* resultatencentrum (o)

profit margin winstmarge (vr)

profit-making winstgevend

profit-oriented company winstgericht bedrijf (o)

profit-sharing winstdelend

profitability *[making a profit]* winstgevendheid (vr) *of* rentabiliteit (vr)

profitability *[ratio of profit to cost]* rentabiliteitsverhouding (vr)

profitable winstgevend *of* rendabel

program a computer een computer (m) programmeren

programme *or* **program** programma (o)

programming language programmeertaal (vr)

progress (n) vooruitgang (m) *of* voortgang (m)

progress (v) vorderen *of* vooruitgaan

progress chaser controleur (m) van voortgang (m) van werk (o)

progress payments termijnbetalingen (vr mv) naarmate het werk (o) vordert

progress report voortgangsrapport (o)

progressive taxation progressieve belasting (vr)

prohibitive belemmerend *of* prohibitief

project *[plan]* project (o)

project analysis projectanalyse (vr)

project manager projectleider (m)

projected verwacht *of* gepland *of* geraamd *of* geprojecteerd

projected sales geprojecteerde afzet (m) *of* geraamde omzet (m)

promise (n) belofte (vr)

promise (v) beloven

promissory note orderbriefje (o) *of* promesse (vr)

promote *[advertise]* promoten *of* reclame (vr) maken

promote *[give better job]* bevorderen *of* promotie (vr) geven

promote a corporate image een bedrijfsimago (o) bevorderen

promote a new product een nieuw product (o) promoten

promotion *[publicity]* promotie (vr) *of* reclame (vr)

promotion *[to better job]* promotie (vr) *of* bevordering (vr)

promotion budget promotiebudget (o)

promotion of a product productpromotie (vr)

promotional promotioneel *of* promotie-

promotional budget promotiebudget (o)

prompt prompt *of* onmiddellijk *of* snel

prompt payment prompte betaling (vr) *of* stipte betaling (vr)

prompt service snelle service (m) *of* snelle bediening (vr)

proof bewijs (o)

proportion *[part]* deel (o) *of* gedeelte (o) *of* aandeel (o)

proportional proportioneel *of* evenredig

proposal *[insurance]* aanvraag (vr)

proposal *[suggestion]* voorstel (o)

propose *[a motion]* (een motie) indienen

propose to *[do something]* voorstellen om (iets te doen) *of* van plan zijn

proprietary company (US) holding (vr) *of* holdingmaatschappij (vr) *of* houdstermaatschappij (vr)

proprietor eigenaar (m)

proprietress eigenares (vr)

prosecute vervolgen *of* gerechtelijk vervolgen

prosecution *[legal action]* gerechtelijke vervolging (vr)

prosecution *[party in legal action]* aanklager (m) *of* openbare aanklager (m) *of* officier (m) van justitie (vr)

prosecution counsel openbare aanklager (m)

prospective prospectief *of* toekomstig

prospective buyer gegadigde (m) *of* prospect (m) *of* aspirant-koper (m)

prospects vooruitzichten (o mv)

prospectus prospectus (o/m)

protective beschermend

protective tariff beschermend tarief (o)

protest (n) *[against something]* protest (o)

protest (n) *[official document]* bezwaarschrift (o) *of* wisselprotest (o)

protest (v) *[against something]* protesteren

protest a bill een wissel (m) protesteren

protest strike proteststaking (vr)

provide voorzien *of* uitrusten *of* verschaffen *of* leveren (diensten)

provide for voorzien in *of* zorgen voor *of* rekening (vr) houden met

provided that *or* **providing** op voorwaarde (vr) dat *of* mits

provision *[condition]* voorwaarde (vr) *of* bepaling (vr)

provision *[money put aside]* voorziening (vr)

provisional tijdelijk *of* voorlopig *of* provisorisch

provisional budget voorlopige begroting (vr)

provisional forecast of sales voorlopige verkoopprognose (vr)

proviso voorwaarde (vr) *of* voorbehoud (o)

proxy *[deed]* volmacht (vr)

proxy *[person]* gevolmachtigde (m/vr)

proxy vote bij volmacht (vr) uitgebrachte stem (m/vr)

public (adj) publiek *of* openbaar

public finance overheidsfinanciën (vr mv)

public funds overheidsgelden (o mv)

public holiday nationale feestdag (m) *of* algemeen erkende feestdag (m)

public image publiek image (o)

Public Limited Company (Plc) N.V. (= Naamloze Vennootschap (vr))

public opinion publieke opinie (vr) *of* openbare mening (vr)

public relations (PR) public relations (PR) *of* voorlichting (vr)

public relations department public-relationsafdeling (vr) *of* voorlichtingsafdeling (vr)

public relations man voorlichtingsmedewerk(st)er (m/vr) *of* perschef (m)

public relations officer voorlichtingsfunctionaris (m) *of* perschef (m)

public sector overheidssector (m)

public transport openbaar vervoer (o)

publicity publiciteit (vr) *of* reclame (vr) *of* openbaarheid (vr)

publicity budget reclamebudget (o)

publicity campaign reclamecampagne (vr)

publicity department reclameafdeling (vr)

publicity expenditure reclame-uitgaven (vr mv)

publicity manager reclamechef (m)

publicize bekendmaken *of* reclame (vr) maken voor *of* adverteren

purchase (n) koop (m) *of* aankoop (m) *of* inkoop (m)

purchase (v) kopen *of* aankopen *of* inkopen

purchase ledger inkoopboek (o) *of* crediteurenboek (o)

purchase order bestelformulier (o) *of* (aan)koopopdracht (m/vr) *of* (aan)kooporder (m/vr)

purchase price koopprijs (m) *of* aankoopprijs (m) *of* inkoopprijs (m)

purchase tax omzetbelasting (vr)

purchaser koper (m) *of* inkoper (m)

purchasing aankoop (m) *of* inkopen (o)

purchasing department inkoopafdeling (vr)

purchasing manager hoofd (o) afdeling inkoop (vr) *of* directeur (m) afdeling inkoop *of* inkoopleider (m)

purchasing power koopkracht (vr)

put (v) *[place]* plaatsen *of* zetten

put back *[later]* uitstellen *of* verzetten

put in writing schriftelijk vastleggen *of* op papier (o) zetten

put money down aanbetalen

Qq

qty (= quantity) hoeveelheid (vr) *of* kwantiteit (vr)

qualified *[skilled]* bevoegd *of* gediplomeerd *of* geschoold *of* afgestudeerd

qualified *[with reservations]* voorwaardelijk *of* onder voorbehoud (o)

qualify as bevoegd worden als *of* afstuderen als

quality kwaliteit (vr)

quality control kwaliteitsbeheersing (vr)

quality controller kwaliteitsbewaker (m)

quality label kwaliteitslabel (o)

quantity hoeveelheid (vr) *of* kwantiteit (vr) *of* aantal (o)

quantity discount hoeveelheidskorting (vr) *of* kwantumkorting (vr)

quarter *[25%]* kwart (o)

quarter *[three months]* kwartaal (o)

quarter day laatste dag (m) van een kwartaal (o)

quarterly (adj) driemaandelijks *of* kwartaal-

quarterly (adv) driemaandelijks *of* per kwartaal (o)

quay kade (vr) *of* aanlegplaats (vr)

quorum quorum (o)

quota quota (vr) *of* contingent (o)

quotation *[estimate of cost]* prijsopgave (vr) *of* offerte (m/vr)

quote (n) *[estimate of cost]* prijsopgave (vr) *of* offerte (m/vr)

quote (v) *[a reference]* aanhalen *of* citeren *of* vermelden

quote (v) *[estimate costs]* een prijsopgave (vr) doen

quoted company aan de beurs genoteerd bedrijf (o)

quoted shares genoteerde aandelen (o mv)

Rr

R&D (= research and development) R&D (= research and development)(= onderzoek en ontwikkeling)

racketeer oplichter (m) *of* illegale handelaar (m) *of* zwendelaar (m)

racketeering illegale handel (m)

rail spoor (o)

rail transport transport (o) per spoor (o)

railroad (US) spoorwegen (m mv)

railway (GB) spoorwegen (m mv)

railway station spoorwegstation (o)

raise (v) *[a question]* aan de orde stellen *of* ter sprake brengen

raise (v) *[increase]* verhogen *of* vermeerderen

raise (v) *[obtain money]* bijeenbrengen *of* inzamelen

raise an invoice een factuur (vr) opmaken *of* een factuur (vr) uitschrijven

rally (n) herstel (o) *of* opleving (vr)

rally (v) zich herstellen *of* aantrekken

random willekeurig

random check steekproef (vr)

random error toevalsfout (vr)

random sample willekeurige steekproef (vr)

random sampling willekeurige steekproeftrekking (vr)

range (n) *[series of items]* assortiment (o) *of* serie (vr)

range (n) *[variation]* reikwijdte (vr) *of* verscheidenheid (vr) *of* scale (o/m/vr)

range (v) variëren *of* uiteenlopen

rate (n) *[amount]* cijfer (o) *of* snelheid (vr) *of* percentage (o)

rate (n) *[price]* tarief (o) *of* prijs (m) *of* koers (m) *of* voet (m)

rate of exchange wisselkoers (m)

rate of inflation inflatiepercentage (o)

rate of production productietempo (o)

rate of return rendementspercentage (o)

ratification ratificatie (vr) *of* bekrachtiging (vr)

ratify ratificeren *of* bekrachtigen

rating waardigheid (vr) *of* waarderingscijfer (o) *of* classificatie (vr)

ratio ratio (vr) *of* verhouding (vr) *of* verhoudingsgetal (o)

rationalization rationalisering (vr) *of* rationalisatie (vr)

rationalize rationaliseren

raw materials grondstoffen (vr mv)

re-elect herkiezen

re-election herverkiezing (vr)

re-employ weer in dienst (m) nemen *of* opnieuw in dienst nemen

re-employment het weer indienst nemen (o)

re-export (n) heruitvoer (m) *of* wederuitvoer (m)

re-export (v) heruitvoeren

reach *[arrive]* bereiken

reach *[come to]* bereiken *of* komen tot

reach a decision tot een beslissing (vr) komen

reach an agreement een overeenkomst (vr) bereiken

readjust weer aanpassen *of* opnieuw aanpassen

readjustment heraanpassing (vr)

ready klaar *of* gereed

ready cash gereed geld (o) *of* contanten (mv)

real echt *of* werkelijk

real estate onroerend goed (o)

real income *or* **real wages** reëel inkomen (o) *of* reëel loon (o)

real-time system real-timesysteem (o) *of* onvertraagd computersysteem (o)

realizable assets realiseerbare activa (mv) *of* liquideerbare activa (mv)

realization of assets realisatie (vr) van activa (mv)

realize *[sell for money]* realiseren

realize *[understand]* beseffen

realize a project *or* **a plan** een project (o) realiseren *of* een plan (o) realiseren

realize property *or* **assets** eigendom (o) realiseren *of* eigendom (o) te gelde maken *of* activa (mv) realiseren *of* te gelde maken

reapplication tweede sollicitatie (vr) (voor dezelfde baan)

reapply opnieuw solliciteren

reappoint herbenoemen

reappointment herbenoeming (vr)

reassess opnieuw aanslaan *of* herwaarderen *of* opnieuw evalueren

reassessment nieuwe aanslag (m) *of* herwaardering (vr)

rebate *[money back]* teruggave (m/vr) *of* refactie (vr)

rebate *[price reduction]* korting (vr) *of* rabat (o)

receipt *[paper]* ontvangstbewijs (o) *of* kwitantie (vr)

receipt *[receiving]* ontvangst (vr)

receipt book kwitantieboekje (o)

receipts ontvangsten (vr mv)

receivable nog te ontvangen

receivables vorderingen (vr mv) *of* debiteuren (m mv)

receive ontvangen *of* krijgen

receiver ontvanger (m)

receiver *[liquidator]* curator (m) in een faillissement (o) *of* liquidateur (m)

receiving ontvangst (vr)

reception receptie (vr) *of* ontvangst (vr)

reception clerk receptionist (m)

reception desk receptie (vr) *of* balie (vr)

receptionist receptionist (m) *of* receptioniste (vr)

recession recessie (vr) *of* economische teruggang (m)

reciprocal wederkerig *of* wederzijds

reciprocal agreement bilaterale overeenkomst (vr) *of* wederkerige overeenkomst (vr)

reciprocal trade bilaterale handel (m)

reciprocity wederkerigheid (vr) *of* reciprociteit (vr)

recognition herkenning (vr) *of* erkenning (vr)

recognize a union een vakbond (m) erkennen

recommend *[say something is good]* aanbevelen *of* aanprijzen

recommend *[suggest action]* aanraden

recommendation aanbeveling (vr) *of* advies (o)

reconcile verzoenen *of* bijleggen

reconciliation verzoening (vr) *of* afstemming (vr) *of* aansluiting (vr)

reconciliation of accounts afstemming (vr) *of* afsluiting (vr) van rekeningen (vr mv)

record (n) *[for personnel]* dossier (o)

record (n) *[better than before]* record (o)

record (n) *[of what has happened]* rapport (o) *of* verslag (o)

record (v) registreren *of* vastleggen

record sales *or* **record losses** *or* **record profits** recordafzet (m) *of* recordverlies (o) *of* recordwinst (vr)

record-breaking recordverbeterend

recorded delivery aangetekende zending (vr)

records archief (o) *of* administratie (vr)

recoup one's losses verlies (o) goedmaken

recover *[get better]* zich herstellen

recover *[get something back]* terugwinnen *of* terugkrijgen *of* goedmaken *of* verhalen op

recoverable verhaalbaar *of* invorderbaar

recovery *[getting better]* herstel (o)

recovery *[getting something back]* verhaal (o) *of* terugkrijgen (o)

rectification rectificatie (vr) *of* correctie (vr)

rectify rectificeren *of* rechtzetten

recurrent terugkomend *of* terugkerend *of* periodiek

recycle recyclen *of* herverwerken

recycled paper kringlooppapier (o)

red tape bureaucratie (vr) *of* ambtenarij (vr)

redeem aflossen *of* amortiseren

redeem a bond een obligatie (vr) aflossen

redeem a debt een schuld (vr) aflossen

redeem a pledge een pand (o) inlossen

redeemable aflosbaar *of* afkoopbaar

redemption *[of a loan]* aflossing (vr) (van een lening (vr))

redemption date aflossingsdatum (m)

redevelop saneren *of* renoveren

redevelopment sanering (vr) *of* renovatie (vr)

redistribute herverdelen

reduce verminderen *of* reduceren *of* verlagen

reduce a price een prijs (m) verminderen *of* verlagen

reduce expenditure uitgaven (vr mv) verminderen

reduced rate verlagd tarief (o)

reduction reductie (vr) *of* korting (vr) *of* vermindering (vr) *of* verlaging (vr)

redundancy overtolligheid (vr) *of* afvloeiing (vr)

redundant overtollig *of* afvloeien uit werkkring *of* ontslag krijgen (to be made redundant)

refer *[pass to someone]* doorsturen

refer *[to item]* verwijzen *of* refereren

reference *[dealing with]* verwijzing (vr) *of* referentie (vr)

reference *[person who reports]* referent (m)

reference *[report on person]* referentie (vr) *of* getuigschrift (o)

reference number referentienummer (o)

refinancing of a loan herfinanciering (vr) van een lening (vr)

refresher course bijscholingscursus (m) *of* opfrissingscursus (m)

refund (n) terugbetaling (vr) *of* restitutie (vr)

refund (v) terugbetalen *of* restitueren *of* herfinancieren

refundable restitueerbaar *of* terugbetaalbaar

refundable deposit terugbetaalbare waarborgsom (vr)

refunding of a loan herfinanciering (vr) van een lening (vr)

refusal weigering (vr) *of* afwijzing (vr)

refuse (v) weigeren *of* afwijzen

regarding betreffende

regardless of ongeacht

regional regionaal

register (n) *[large book]* register (o)

register (n) *[official list]* register (o)

register (v) *[at hotel]* registreren *of* zich inschrijven

register (v) *[in official list]* registreren *of* inschrijven *of* optekenen

register (v) *[letter]* laten aantekenen

register a company een vennootschap (vr) inschrijven in het handelsregister (o)

register a property een onroerend goed (o) inschrijven in het kadaster (o)

register a trademark een handelsmerk (o) deponeren

register of directors lijst (vr) van directeuren (m mv)

register of shareholders aandeelhoudersregister (o)

registered (adj) geregistreerd *of* ingeschreven *of* gedeponeerd *of* aangetekend

registered letter aangetekende brief (m)

registered office statutaire zetel (m)

registered trademark wettig gedeponeerd handelsmerk (o)

registrar registrator (m) *of* houder van registers (m) *of* ambtenaar (m) van de burgerlijke stand (m) *of* griffier (m)

Registrar of Companies hoofd inschrijvingen (vr mv) *of* chef inschrijvingen (vr mv)

registration registratie (vr) *of* inschrijving (vr)

registration fee registratiekosten (m mv) *of* inschrijvingsgeld (o)

registration form registratieformulier (o) *of* inschrijvingsformulier (o)

registration number registratienummer (o) *of* inschrijvingsnummer (o) *of* kenteken (o) (auto)

registry registratie (vr) *of* inschrijving *of* archief (o) *of* register (o)

registry office registratiekantoor (o) *of* bureau (o) van de burgerlijke stand (m) *of* bevolkingsregister (o)

regular *[always at same time]* regelmatig

regular *[ordinary]* gewoon *of* normaal *of* standaard

regular customer vaste klant (m)

regular income regelmatig inkomen (o) *of* vast inkomen (o)

regular size gewoon formaat (o) *of* standaard maat (m/vr)

regular staff vast personeel (o)

regulate *[adjust]* regelen *of* bijstellen

regulate *[by law]* (wettelijk) regelen *of* reguleren *of* reglementeren

regulation regeling (vr) *of* regulering (vr) *of* reglementering (vr)

regulations reglement (o) *of* voorschiften (o mv)

reimbursement vergoeding (vr) *of* terugbetaling (vr) *of* restitutie (vr)

reimbursement of expenses onkostenvergoeding (vr)

reimport (n) wederinvoer (m) *of* herinvoer (m)

reimport (v) wederinvoeren *of* herinvoeren

reimportation wederinvoer (m) *of* herinvoering (vr)

reinsurance herverzekering (vr)

reinsure herverzekeren

reinsurer herverzekeraar (m)

reinvest herinvesteren *of* herbeleggen

reinvestment herinvestering (vr) *of* herbelegging (vr)

reject (n) afgekeurd artikel (o) *of* artikel met fabrieksfout (m/vr)

reject (v) afkeuren *of* verwerpen *of* afwijzen

rejection afkeuring (vr) *of* verwerping (vr) *of* afwijzing (vr)

relating to met betrekking (vr) tot

relations relaties (vr mv) *of* betrekkingen (vr mv) *of* verhoudingen (vr mv)

release (n) vrijgave (o) deblokkering (vr) *of* vrijlating (vr) *of* ontheffing (vr) *of* persbericht (o)

release (v) *[free]* vrijlaten *of* vrijgeven *of* ontheffen

release (v) *[make public]* openbaar maken *of* vrijgeven

release (v) *[put on the market]* uitbrengen *of* op de markt brengen *of* op de markt lanceren

release dues achterstallige bestellingen (vr mv) afhandelen *of* achterstallige bestellingen (vr mv) vrijgeven

relevant relevant *of* toepasselijk *of* terzake

reliability betrouwbaarheid (vr)

reliable betrouwbaar

remain *[be left]* overblijven *of* overschieten

remain *[stay]* blijven

remainder *[things left]* rest (vr) *of* restant (o) *of* overschot (o)

remind herinneren

reminder herinnering (vr) *of* aanmaning (vr)

remit (n) opdracht (m/vr)

remit (v) betalen *of* geld (o) overmaken *of* overboeken

remit by cheque betalen per cheque (m)

remittance overschrijving (vr) *of* overboeking (vr)

remote control afstandsbediening (vr)

removal *[sacking someone]* afzetting (vr) *of* ontslag (o)

removal *[to new house]* verhuizing (vr)

remove verwijderen *of* afzetten *of* ontslaan *of* verhuizen

remunerate belonen *of* vergoeden

remuneration beloning (vr) *of* vergoeding (vr)

render an account een rekening (vr) voorleggen

renew vernieuwen *of* verlengen

renew a bill of exchange een wissel (m) prolongeren

renew a lease een huurcontract (o) verlengen

renew a subscription een abonnement (o) verlengen

renewal verlenging (vr)

renewal notice verlengingsbericht (o)

renewal of a lease *or* of a subscription *or* of a bill verlenging (vr) van huurovereenkomst (vr) *of* verlenging (vr) van een abonnement (o) *of* prolongatie (vr) van een wissel (m)

renewal premium verlengingspremie (vr)

rent (n) huur (vr) *of* huurprijs (m) *of* pacht (vr) *of* pachtsom (m/vr)

rent (v) *[pay money for]* huren

rent collector huurophaler (m)

rent control huurprijsbeheersing (vr)

rent tribunal huurcommissie (vr)

rent-free pachtvrij *of* zonder huur

rental huur (vr) *of* huurprijs (m)

rental income huuropbrengst (vr)

renunciation afstand (m) (doen) van *[claim/right]* *of* verwerping (vr) van *[inheritance]*

reorder (n) nabestelling (vr)

reorder (v) nabestellen

reorder level bestelniveau (o)

reorganization reorganisatie (vr) *of* (financial) sanering (vr)

reorganize reorganiseren *of* (financial) saneren

rep (= representative)
vertegenwoordiger (m)

repair (n) herstelling (vr) *of* reparatie (vr)

repair (v) herstellen *of* repareren

repay terugbetalen *of* aflossen

repayable terug te betalen *of* aflosbaar

repayment terugbetaling (vr) *of* aflossing (vr)

repeat herhalen

repeat an order nabestelling (vr) doen *of* nabestellen

repeat order nabestelling (vr)

replace vervangen

replacement *[item]* vervanging (vr)

replacement *[person]* vervanger (m) *of* vervangster (vr)

replacement value vervangingswaarde (vr)

reply (n) antwoord (o)

reply (v) antwoorden

reply coupon antwoordkaart (m/vr) *of* antwoordcoupon (m)

report (n) rapport (o) *of* verslag (o)

report (v) rapporteren *of* verslag (o) doen *of* melden

report (v) *[go to a place]* zich aanmelden

report a loss een verlies (o) melden

report for an interview zich aanmelden voor een interview (o) *of* sollicitatiegesprek (o)

report on the progress of the work *or* the negotiations verslag (o) doen over de voortgang (vr) van het werk (o) *of* de onderhandelingen (vr mv)

report to someone verantwoording verschuldigd zijn aan iemand

repossess weer in bezit (o) nemen

represent vertegenwoordigen

representative (adj) representatief *of* vertegenwoordigend

representative *[company]* vertegenwoordiger (m) *of* vertegenwoordigend bedrijf (o) *of* agent (m)

representative *[person]* vertegenwoordiger (m) *of* handelsreiziger (m)

repudiate verwerpen *of* afwijzen *of* niet erkennen

repudiate an agreement een overeenkomst (vr) niet erkennen

request (n) verzoek (o) *of* aanvraag (vr)

request (v) verzoeken *of* vragen (om)

request: on request op verzoek (o)

require *[demand]* vragen *of* vereisen

require *[need]* nodig hebben *of* behoeven

requirements eisen (m mv) *of* vereisten *of* (o mv) *of* benodigdheden (vr mv) *of* behoeften (vr mv)

resale doorverkoop (m) *of* wederverkoop (m)

resale price doorverkoopprijs (m)

rescind annuleren *of* herroepen

research (n) onderzoek (o)

research (v) onderzoeken

research and development (R & D) onderzoek (o) en ontwikkeling (vr)

research programme onderzoeksprogramma (o)

research worker onderzoeker (m)

researcher onderzoeker (m)

reservation reservering (vr) *of* plaatsbespreking (vr) *of* boeking (vr)

reserve (n) *[money]* reserve (vr)

reserve (n) *[supplies]* voorraad (m) *of* reserve (vr)

reserve (v) reserveren *of* boeken

reserve a room *or* a table *or* a seat een kamer (vr) *of* een tafel (vr) *of* een plaats (vr) reserveren

reserve currency reservevaluta (vr)

reserve price limietprijs (m) *of* minimumprijs (m)

reserves reserves (vr mv)

residence verblijfplaats (vr)

residence permit verblijfsvergunning (vr)

resident (adj) woonachtig *of* gevestigd

resident (n) inwoner (m) *of* bewoner (m) *of* ingezetene (m)

resign ontslag (o) nemen *of* aftreden

resignation ontslagname (m/vr) *of* aftreding (vr)

resolution resolutie (vr) *or* besluit (o)

resolve besluiten

resources middelen (o mv) *of* geldmiddelen (o mv) *of* hulpbronnen (vr mv)

respect (v) respecteren

response antwoord (o) *of* reactie (vr)

responsibilities verantwoordelijkheden (vr mv)

responsibility verantwoordelijkheid (vr) *of* aansprakelijkheid (vr)

responsible for verantwoordelijk voor *of* aansprakelijk voor

responsible to someone verantwoording verschuldigd zijn aan iemand

restock voorraad (m) aanvullen *of* opnieuw bevoorraden

restocking voorraadaanvulling (vr) *of* opnieuw bevoorraden (o)

restraint beperking (vr) *of* belemmering (vr)

restraint of trade handelsbeperking (vr) *of* belemmering van uitvoering van handel en beroep

restrict beperken

restrict credit krediet (o) beperken

restriction beperking (vr) *of* restrictie (vr)

restrictive beperkend *of* restrictief

restrictive practices concurrentiebeperkingen (vr mv)

restructure herstructureren

restructuring herstructurering (vr)

restructuring of a loan herstructurering (vr) van een lening (vr)

restructuring of the company herstructurering (vr) van het bedrijf (o)

result *[general]* resultaat (o) *of* gevolg (o) *of* uitkomst (vr)

result from voortvloeien uit *of* volgen uit

result in tot gevolg (o) hebben *of* als resultaat (o) hebben *of* leiden tot

results *[company's profit or loss]* resultaten (o mv) *of* uitkomsten (vr mv) *of* bedrijfsresultaat (o)

resume hervatten

resume negotiations onderhandelingen (vr mv) hervatten

retail (n) detailhandel (m) *of* kleinhandel (m)

retail (v) *[goods]* via de detailhandel (m) verkopen *of* in het klein (o) verkopen

retail (v) *[sell for a price]* verkopen tegen detailhandelprijs (m)

retail dealer detailhandelaar (m) *of* kleinhandelaar (m) *of* detaillist (m)

retail goods detailhandelsartikelen (o mv)

retail outlets verkooppunten (o mv)

retail price detailhandelsprijs (m)

retail price index detailhandelsprijsindex (m) *of* detailhandelsindex (m)

retailer detailhandelaar (m) *of* kleinhandelaar (m) *of* detaillist (m)

retailing detailhandel (m) *of* kleinhandel (m)

retire *[from one's job]* met pensioen (o) gaan

retirement pensionering (vr) *of* uittreding (vr)

retirement age pensioenleeftijd (m)

retiring (adj) pension- *of* uittredend

retrain herscholen *of* omscholen

retraining herscholing (vr) *of* omscholing (vr)

retrenchment bezuiniging (vr) *of* inkrimping (vr) *of* besnoeiing (vr)

retrieval herwinning (vr) *of* terugzoeken (o)

retrieval system terugzoeksysteem (o) *of* opzoeksysteem (o)

retrieve herwinnen *of* terugwinnen

retroactive retroactief *of* terugwerkend

retroactive pay rise loonsverhoging (vr) met terugwerkende kracht (vr)

return (n) *[declaration]* aangifte (vr)

return (n) *[going back]* retour (o) *of* terugreis *of* terugkeer (m) *of* terugkomst (vr)

return (n) *[profit]* rendement (o) *of* winst (vr) *of* opbrengst (vr)

return (n) *[sending back]* terugzending (vr)

return (v) *[declare]* opgeven *of* verklaren

return (v) *[send back]* retourneren *of* terugzenden *of* retour zenden

return a letter to sender een brief (m) terugsturen aan de afzender (m)

return address retouradres (o)

return on investment (ROI) beleggingsrendement (o)

returnable te retourneren *of* retourneerbaar

returned empties geretourneerde lege flessen (vr mv)

returns *[profits]* rendement (o) *of* opbrengst (vr)

returns *[unsold goods]* retourgoederen (o mv) *of* teruggezonden goederen (o mv)

revaluation revaluatie (vr) *of* herwaardering (vr)

revalue revalueren *of* herwaarderen *of* opwaarderen

revenue inkomsten (vr mv) *of* opbrengsten (vr)

revenue accounts inkomstenrekeningen (vr mv)

revenue from advertising inkomsten uit advertenties (vr mv)

reversal omslag (m) *of* ommekeer (m)

reverse (adj) tegenovergesteld *of* omgekeerd

reverse (v) omkeren *of* herroepen

reverse charge call collect-gesprek (o)

reverse takeover omgekeerde overname (vr)

reverse the charges collect-gesprek (o) voeren

revise herzien *of* reviseren

revoke herroepen *of* intrekken

revolving credit automatisch hernieuwd krediet (o) *of* renouvellerend krediet (o) *of* doorlopend krediet (o)

rider allonge (vr) *of* toegevoegde clausule (vr)

right (adj) *[not left]* rechts

right (adj) *[not wrong]* juist *of* waar *of* correct

right (n) *[legal title]* recht (o) *of* aanspraak (vr)

right of veto vetorecht (o)

right of way recht (o) van overpad (o)

right-hand man rechterhand (vr)

rightful wettelijk *of* rechtmatig *of* gerechtvaardigd

rightful claimant rechtmatige eiser(es) (m/vr) *of* rechtmatige reclamant (m) *of* rechthebbende (m/vr)

rightful owner rechtmatige eigenaar (m) *of* eigenares (vr)

rights issue voorkeursrecht (o) bij aandelenemissie (vr)

rise (n) *[increase]* stijging (vr) *of* toename (vr)

rise (n) *[salary]* loonsverhoging (vr) *of* opslag (m)

rise (v) stijgen *of* toenemen

risk (n) risico (o)

risk (v) *[money]* risico (o) nemen *of* riskeren

risk capital risicokapitaal (o)

risk premium risicopremie (vr)

risk-free investment risicoloze investering (vr)

risky riskant *of* gewaagd *of* gedurfd

rival company concurrerend bedrijf (o) *of* concurrent (m)

road weg (m) *of* straat (vr)

road haulage wegtransport (o) *of* wegvervoer (o)

road haulier wegvervoerder (m) *of* wegtransporteur (m) *of* expediteur (m)

road tax motorrijtuigbelasting (vr)

road transport wegvervoer (o) *of* wegtransport (o)

rock-bottom prices bodemprijzen (m mv) *of* allerlaagste prijzen (m mv)

ROI (= return on investment) beleggingsrendement (o)

roll on/roll off ferry roll-on/roll-off-ferryboot (m/vr) *of* ro-ro-veerboot (m/vr)

roll over credit *or* **a debt** een krediet oversluiten *of* een schuld oversluiten

rolling plan doorlopend plan (o) *of* rollend plan (o)

room *[general]* kamer (vr) *of* vertrek (o)

room *[hotel]* (hotel)kamer (vr)

room *[space]* ruimte (vr)

room reservations kamerreserveringen (vr mv)

room service room service (m) *of* bediening (vr) op de kamer (vr)

rough grof *of* ruw *of* schetsmatig *of* globaal

rough calculation ruwe berekening (vr)

rough draft klad (o) *of* globaal concept (o)

rough estimate ruwe schatting (vr)

round down naar beneden afronden

round up naar boven afronden

routine (adj) routine- *of* routinematig

routine (n) routine (vr)

routine call routinebezoek (o)

routine work routinewerk (o)

royalty royalty (m/vr)

rubber check (US) ongedekte cheque (m) *of* geweigerde cheque (m)

rule (n) regel (m) *of* voorschrift (o) *of* rechtelijke beslissing (vr)

rule (v) *[be in force]* gelden *of* geldig zijn *of* heersen *of* van kracht (vr) zijn

rule (v) *[give decision]* bepalen *of* beslissen (court)

ruling (adj) geldend *of* huidige *of* lopend *of* heersend

ruling (n) beslissing (vr) *of* bepaling (vr) *of* uitspraak (vr)

run (n) *[regular route]* route (vr) *of* traject (o)

run (n) *[work routine]* lopen (o) *of* draaien (o)

run (v) *[be in force]* gelden *of* van kracht (vr) zijn

run (v) *[buses or trains]* rijden *of* gaan

run (v) *[manage]* leiden *of* uitoefenen *of* exploiteren

run (v) *[work machine]* in werking (vr) stellen *of* laten lopen

run a risk een risico (o) lopen

run into debt in de schulden (vr mv) raken *of* schulden (vr mv) maken

run out of niet meer hebben *of* op zijn

run to belopen *of* oplopen

running (n) *[of machine]* in werking stellen (o) *of* in bedrijf zijn (o)

running costs or **running expenses** exploitatiekosten (m mv) *of* bedrijfskosten (m mv)

running total getransporteerde som (vr) *of* lopend totaal (o)

rush (n) spoed (m) *of* haast (m/vr) *of* spits (m/vr) *of* toeloop (m)

rush (v) zich haasten *of* met spoed (m) behandelen

rush hour spitsuur (o) *of* piekuur (o)

rush job spoedkarwei (o)

rush order spoedbestelling (vr) *of* spoedopdracht (o)

Ss

sack someone iemand ontslaan

safe (adj) veilig

safe (n) brandkast (vr) *of* kluis (vr) *of* safeloket (o)

safe deposit kluis (vr) *of* safe-inrichting (vr)

safe investment veilige belegging (vr)

safeguard (v) beveiligen *of* beschermen *of* waarborgen

safety veiligheid (vr) *of* zekerheid (vr)

safety measures veiligheidsmaatregelen (m mv)

safety precautions veiligheidsvoorzieningen (vr mv)

safety regulations veiligheidsvoorschriften (o mv)

salaried gesalarieerd *of* bezoldigd *of* met vast salaris (o)

salary salaris (o) *of* bezoldiging (vr)

salary cheque salarischeque (m)

salary review salarisherziening (vr)

sale (n) *[at a low price]* uitverkoop (m)

sale (n) *[selling]* verkoop (m)

sale by auction verkoop (m) bij opbod (o) *of* openbare verkoping (vr) *of* veiling (vr)

sale or return verkoop (m) of retournering (vr)

saleability verkoopbaarheid (vr)

saleable verkoopbaar

sales omzet (m) *of* afzet (m) *of* verkopen (m/vr) *of* uitverkoop (m)

sales analysis verkoopanalyse (vr)

sales book verkoopboek (o)

sales budget verkoopplan (o) *of* verkoopbegroting (vr)

sales campaign verkoopcampagne (vr)

sales chart verkoopgrafiek (vr)

sales clerk (US) verkoper (m) *of* verkoopster (vr)

sales conference vergadering (vr) van de verkoopafdeling (vr)

sales curve verkoopcurve (vr)

sales department verkoopafdeling (vr)

sales executive verkoopleider (m) *of* verkoopmanager (m)

sales figures omzetcijfers (o mv) *of* verkoopcijfers (o mv)

sales force verkooppersoneel (o) *of* verkoopmedewerk(st)er (m)

sales forecast omzetprognose (vr) *of* verkoopprognose (vr)

sales ledger verkoopboek (o) *of* debiteurenboek (o)

sales ledger clerk medewerk(st)er (m/vr) debiteurenadministratie (vr)

sales literature verkoopbrochures (vr mv) *of* verkoopfolders (m mv)

sales manager verkoopdirecteur (m) *of* verkoopleider (m)

sales people verkooppersoneel (o) *of* verkopers (m mv) *of* verkoopsters (vr mv)

sales pitch verkooppraatje (o)

sales promotion verkoopbevordering (vr) *of* verkooppromotie (vr)

sales receipt kassabon (m)

sales representative vertegenwoordiger (m) *of* handelsreiziger (m)

sales revenue verkoopopbrenst (vr) *of* verkoopomzet (m)

sales target verkoopdoelstelling (vr) *of* afzettarget (m/vr)

sales tax (US) omzetbelasting (vr)

sales team verkoopteam (o)

sales volume (US) omzet (m) *of* omzetvolume (o)

salesman *[in shop]* verkoper (m) *of* verkoopster (vr)

salesman *[representative]* vertegenwoordiger (m) *of* handelsreiziger (m)

salvage (n) *[action]* berging (vr) *of* redding (vr)

salvage (n) *[things saved]* geborgen goed (o) *of* geredde goed (o)

salvage (v) bergen *of* redden

salvage vessel bergingsvaartuig (o)

sample (n) *[group]* steekproef (vr)

sample (n) *[part]* monster (o)

sample (v) *[ask questions]* steekproefonderzoek (o) uitvoeren

sample (v) *[test]* monsteren *of* steekproef (m/vr) nemen *of* keuren

sampling *[statistics]* steekproefneming (vr) *of* steekproeftrekking (vr)

sampling *[testing]* steekproefcontrole (m/vr) *of* keuren (o)

satisfaction voldoening (vr) *of* tevredenheid (vr) *of* satisfactie (vr)

satisfy *[customer]* tevredenstellen

satisfy a demand aan een vraag (vr) voldoen

saturate verzadigen

saturate the market de markt (vr) verzadigen

saturation verzadiging (vr)

save (v) *[money]* sparen

save (v) *[not waste]* besparen

save (v) *[on computer]* bewaren *of* opslaan

save on besparen op

save up sparen

savings besparingen (vr mv) *of* spaargeld (o)

savings account spaarrekening (vr)

scale *[system]* schaal (vr)

scale down *or* **scale up** *[down]* inkrimpen *of* proportioneel verminderen/verlagen *of [up]* proportioneel vermeerderen/verhogen

scale of charges tarieflijst (m/vr)

scarcity value zeldzaamheidswaarde (vr)

scheduled flight lijnvlucht (vr)

scheduling regeling (vr) *of* dienstregeling (vr) *of* rooster maken (o)

screen candidates kandidaten (m mv) screenen *of* sollicitanten (m mv) op geschiktheid (vr) testen

scrip recepis (o) *of* voorlopig bewijs van aandeel (o)

scrip issue uitgifte (vr) van bonusaandelen (o mv)

seal (n) stempel (m) *of* zegel (o)

seal (v) *[attach a seal]* verzegelen *of* stempelen

seal (v) *[envelope]* sluiten

sealed envelope gesloten enveloppe (vr)

sealed tenders verzegelde inschrijvingen (vr mv)

season *[time for something]* seizoen (o) *of* tijd (o)

season *[time of year]* seizoen (o)

season ticket abonnement (o) *of* abonnementskaart (vr)

seasonal seizoen-

seasonal adjustments seizoencorrecties (vr mv)

seasonal demand seizoenvraag (vr)

seasonal variations seizoenbewegingen (vr mv) *of* seizoenschommelingen (v mv)

seasonally adjusted figures seizoengecorrigeerde cijfers (o mv)

second (adj) tweede

second (v) *[member of staff]* tijdelijk overplaatsen *of* detacheren

second quarter tweede kwartaal (o)

second-class tweedeklas-

secondary industry secundaire sector (m)

secondhand tweedehands

seconds tweede kwaliteitsgoederen (o mv)

secret (adj) geheim

secret (n) geheim (o)

secretarial college secretaresse-opleiding (vr)

secretary secretaris (m) *of* secretaresse (vr)

secretary *[government minister]* minister (m)

secretary *[of company]* secretaris (m)

sector sector (m) *of* bedrijfstak (m) *of* branche (vr)

secure funds fondsen (o mv) bemachtigen/verwerven *of* zich verzekeren van fondsen (o mv)

secure investment veilige belegging (vr)

secure job vaste baan (vr)

secured creditor bevoorrechte schuldeiser/crediteur (m) *of* preferente schuldeiser/crediteur (m)

secured debts bevoorrechte vorderingen (vr mv)

secured loan gedekte lening (vr)

securities effecten (o mv) *of* waardepapieren (o mv)

security *[being safe]* veiligheid (vr) *of* beveiliging (vr)

security *[guarantee]* borg (m) *of* waarborg (m) *of* onderpand (o)

security guard beveiligingsbeambte (m) *of* bewakingsmedewerker (m)

security of employment arbeidszekerheid (vr)

security of tenure huurbescherming (vr)

see-safe koopovereenkomst (vr) met kredietregeling voor onverkochte goederen (o mv)

seize in beslag (o) nemen *of* beslag (o) leggen op

seizure beslaglegging (vr) *of* inbeslagneming (vr)

selection selectie (vr) *of* keuze (vr)

selection procedure selectieprocedure (vr)

self-employed zelfstandig

self-financing (adj) zelffinancierings-

self-financing (n) zelffinanciering (vr) *of* interne financiering

self-regulation zelfregeling (vr)

self-regulatory zelfregelend

sell verkopen

sell forward op termijn (m) verkopen

sell off opruimen *of* uitverkopen

sell out *[all stock]* uitverkocht raken *of* uitverkopen *of* alle voorraad verkopen

sell out *[sell one's business]* zaak (vr) verkopen *of* van de hand doen

sell-by date houdbaarheidsdatum (m)

seller verkoper (m) *of* hardloper (m)

seller's market aanbiedersmarkt (vr) *of* verkopersmarkt (vr)

selling (n) verkoop (m) *of* verkopen (o)

selling price verkoopprijs (m)

semi-finished products halffabrikaten (o mv) *of* halfproducten (o mv)

semi-skilled workers halfgeschoolde arbeiders (m mv)

send sturen *of* versturen *of* zenden *of* verzenden

send a package by airmail een pakket (o) per luchtpost (vr) verzenden

send a package by surface mail een pakket (o) per land- of zeepost (vr) verzenden

send a shipment by sea een vracht (vr) verschepen *of* een vracht (vr) over zee (vr) verzenden

send an invoice by post een factuur (vr) per post (vr) verzenden

sender afzender (m)

senior senior

senior manager *or* **senior executive** senior manager (m) *of* hogere kaderlid (o)

senior partner senior vennoot (m) *of* senior firmant (m)

separate (adj) afzonderlijk *of* gescheiden *of* apart

separate (v) scheiden

sequester *or* **sequestrate** sekwestreren

sequestration sekwestratie (vr)

sequestrator sekwester (m)

serial number serienummer (o) *of* volgnummer (o)

serve bedienen *of* betekenen

serve a customer een klant bedienen *of* helpen

service (n) *[business which helps]* dienstverlening (vr)

service (n) *[dealing with customers]* bediening (vr)

service (n) *[of machine]* onderhoudsbeurt (vr)

service (n) *[regular working]* dienst (m) *of* (bus, train, plane) verbinding (vr)

service (n) *[working for a company]* dienst (m)

service (v) *[a machine]* onderhouden

service a debt rente op een schuld (vr) betalen

service centre onderhoudsdienst (m) *of* servicecentrum (o)

service charge bediening (vr) *of* onderhoudskosten (m mv) *of [US]* bankkosten (m mv)

service department dienstverlenende afdeling (vr)

service manual onderhoudsboek (o)

set (adj) vast *of* vastgesteld

set (n) stel (o) set (m) *of* toestel (o) *of* verzameling (vr)

set (v) bepalen *of* stellen *of* vaststellen

set against tegenoverstellen

set price vaste prijs (m)

set targets doelstellingen (o mv) stellen *of* targets (m/vr mv) stellen

set up a company een onderneming (vr) oprichten

set up in business een zaak (vr) beginnen *of* opzetten

setback tegenslag (m) *of* terugval (m)

settle *[an invoice]* afrekenen *of* afdoen *of* betalen *of* verrekenen *of* voldoen

settle *[arrange things]* accorderen met *of* afspreken *of* bijleggen *of* regelen *of* schikken

settle a claim een schadeclaim (m) afhandelen *of* afwikkelen *of* uitbetalen

settle an account afrekenen *of* een rekening (vr) betalen *of* een rekening (vr) vereffenen

settlement *[agreement]* afhandeling *[claim]* (vr) *of* regeling (vr) *of* schikking (vr)

settlement *[payment]* betaling (vr) *of* afrekening (vr) *of* verrekening (vr)

setup *[company]* organisatie (vr)

setup *[organization]* inrichting (vr)

share (n) aandeel (o) *of* deel (o) *of* gedeelte (o)

share (n) *[in a company]* aandeel (o) *of* effect (o)

share (v) *[divide among]* verdelen

share (v) *[use with someone]* delen

share an office een kantoor (o) delen

share capital aandelenkapitaal (o)

share certificate aandeelbewijs (o) *of* certificaat van aandeel (o)

share issue aandelenuitgifte (vr) *of* aandelenemissie (vr)

shareholder aandeelhouder (m)

shareholding aandelenbezit (o) *of* deelneming (vr)

sharp practice oneerlijke praktijken (vr mv)

sheet of paper blad (papier) (o) *of* vel (o)

shelf plank (vr) *of* schap (o/vr)

shelf filler vakkenvuller (m/vr)

shelf life of a product houdbaarheid (vr) van een product (o)

shell company lege vennootschap (vr)

shelter schuilplaats (vr)

shelve uitstellen *of* opschorten

shelving *[postponing]* uitstellen (o)

shelving *[shelves]* planken (v mv) *of* rekken (o mv)

shift (n) *[change]* verandering (vr) *of* verschuiving (vr)

shift (n) *[team of workers]* ploeg (vr)

shift key hoofdlettertoets (m) *of* shifttoets (m)

shift work ploegendienst (m)

ship (n) schip (o) *of* vaartuig (o)

ship (v) verzenden *of* verschepen

ship broker scheepsmakelaar (m) *of* cargadoor (m)

shipment lading (vr) *of* expeditie (vr) *of* verzending (vr)

shipper verscheper (m) *of* bevrachter (m) *of* expediteur (m) *of* verzender (m)

shipping verscheping (vr) *of* verzending (vr)

shipping agent expediteur (m) *of* verschepingsagent (m)

shipping charges *or* **shipping costs** verschepingskosten (m mv) *of* verzendingskosten (m mv)

shipping clerk expeditiemedewerk(st)er (m/vr)

shipping company scheepvaartmaatschappij (vr) *of* rederij (vr)

shipping instructions verschepingsinstructies (vr mv) *of* verzendingsinstructies (vr mv)

shipping line scheepvaartlijn (vr) *of* scheepvaartmaatschappij (vr)

shipping note vrachtbrief (m) *of* verschepingsconnossement (o)

shop winkel (m)

shop around op koopjes (o mv) afgaan

shop assistant winkelbediende (m/vr) *of* verkoper (m) *of* verkoopster (vr)

shop window etalage (vr)

shop-soiled verlegen *of* verbleekt

shopkeeper winkelier (m)

shoplifter winkeldief (m) *of* winkeldievegge (vr)

shoplifting winkeldiefstal (m)

shopper koper (m) *of* klant (m)

shopping *[action]* winkelen (o) *of* boodschappen doen (o)

shopping *[goods bought]* boodschappen (vr mv) *of* inkopen (m m mv)

shopping arcade winkelgalerij (vr) *of* winkelpassage (vr)

shopping centre winkelcentrum (o)

shopping mall winkelpromenade (vr)

shopping precinct winkelpromenade (vr)

short credit kort krediet (o)

short of gebrek (o) aan *of* tekort (o) aan

short-dated bills zichtwissels (m mv)

short-term (adj) kortetermijn- *of* kortlopend *of* kort

short-term contract kortlopend contract (o)

short-term credit kort krediet (o)

short-term debts kortlopende schulden (m/vr mv)

short-term loan kortlopende lening (vr) *of* lening (vr) op korte termijn (m)

shortage tekort (o) *of* gebrek (o)

shortfall tekort (o)

shortlist (n) voordracht (m/vr) *of* selectielijst (vr)

shortlist (v) voordracht maken *of* selecteren

show (n) *[exhibition]* tentoonstelling (vr) *of* beurs (m/vr)

show (v) tonen *of* vertonen *of* sluiten met

show a profit sluiten met een winst (vr)

showcase vitrine (vr) *of* uitstelkast (m/vr)

showroom toonzaal (vr) *of* showroom (m)

shrink-wrapped krimpverpakt

shrink-wrapping krimpverpakking (vr)

shrinkage krimping (vr) *of* inkrimping (vr)

shut (adj) gesloten

shut (v) sluiten

side zijde (vr) *of* zijkant (m) *of* kant (m)

sideline bijbaantje (o) *of* bijverdienste (vr) *of* nevenactiviteit (vr)

sight zicht (o)

sight draft zichtwissel (m)

sign (n) teken (o) *of* uithangbord (o) *of* advertentiebord (o) *of* naambord (o)

sign (v) ondertekenen

sign a cheque een cheque (m) teken *of* ondertekenen

sign a contract een contract (o) ondertekenen

signatory ondertekenaar (m)

signature handtekening (vr)

simple interest enkelvoudige rente (m/vr)

single enkel *of* enkelvoudig *of* enkele reis (m/vr) *of* ongetrouwd *of* vrijgezel

Single European Market Europese Eenheidsmarkt (vr)

sister company zustermaatschappij (vr)

sister ship zusterschip (o)

sit-down protest sitdownstaking (vr) *of* bezettingsstaking (vr) *of* zitstaking (vr)

sit-down strike sitdownstaking (vr) *of* bezettingsstaking (vr) *of* zitstaking (vr)

site terrein (o) *of* locatie (vr)

site engineer bouwkundig ingenieur (m)

sitting tenant zittende huurder (m)

situated gesitueerd *of* gelegen

situation *[place]* ligging (vr) *of* locatie (vr)

situation *[state of affairs]* toestand (m) *of* situatie (vr)

situations vacant vacatures (vr mv)

size maat (vr) *of* afmeting (vr) *of* formaat (o) *of* grootte (vr)

skeleton staff minimale personeelsbezetting (vr)

skill vaardigheid (vr) *of* bekwaamheid (vr)

skilled bekwaam *of* geschoold *of* vakkundig

skilled labour geschoolde arbeidskrachten (vr mv)

slack slap *of* stil *of* flauw *of* mat

slash prices *or* **credit terms** prijzen (m mv) *of* kredietvoorwaarden (vr mv) drastisch verlagen

sleeping partner commanditaire vennoot (m) *of* stille vennoot (m)

slip (n) *[mistake]* fout (m/vr)

slip (n) *[piece of paper]* strookje (o)

slow traag *of* langzaam

slow down vertragen *of* verminderen *of* afnemen

slow payer trage betaler (m)

slowdown vertraging (vr) *of* afname (m/vr) *of* vermindering (vr)

slump (n) *[depression]* neergaande conjunctuur (vr) *of* depressie (vr)

slump (n) *[rapid fall]* krach (m) *of* ineenstorting (vr) *of* sterke daling (vr)

slump (v) snel dalen *of* instorten

slump in sales sterke daling (vr) van de verkoop (m)

small klein

small ads kleine advertenties (vr mv) *of* kleintjes (o mv)

small businesses kleine bedrijven (o mv)

small businessman kleine ondernemer (m)

small change kleingeld (o)

small-scale kleinschalig

small-scale enterprise kleinschalige onderneming (vr)

soar omhoogschieten

social sociaal *of* maatschappelijk

social costs maatschappelijke kosten (m mv)

social security sociale lasten (m mv) *of* sociale verzekeringen (vr)

society *[club]* vereniging (vr)

society *[general]* maatschappij (vr) *of* samenleving (vr)

socio-economic groups socio-economische groepen (vr mv)

soft currency zachte valuta (vr) *of* zwakke valuta (vr)

soft loan zachte lening (vr) *of* lening (vr) op gunstige voorwaarden (vr mv)

soft sell zachte verkoopmethode (vr)

software software (m) *of* programmatuur (vr)

sole enig *of* enkel *of* exclusief

sole agency alleenvertegenwoordiging (vr)

sole agent alleenvertegenwoordiger (m)

sole owner enig eigenaar (m) *of* eenmanszaak (m/vr)

sole trader eenmanszaak (m) *of* eenmansbedrijf (o)

solicit orders dingen naar bestellingen (vr mv) *of* verzoeken om orders (m/vr mv)

solicitor advocaat (m) *of* notaris (m) *of* rechtskundig adviseur (m)

solution oplossing (vr)

solve a problem een probleem (o) oplossen

solvency solventie (vr) *of* solvabiliteit (vr)

solvent (adj) solvent *of* solvabel

source of income bron (vr) van inkomsten (vr mv)

spare part reserveonderdeel (o)

spare time vrije tijd (m)

special speciaal *of* bijzonder

special drawing rights (SDR) bijzondere trekkingsrechten (o mv)

special offer speciale aanbieding (vr)

specialist specialist (m)

specialization specialisatie (vr) *of* specialisering (vr)

specialize zich specialiseren

specification specificatie (vr) *of* gedetailleerde opgave (vr)

specify specificeren *of* nader omschrijven

speech of thanks bedankingstoespraak (vr)

spend *[money]* uitgeven *of* besteden

spend *[time]* doorbrengen *of* besteden

spending money zakgeld (o)

spending power koopkracht (vr)

spinoff bijproduct (o) *of* nevenproduct (o)

spoil bederven *of* beschadigen *of* ruïneren

sponsor (n) sponsor (m) *of* geldschieter (m)

sponsor (v) sponsoren *of* financieel ondersteunen *of* borg staan

sponsorship sponsorschap (o)

spot *[place]* plaats (vr) *of* plek (vr)

spot cash directe contante betaling (vr)

spot price contante koers (m) *of* loco-prijs (m)

spot purchase contante aankoop (m)

spread a risk een risico (o) spreiden

spreadsheet *[computer]* rekenblad (o) *of* spreadsheet (m)

stability stabiliteit (vr)

stabilization stabilisatie (vr)

stabilize stabiliseren *of* zich stabiliseren

stable stabiel *of* standvastig

stable currency stabiele valuta (vr)

stable economy stabiele economie (vr)

stable exchange rate stabiele wisselkoers (m)

stable prices stabiele prijzen (m mv)

staff (n) staf (m) *of* personeel (o) *of* medewerkers (m/vr mv)

staff (v) bemannen *of* van personeel (o) voorzien *of* personeel (o) aannemen

staff appointment aanstelling (vr) tot
staflid (o)

staff meeting personeelsvergadering (vr)
of stafvergadering (vr)

stage (n) fase (vr) *of* stadium (o)

stage (v) *[organize]* organiseren *of*
houden in

stage a recovery zich herstellen *of* een
herstel (o) laten zien

staged payments gespreide betalingen
(vr mv) *of* gefaseerde betalingen (vr
mv)

stagger spreiden

stagnant stilstaand *of* stagnerend

stagnation stilstand (m) *of* stagnatie (vr)

stamp (n) *[device]* stempel (m)

stamp (n) *[post]* postzegel (m)

stamp (v) *[letter]* frankeren

stamp (v) *[mark]* afstempelen *of*
stempelen

stamp duty zegelrecht (o)

stand (n) *[at exhibition]* stand (m)

stand down zich terugtrekken

stand security for someone borg staan
voor iemand

stand surety for someone zich borg
stellen voor iemand

standard (adj) normaal *of* gebruikelijk
of standaard-

standard (n) standaard (m) *of* norm (vr)
of maatstaf (m) *of* peil (o)

standard letter standaardbrief (m) *of*
modelbrief (m)

standard rate (of tax)
basisbelastingtarief (o) *of* eerste
belastingschijf (m/vr)

standardization standaardisering (vr) *of*
normalisatie (vr)

standardize standaardiseren *of*
normaliseren

standby arrangements stand-by
regelingen (vr mv)

standby credit stand-by krediet (o)

standby ticket stand-by ticket (o)

standing reputatie (vr) *of* goede naam
(m)

standing order periodieke
betalingsopdracht (m/vr) *of*
doorlopende opdracht (m/vr) *of*
automatische periodieke overboeking
(vr)

staple (n) nietje (o)

staple (v) vastnieten *of* nieten

staple industry hoofdindustrie (vr) *of*
voornaamste industrie (vr)

staple papers together papieren (o mv)
aan elkaar nieten

staple product belangrijkste product (o)

stapler nietmachine (vr)

start (n) start (m) *of* begin (o) *of* aanvang
(m)

start (v) starten *of* beginnen *of*
aanvangen

start-up opstarten (o) *of* opzetten (o)

start-up costs aanloopkosten (m mv) *of*
inrichtingskosten (m mv)

starting (adj) beginnend *of* startend

starting date aanvangsdatum (m) *of*
begindatum (m)

starting point uitgangspunt (o)

starting salary beginsalaris (o) *of*
aanvangssalaris (o)

state (n) *[condition]* toestand (m) *of* staat
(m)

state (n) *[country]* land (o) *of* staat (m)

state (v) verklaren *of* vermelden

state-of-the-art stand van de techniek
(vr) *of* geavanceerd- *of* ultramodern

statement overzicht (o) *of* verklaring
(vr) *of* vermelding (vr)

statement of account rekeningafschrift
(o) *of* rekeningoverzicht (o)

statement of expenses
onkostenoverzicht (o)

station *[train]* station (o)

statistical statistisch

statistical analysis statistische analyse
(vr)

statistician statisticus (m)

statistics statistiek (vr) *of* statistieken (vr
mv)

status status (m) *of* rechtspositie (vr) *of*
(burgerlijke) staat (m)

status inquiry onderzoek (o) naar
kredietwaardigheid (vr) *of* solvabiliteit
(vr)

status symbol statussymbool (o)

statute of limitations verjaringswet
(m/vr)

statutory wettelijk voorgeschreven

statutory holiday officiële feestdag (m)
of wettelijke feestdag (m)

stay (n) *[time]* verblijf (o)

stay (v) blijven *of* verblijven *of* uitstellen

stay of execution uitstel (o) van executie
(vr)

steadiness vastheid (vr) *of* stabiliteit (vr)

sterling pond (o) sterling

stevedore stuwadoor (m)

stiff competition sterke concurrentie (vr)

stimulate the economy de economie (vr) stimuleren

stimulus stimulus (m) *of* prikkel (m)

stipulate bepalen *of* bedingen *of* vaststellen

stipulation bepaling (vr) *of* beding (o) *of* clausule (vr) *of* stipulatie (vr)

stock (adj) *[normal]* standaard- *of* normaal *of* gebruikelijk

stock (n) *[goods]* voorraad (m)

stock (v) *[goods]* opslaan *of* inslaan *of* in voorraad (m) hebben *of* bevoorraden

stock code voorraadcode (m)

stock control voorraadbeheer (o)

stock controller voorraadbeheerder (m)

stock exchange effectenbeurs (vr)

stock level voorraadniveau (o)

stock list voorraadlijst (m/vr)

stock market effectenbeurs (vr) *of* effectenmarkt (m/vr)

stock market valuation beurswaarde (vr)

stock movements voorraadverloop (m) *of* voorraadstroom (m)

stock of raw materials grondstoffenvoorraad (m)

stock size standaard maat (vr)

stock turnover omzetsnelheid (vr) *of* omloopsnelheid (vr) van voorraden (m mv)

stock up inslaan *of* voorraad aanleggen

stock valuation voorraadwaardering (vr) *of* voorraadtaxatie (vr)

stockbroker effectenmakelaar (m)

stockbroking effectenhandel (m)

stockist gespecialiseerde zaak (m/vr)

stocklist inventaris (m) *of* voorraadlijst (m/vr)

stockpile (n) voorraad (m)

stockpile (v) voorraden (m mv) aanleggen *of* inslaan

stockroom opslagruimte (vr) *of* magazijn (o)

stocktaking inventarisatie (vr) *of* voorraadopname (m/vr)

stocktaking sale balansopruiming (vr) *of* inventarisatieuitverkoop (m)

stop (n) einde (o) *of* blokkering (vr) *of* stoppen (o) *of* halte (vr)

stop (v) *[doing something]* ophouden *of* stoppen *of* neerleggen

stop a cheque een cheque (m) blokkeren

stop an account een rekening (vr) blokkeren

stop payments betalingen (vr mv) stopzetten *of* staken

stoppage *[act of stopping]* stopzetting (vr) *of* staking (vr) *of* stilstand (m)

stoppage of payments stopzetting (vr) *of* staking (vr) van betalingen (vr mv)

storage (n) *[computer]* geheugen (o) *of* opslag (m)

storage (n) *[cost]* opslagkosten (m mv)

storage (n) *[in warehouse]* opslag (m)

storage capacity opslagcapaciteit (vr)

storage facilities opslagfaciliteiten (vr mv)

storage unit opslageenheid (vr) *of* geheugeneenheid (vr)

store (n) *[items kept]* voorraad (m)

store (n) *[large shop]* warenhuis (o)

store (n) *[place where goods are kept]* opslagplaats (vr) *of* magazijn (o) *of* pakhuis (o)

store (v) *[keep for future]* inslaan *of* opslaan *of* bewaren

store (v) *[keep in warehouse]* opslaan (in een magazijn)

storeroom opslagruimte (vr) *of* magazijn (o)

storm damage stormschade (vr)

straight line depreciation lineaire afschrijving (vr)

strategic strategisch

strategic planning strategische planning (vr)

strategy strategie (vr)

street directory stadsplattegrond (m)

strike (n) staking (vr)

strike (v) staken

striker staker (m)

strong sterk *of* krachtig

strong pound sterke pond (o) sterling

structural structureel

structural adjustment structurele aanpassing (vr)

structural unemployment structurele werkloosheid (vr)

structure (n) structuur (vr) *of* samenstelling (vr)

structure (v) *[arrange]* organiseren *of* structureren

study (n) studie (vr) *of* onderzoek (o)

study (v) bestuderen *of* onderzoeken

sub judice sub judice

subcontract (n)
onderaannemingscontract (o)

subcontract (v)
onderaannemingscontract (o) sluiten

subcontractor onderaannemer (m)

subject to afhankelijk van *of*
onderworpen aan

sublease (n) onderhuur (m/vr) *of*
onderhuurovereenkomst (vr)

sublease (v) onderhuren

sublessee onderhuurder (m)

sublessor onderverhuurder (m)

sublet onderverhuren

subsidiary (adj) ondergeschikt *of*
bijkomstig *of* subsidiair

subsidiary (n) dochtermaatschappij (vr)
of dochteronderneming (vr)

subsidiary company
dochtermaatschappij (vr) *of*
dochteronderneming (vr)

subsidize subsidiëren

subsidy subsidie (vr)

subtotal subtotaal (o)

subvention subsidie (vr)

succeed *[do as planned]* slagen

succeed *[do well]* succes (o) hebben

succeed *[follow someone]* opvolgen

success succes (o)

successful succesvol

successful bidder succesvol bieder (m)

sue vervolgen *of* in rechte aanspreken

suffer damage schade (vr) lijden

sufficient voldoende

sum *[of money]* som (vr) *of* bedrag (o)

sum *[total]* som (vr) *of* totaal (o)

summons gerechtelijke aanmaning (vr)
of dagvaarding (vr) *of* oproep (m)

sundries diversen (mv)

sundry items diversen (mv) *of* diverse
artikelen (o mv)

superior (adj) *[better quality]* superieur
of beter

superior (n) *[person]* chef (m) *of*
meerdere (m/vr) *of* superieur (m/vr)

supermarket supermarkt (vr)

superstore hypermarkt (vr)

supervise toezicht (o) houden *of* toezien
of superviseren

supervision supervisie (vr) *of* toezicht
(o)

supervisor supervisor (m) *of* opzichter
(m) *of* chef (m)

supervisory toeziend *of* toezicht
houdend

supplement supplement (o) *of*
aanvulling (vr) *of* suppletie (vr)

supplementary supplementair *of*
aanvullend

supplier leverancier (m) *of*
toeleverancier (m)

supply (n) *[action]* bevoorrading (vr) *of*
levering (vr)

supply (n) *[stock of goods]* voorraad (m)

supply (v) bevoorraden *of* leveren

supply and demand vraag (vr) en
aanbod (o)

supply price aanbiedingsprijs (m)

supply side economics aanbodeconomie
(vr)

support price steunprijs (m)

surcharge toeslag (m) *of* extra
invoerbelasting (vr)

surety (n) *[person]* borg (m)

surety (n) *[security]* borg (m) *of*
borgstelling (vr)

surface mail land- of zeepost (vr)

surface transport weg- en
watertransport (o)

surplus overschot (o) *of* surplus (o)

surrender (n) *[insurance]* afkoop (m)

surrender a policy een polis (vr)
afkopen

surrender value afkoopwaarde (vr)

survey (n) *[examination]* onderzoek (o)
of inspectie (vr)

survey (n) *[general report]* overzicht (o)

survey (v) *[inspect]* onderzoeken *of*
inspecteren

surveyor bouwdeskundige (m) *of*
bouwinspecteur (m)

suspend schorsen *of* opschorten *of* staken

suspension schorsing (vr) *of* opschorting
(vr) *of* uitstel (o) *of* staking (vr)

suspension of deliveries opschorting
(vr) van leveringen (vr mv)

suspension of payments staking (vr)
van betalingen (vr mv) *of* surseance
van betaling (vr)

swap (n) ruil (m)

swap (v) inruilen *of* ruilen

swatch monster (o) *of* staal (o)

switch (v) *[change]* verplaatsen *of* omzetten *of* verwisselen

switch over to overschakelen op

switchboard schakelbord (o) *of* telefooncentrale (m/vr)

swop (= swap) inruilen *of* ruilen

sympathy strike solidariteitsstaking (vr)

synergy synergie (vr)

system systeem (o) *of* stelsel (o)

systems analysis systeemanalyse (vr)

systems analyst systeemanalist (m)

Tt

tabulate tabellariseren

tabulation tabulatie (vr)

tabulator tabulator (m)

tachograph tachograaf (m)

tacit approval stilzwijgende instemming (vr)

take (n) *[money received]* ontvangsten (vr mv)

take (v) *[need]* vergen *of* vereisen *of* in beslag nemen

take (v) *[receive money]* ontvangen *of* verdienen

take a call een telefoongesprek (o) beantwoorden

take a risk een risico (o) nemen

take action actie ondernemen *of* stappen doen *of* handelen optreden

take legal action een geding (o) aanspannen *of* gerechtelijke actie (vr) ondernemen

take legal advice juridisch advies (o) inwinnen

take note kennisnemen van

take off *[deduct]* aftrekken

take off *[plane]* opstijgen

take off *[rise fast]* snel stijgen *of* oplopen

take on freight vracht (vr) aan boord (m) nemen

take on more staff meer personeel (o) in dienst (m) nemen

take out a policy een polis (vr) afsluiten

take over *[from someone else]* overnemen (van iemand anders)

take place plaatsvinden

take someone to court iemand voor de rechter (m) brengen

take stock inventaris opmaken *of* balans opmaken *of* beoordelen

take the initiative het initiatief (o) nemen

take the soft option de gemakkelijke oplossing (vr) kiezen *of* de weg van de minste weerstand (m) nemen

take time off work een paar dagen van werk (o) vrij nemen

take up an option een optie (vr) nemen (vr) *of* een optie (vr) uitoefenen

takeover overname (vr)

takeover bid overnamebod (o)

takeover target overnameobject (o) *of* overnamedoel (o)

takings ontvangsten (vr mv)

tangible concreet *of* tastbaar *of* voelbaar

tangible assets materiële activa (mv)

tanker tanker (m)

tare tarra (vr)

target (n) doel (o) *of* doelwit (o) *of* target (m/vr)

target (v) mikken op *of* richten op *of* streven naar

target market doelmarkt (vr)

tariff *[price]* tarief (o)

tariff barriers tariefmuren (m mv)

tax (n) belasting (vr)

tax (v) belasten *of* belasting (vr) heffen

tax adjustments belastingaanpassingen (vr mv)

tax allowance aftrekpost (m) *of* belastingaftrek (m) *of* belastingvrije voet

tax assessment belastingaanslag (m)

tax avoidance belastingontwijking (vr)

tax code *[UK]* belastingaftrekcode (vr)

tax collection belastinginning (vr)

tax collector belastingontvanger (m)

tax concession belastingconcessie (vr) *of* belastingverlichting (vr) *of* belastingvoordeel (o)

tax consultant belastingadviseur (m) *of* belastingconsulent (m)

tax credit belastingaftrek (m) *of* investeringsaftrek (m)

tax deducted at source belastingheffing (vr) bij de bron (vr)

tax deductions *[taken from salary to pay tax]* belastinginhoudingen (vr mv)

tax evasion belastingontduiking (vr)

tax exemption belastingvrijstelling (vr)

tax form belastingformulier (o)

tax haven belastingparadijs (o)

tax inspector belastinginspecteur (m)

tax loophole maas (m/vr) in de belastingwetgeving (vr)

tax offence fiscaal delict (o)

tax paid belasting (vr) betaald

tax rate belastingtarief (o)

tax reductions belastingverminderingen (vr mv) *of* belastingverlagingen (vr mv)

tax relief belastingverlichting (vr)

tax return *of* **tax declaration** belastingaangifte (vr)

tax shelter fiscaal toevluchtoord (o) *of* belastingschuilplaats (m/vr)

tax system belastingstelsel (o)

tax year belastingjaar (o)

tax-deductible aftrekbaar van de belastingen (vr mv)

tax-exempt belastingvrij

tax-free belastingvrij

taxable belastbaar

taxable income belastbaar inkomen (o)

taxation belasting (vr) *of* belastingheffing (vr)

taxpayer belastingbetaler (m)

telephone (n) telefoon (m) *of* telefoontoestel (o)

telephone (v) telefoneren *of* opbellen

telephone book *of* **telephone directory** telefoongids (m)

telephone call telefoongesprek (o) *of* telefoontje (o)

telephone directory telefoongids (m)

telephone exchange telefooncentrale (vr)

telephone line telefoonlijn (vr)

telephone number telefoonnummer (o)

telephone subscriber telefoonabonnee (m)

telephone switchboard telefoonschakelbord (o) *of* telefooncentrale (vr)

telephonist telefonist (m) *of* telefoniste (vr)

telesales televerkoop (m)

telex (n) telex (m) *of* telexbericht (o) *of* telexapparaat (o)

telex (v) telexen

teller kassier (m/vr) *of* loketbeambte (m)

temp (n) uitzendkracht (vr) *of* tijdelijke werkkracht (vr)

temp (v) uitzendwerk (o) doen

temp agency uitzendbureau (o)

temporary employment tijdelijk werk (o)

temporary staff tijdelijk personeel (o)

tenancy *[agreement]* huurcontract (o)

tenancy *[period]* huurtermijn (m)

tenant huurder (m)

tender (n) *[offer to work]* aanbesteding (vr)

tender for a contract inschrijven op een aanbesteding (vr)

tenderer inschrijver (m)

tendering inschrijving (vr)

tenure *[right]* eigendomsrecht (m) *of* ambtsbekleding (vr)

tenure *[time]* ambtstermijn (vr)

term *[part of academic year]* onderwijsperiode (vr) *of* trimester (o) *of* semester (o)

term *[time of validity]* termijn (m) *of* looptijd (m)

term insurance overlijdingsrisicoverzekering (vr)

term loan vaste lening (vr)

terminal (adj) *[at the end]* terminaal *of* eind-

terminal (n) *[airport]* luchthavengebouw (o)

terminal bonus uitgekeerde premie (vr) naar afloop verzekering (vr)

terminate eindigen *of* beëindigen *of* aflopen

terminate an agreement een overeenkomst (vr) beëindigen *of* een contract (o) opzeggen

termination eindiging (vr) *of* beëindiging (vr) *of* opzegging (vr)

termination clause opzeggingsclausule (m/vr)

terms voorwaarden (vr mv) *of* condities (vr mv)

terms of employment arbeidsvoorwaarden (vr mv)

terms of payment betalingsvoorwaarden (vr mv)

terms of reference bevoegdheden (vr mv)

terms of sale verkoopsvoorwaarden (vr mv)

territory *[of salesman]* verkoopgebied (o) *of* werkterrein (o)

tertiary industry dienstverlenende industrie (vr)

tertiary sector tertiaire sector (m) *of* dienstverlenende sector (m)

test (n) test (m) *of* toetsing (vr) *of* onderzoek (o) *of* proef (vr)

test (v) testen *of* onderzoeken *of* toetsen

theft diefstal (m)

third party derde (m)

third quarter derde kwartaal (o)

third-party insurance wettelijke aansprakelijkheidsverzekering (vr)

threshold drempel (m)

threshold agreement loonindexeringsakkoord (o)

threshold price drempelprijs (m)

throughput doorlooptijd (m)

tie-up *[link]* band (o) *of* relatie (vr) *of* connectie (vr)

tight money schaarste aan geld (o) *of* krap geld (o)

tighten up on verscherpen *of* scherper controleren

till geldlade (vr) van kassa (m)

time and motion study arbeidsanalyse (vr)

time deposit termijndeposito (o)

time limit tijdslimiet (vr)

time limitation tijdsbeperking (vr)

time rate tijdtarief (o) *of* tijdloon (o)

time scale tijdschaal (vr)

time: on time op tijd *of* precies op tijd

timetable (n) *[appointments]* tijdschema (o) *of* agenda (vr)

timetable (n) *[trains of etc.]* dienstregeling (vr)

timetable (v) een tijdschema (o) opstellen

timing timing (vr)

tip (n) *[advice]* tip (m) *of* raad (m)

tip (n) *[money]* fooi (vr) *of* tip (m)

tip (v) *[give money]* fooi (vr) geven

tip (v) *[say what might happen]* tippen *of* tip geven

TIR (= Transports Internationaux Routiers) T.I.R.

token teken (o) *of* tekenmunt (m/vr) *of* symbool (o)

token charge symbolische bijdrage (vr)

token payment symbolische betaling (vr)

toll tol (m) *of* tolgeld (o)

toll free (US) gratis bellen

toll free number (US) gratis telefoonnummer (o)

ton ton (vr)

tonnage tonnage (vr)

tonne ton (vr)

tool up uitrusten *of* machines installeren

top (adj) bovenste *of* hoogste *of* top-

top (n) *[highest point]* top (m) *of* piek (vr) *of* spits (vr)

top (n) *[upper surface]* bovenkant (m)

top (v) *[go higher than]* overtreffen *of* overstijgen

top management topmanagement (m) *of* topleiding (vr) *of* hoger kader (o)

top quality top kwaliteit (vr) *of* hoogstaande kwaliteit (vr)

top-selling bestverkopend

total (adj) totaal *of* gezamenlijk *of* volledig

total (n) totaal (o) *of* eindbedrag (o)

total (v) bedragen *of* optellen

total amount totaal bedrag (o) *of* eindbedrag (o)

total assets totaal activa (mv) *of* totale bedrijfsactiva (mv) *of* totaal van de activa (mv)

total cost totaalkosten (m mv) *of* totale kosten (m mv) *of* totaal van de kosten (m mv)

total expenditure totale uitgave (vr)

total income totale inkomen (o)

total invoice value totale factuurwaarde (vr)

total output totale productie (vr)

total revenue totale opbrengst (vr)

track record loopbaan (m/vr) *of* lijst (m/vr) van geleverde prestaties (vr mv)

trade (n) *[business]* handel (m) *of* vak (o)

trade (v) handel drijven *of* handelen

trade agreement handelsakkoord (o) *of* handelsovereenkomst (vr)

trade association beroepsorganisatie (vr) *of* vakorganisatie (vr)

trade cycle conjunctuur (vr) *of* conjunctuurcyclus (m)

trade deficit *or* **trade gap** handelstekort (o) *of* tekort (o) op de handelsbalans (vr)

trade description beschrijving van goederen *of* handelsconformiteit (vr)

trade directory bedrijvengids (m) *of* handelsgids (m)

trade discount handelskorting (vr)

trade fair vakbeurs (vr) *of* handelsbeurs (vr)

trade in *[buy and sell]* handelen in *of* handeldrijven in *of* verhandelen

trade in *[give in old item for new]* inruilen

trade journal vakblad (o)

trade magazine vakblad (o)

trade mission handelsmissie (vr)

trade price groothandelsprijs (m)

trade terms ruilvoet (m) *of* handelskorting (vr)

trade union vakbond (m)

trade unionist vakbondslid (m)

trade-in *[old item in exchange]* inruilobject (o) *of* inruil (m)

trade-in price inruilprijs (m)

trademark *of* **trade name** handelsmerk (o) *of* handelsnaam (m)

trader handelaar (m)

trading handel (m) *of* handelsverkeer (o)

trading company handelsmaatschappij (vr)

trading loss bedrijfsverlies (o)

trading partner handelspartner (m)

trading profit bedrijfswinst (vr)

train (n) trein (m)

train (v) *[learn]* een opleiding (vr) volgen *of* een training volgen

train (v) *[teach]* opleiden

trainee stagiair (m) *of* stagiaire (vr)

traineeship stage (vr) *of* stageplaats (m/vr)

training training (vr) *of* opleiding (vr) *of* scholing (vr)

training levy opleidingsbelasting (vr) *of* scholingsbijdrage (m/vr)

training officer opleidingsfunctionaris (m/vr)

transact business zaken doen

transaction transactie (vr)

transfer (n) *[people/company]* overplaatsing (vr) *of* overstap (m) *of* verplaatsing (vr) *of [money]* overschrijving (vr) *of* overdracht (vr) *of* overboeking (vr) *of* overmaking (vr)

transfer (v) *[move to new place]* overplaatsen *of* verplaatsen

transfer of funds overdracht (vr) *of* overboeking (vr) *of* overmaking (vr) *of* overschrijving van fondsen (o mv)

transferable overdraagbaar *of* verhandelbaar *of* verplaatsbaar

transferred charge call collect-gesprek (o)

transit transit (m) *of* doorvoer (m) *of* doorgang (m)

transit lounge transithal (vr) *of* wachtruimte (vr)

transit visa doorreisvisum (o)

translate vertalen

translation vertaling (vr)

translation bureau vertaalbureau (o)

translator vertaler (m) *of* vertaalster (vr)

transport (n) transport (o) *of* transportmiddel (o) *of* vervoer (o)

transport (v) transporteren *of* vervoeren

transport facilities transportfaciliteiten (vr mv)

treasury schatkist (vr)

treble (v) verdrievoudigen

trend trend (m) *of* tendens (vr)

trial *[court case]* rechtszaak (vr) *of* proces (o)

trial *[test of product]* proef (vr) *of* proefneming (vr) *of* beproeving (vr)

trial and error pogen en falen *of* vallen en opstaan

trial balance proefbalans (vr)

trial period proefperiode (vr) *of* proeftijd (m)

trial sample proefmonster (o) *of* teststaal (o)

triple (adj) drievoudig

triple (v) verdrievoudigen

triplicate: in triplicate in drievoud (o)

troubleshooter probleemoplosser (m)

truck *[lorry]* vrachtwagen (m)

truck *[railway wagon]* goederenwagon (m)

trucker vrachtwagenchauffeur (m)

trucking vrachtwagentransport (o)

true copy gelijkluidend afschrift (o)

trust company trustmaatschappij (vr)

turn down afslaan *of* afwijzen *of* weigeren

turn over (v) *[make sales]* omzet (m) draaien *of* hebben *of* maken

turnkey operation kant-en-klaar transactie (vr) *of* turnkey transactie (vr)

turnkey operator kant-en-klaar ondernemer (m) *of* turnkeybedrijf (o)

turnover *[of staff]* verloop (o)

turnover *[of stock]* voorraadomzetsnelheid (vr)

turnover *[sales]* omzet (m) *of* omzetsnelheid (vr)

turnover tax omzetbelasting (vr)

turnround *[goods sold]* omloopsnelheid (vr)

turnround *[making profitable]* weer winstgevend maken *of* winstherstel (o) *of* omslag (m) *of* kentering (vr)

turnround *[of plane]* grondtijd (m)

Uu

unaccounted for onverklaard *of* onverantwoord

unaudited ongecontroleerd

unaudited accounts ongecontroleerde rekeningen (vr mv)

unauthorized expenditure niet gemachtigde uitgaven (m/vr mv) *of* niet geautoriseerde uitgaven (m/vr mv)

unavailability onbeschikbaarheid (vr)

unavailable onbeschikbaar *of* niet beschikbaar

unchanged onveranderd *of* ongewijzigd

unchecked figures ongecontroleerde cijfers (o mv)

unclaimed baggage onafgehaalde bagage (vr) *of* niet afgehaalde bagage (vr)

unconditional onvoorwaardelijk *of* zonder voorbehoud (o)

unconfirmed onbevestigd

undated ongedateerd *of* zonder datum (m)

undelivered onbesteld *of* niet afgeleverd

under *[according to]* onder *of* volgens *of* krachtens

under *[less than]* onder *of* minder dan

under construction in aanbouw (m)

under contract onder contract (o)

under control onder controle (vr)

under new management onder een nieuwe leiding (vr) *of* onder nieuw management (o)

undercharge te weinig berekenen

undercut a rival een concurrent (m) onderbieden

underdeveloped countries onderontwikkelde landen (o mv) *of* ontwikkelingslanden (o mv)

underequipped onvoldoende uitgerust

underpaid onderbetaald

undersell tegen een lagere prijs (m) verkopen *of* onder de prijs (m) verkopen

undersigned ondergetekende (m/vr)

underspend *[budget]* onderschrijden

understand begrijpen *of* verstaan

understanding afspraak (vr) *of* begrip (o) *of* overeenkomst (vr) *of* verstandhouding (vr)

undertake ondernemen *of* op zich nemen *of* zich verplichten

undertaking *[company]* onderneming (vr)

undertaking *[promise]* belofte (vr) *of* verbintenis (vr) *of* toezegging (vr)

underwrite *[guarantee]* verzekeren *of* assureren *of* syndiceren

underwrite *[pay costs]* zich garant stellen voor *of* (financieel) steunen

underwriting syndicate emissiesyndicaat (o) *of* consortium (o) *of* garantiesyndicaat (o)

undischarged bankrupt niet gerehabiliteerd failliet (o)

uneconomic rent onrendabele huur (vr)

unemployed werkloos

unemployment werkloosheid (vr)

unemployment pay werkloosheidsuitkering (vr)

unfair oneerlijk *of* onrechtvaardig

unfair competition oneerlijke concurrentie (vr)

unfair dismissal onrechtvaardig ontslag (o)

unfavourable ongunstig

unfavourable exchange rate ongunstige wisselkoers (m)

unfulfilled order niet uitgevoerde order (m/vr/o) *of* onbehandelde order (m/vr/o)

unilateral unilateraal *of* eenzijdig

union unie (vr) *of* verbond (o) *of* vakbond (m) *of* vereniging (vr)

union recognition officiële erkenning (vr) van een vakbond (m) in een bedrijf (o)

unique selling point *or* **proposition (USP)** unieke pluspunt (m) *of* uniek verkoopargument (o)

unit *[in unit trust]* participatie-bewijs (o) *of* aandeel (o)

unit *[item]* eenheid (vr)

unit cost kostprijs (m) per eenheid (vr) *of* eenheidskostprijs (m)

unit price prijs (m) per eenheid (vr) *of* eenheidsprijs (m)

unit trust beleggingsfonds (o) met veranderlijk kapitaal (o)

unlimited liability onbeperkte aansprakelijkheid (vr)

unload *[get rid of]* afstoten *of* zich ontdoen van *of* dumpen

unload *[goods]* lossen *of* uitladen

unobtainable onverkrijgbaar

unofficial onofficieel

unpaid onbetaald

unpaid invoices onbetaalde facturen (vr mv) *of* openstaande facturen (vr mv)

unsealed envelope open envelop (m/vr)

unsecured creditor concurrente crediteur (m) *of* onbevoorrechte crediteur (m)

unskilled ongeschoold

unsold onverkocht

unsubsidized ongesubsidieerd

unsuccessful niet succesvol *of* niet geslaagd

up front vooraf *of* vooruit *of* bij voorbaat

up to tot en met *of* tot aan

up to date *[complete]* bijgewerkt

up to date *[modern]* modern *of* hedendaags

up-market exclusief *of* duurdere prijsklasse (vr) *of* betere kwaliteit (vr)

update (n) updating (m/vr) *of* meest recente versie (vr)

update (v) bijwerken *of* up-to-date maken

upset price inzetprijs (m) *of* laagste prijs (m)

upturn opleving (vr) *of* om hoog draaien *of* ommekeer

upward trend opwaartse tendens (m/vr) *of* trend (m)

urgent dringend *of* urgent

use (n) gebruik (o) *of* verbruik (o) *of* nut (o)

use (v) gebruiken *of* gebruik maken van

use up spare capacity onbenutte capaciteit (vr) opgebruiken

useful bruikbaar *of* nuttig

user gebruiker (m) *of* verbruiker (m)

user-friendly gebruikersvriendelijk

USP (= unique selling proposition) uniek verkoopargument (o)

usual gebruikelijk *of* gewoon

utilization gebruik (o) *of* benutting (vr)

Vv

vacancy *[for job]* vacature (vr)

vacant vacant *of* leeg *of* onbezet

vacate vacant maken *of* ontruimen

valid geldig *of* wettig *of* deugdelijk

validity geldigheid (vr)

valuation taxatie (vr) *of* schatting (vr) *of* waardering (vr) *of* waardebepaling (vr)

value (n) waarde (vr)

value (v) taxeren *of* waarderen *of* schatten

value added tax (VAT) belasting (vr) over de toegevoegde waarde (vr) (B.T.W.)

valuer taxateur (m) *of* schatter (m)

van bestelwagen (m)

variable costs variabele kosten (m mv)

variance afwijking (vr) *of* verschil (o) *of* variantie (vr)

variation variatie (vr) *of* verandering (vr) *of* verscheidenheid (vr)

VAT (= value added tax) B.T.W. (= belasting (vr) over de toegevoegde waarde (vr))

VAT declaration B.T.W. aangifte (vr)

VAT inspector B.T.W. inspecteur (m)

VAT invoice factuur (vr) met B.T.W.

vehicle voertuig (o) *of* vervoermiddel (o)

vendor verkoper (m) *of* verkoopster (vr)

venture (n) *[business]* (gewaagde) onderneming (vr)

venture (v) *[risk]* riskeren *of* speculeren

venture capital risicokapitaal (o)

venue plaats (vr)

verbal mondeling *of* verbaal

verbal agreement mondelinge overeenkomst (vr)

verification verificatie (vr) *of* controle (vr)

verify verifiëren *of* checken *of* controleren

vertical communication verticale communicatie (vr)

vertical integration verticale integratie (vr)

vested interest gevestigd belang (o)

veto a decision veto (o) uitspreken over een beslissing (vr)

via via *of* door

viable levensvatbaar *of* uitvoerbaar

VIP lounge vip-ruimte (vr)

visa visum (o)

visible imports *[goods]* zichtbare invoer (m)

visible trade zichtbare handel (m)

void (adj) *[not valid]* ongeldig *of* nietig

void (v) ongeldig maken *of* nietig verklaren

volume volume (o) *of* hoeveelheid (vr) *of* omvang (m)

volume discount kwantumkorting (vr)

volume of sales verkoopvolume (o) omzetvolume (o)

volume of trade *or* **volume of business** handelsvolume (o) *of* zakenomvang (m)

voluntary liquidation vrijwillige liquidatie (vr)

voluntary redundancy vrijwillig ontslag (o)

vote of thanks dankbetuiging (vr)

voucher *[document from an auditor]* bewijsstuk (o) *of* boekingsstuk (o)

voucher *[paper given instead of money]* bon (m)

Ww

wage loon (o) *of* salaris (o)

wage claim looneis (m)

wage freeze loonstop (m)

wage levels loonpeil (o) *of* loonniveau (o) *of* loonhoogte (vr)

wage negotiations loononderhandelingen (vr mv)

wage scale loonschaal (vr)

waive afstand doen van *of* afzien van *of* kwijtschelden

waive a payment afstand doen van een betaling (vr)

waiver *[of right]* afstandsverklaring (vr)

waiver clause afstandsclausule (vr)

warehouse (n) magazijn (o) *of* pakhuis (o)

warehouse (v) opslaan in magazijn

warehouseman magazijnmedewerker (m)

warehousing opslag (m)

warrant (n) *[document]* machtiging (vr) *of* bevelschrift (o) *of* opslagbewijs (o) *of* warrant (m) *of* waarborg (m) *of* garantiebewijs (o)

warrant (v) *[guarantee]* garanderen *of* waarborgen *of* zich garant stellen

warrant (v) *[justify]* rechtvaardigen

warranty (n) garantie (vr) *of* garantiebewijs (o)

wastage verspilling (vr) *of* verloop (o) *of* verlies (o)

waste (n) afval (o/m) *of* *[capital]* verspilling (vr)

waste (v) *[use too much]* verspillen *of* *[money]* verkwisten

waybill vrachtbrief (m)

weak market zwakke markt (vr)

wear and tear slijtage (vr)

week week (vr)

weekly wekelijks

weigh wegen

weighbridge weegbrug (vr)

weight gewicht (o)

weight limit gewichtslimiet (vr)

weighted average gewogen gemiddelde (o)

weighted index gewogen index (m)

weighting standplaatstoelage (vr)

well-paid job goedbetaald werk (o)

wharf kade (vr)

white knight ridder (m) op het witte paard (o) *of* redder (m) in de nood (m)

whole-life insurance overlijdingsrisicoverzekering (vr)

wholesale (adv) in het groot *of* op grote schaal (vr) *of* groothandel-

wholesale dealer groothandelaar (m)

wholesale discount groothandelskorting (vr)

wholesale price index groothandelsindex (m)

wholesaler groothandelaar (m)

wildcat strike wilde staking (vr)

win a contract een contract (o) binnenhalen

wind up *[a company]* liquideren *of* opheffen

wind up *[a meeting]* beëindigen *of* afronden *of* afsluiten

winding up liquidatie (vr)

window raam (o) *of* venster (o)

window display etalage (vr)

withdraw *[an offer]* terugtrekken *of* intrekken

withdraw *[money]* opnemen *of* disponeren

withdraw a takeover bid een overnamebod (o) intrekken

withdrawal *[of money]* opname (vr) *of* dispositie (vr)

withholding tax inhoudingsbelasting (vr) *of* bronbelasting (vr)

witness (n) getuige (m/vr)

witness (v) *[a document]* als getuige (m/vr) ondertekenen

witness an agreement een overeenkomst (vr) medeondertekenen

word-processing tekstverwerking (vr)

wording tekst (m) *of* formulering (vr) *of* bewoording (vr)

work (n) werk (o) *of* arbeid (m) *of* bezigheid (vr)

work (v) werken *of* functioneren

work in progress werk (o) in uitvoering (vr)

work permit werkvergunning (vr)

work-to-rule stiptheidsactie (vr)

worker arbeider (m) *of* arbeidskracht (m/vr) *of* werk(st)er (m/vr) *of* medewerk(st)er (m/vr)

worker director werker-directeur (m) *of* directie-werknemer (m)

workforce personeel (o) *of* personeelsbestand (o)

working (adj) werkend *of* werk-

working capital werkkapitaal (o) *of* bedrijfskapitaal (o)

working conditions arbeidsomstandigheden (vr mv)

working party werkgroep (m/vr) *of* enquêtecommissie (vr) *of* onderzoekscommissie (vr)

workshop werkplaats (vr) *of* atelier (o)

workstation *[at computer]* werkplek (vr)

world wereld (vr)

world market wereldmarkt (vr)

worldwide (adj) wereldwijd- *of* mondiaal

worldwide (adv) wereldwijd *of* mondiaal

worth (n) *[value]* waarde (vr)

worth (v) *[be worth]* waard zijn

worthless waardeloos

wrap (up) inpakken *of* verpakken

wrapper verpakking (vr) *of* wikkel (m)

wrapping verpakkingsmateriaal (o)

wrapping paper inpakpapier (o)

wreck (n) *[company]* bankroet bedrijf (o)

wreck (n) *[ship]* wrak (o) *of* schipbreuk (vr)

wreck (v) *[ruin]* te gronden gaan *of* verwoesten *of* ruïneren

writ dagvaarding (vr)

write schrijven

write down *[assets]* afschrijven *of* afboeken *of* afwaarderen

write off *[debt]* afschrijven *of* afboeken

write out uitschrijven *of* opstellen

write out a cheque een cheque (m) uitschrijven

write-off *[loss]* afschrijving (vr) *of* afboeking (vr)

writedown *[of asset]* afschrijving (vr) *of* afboeking (vr) *of* waardevermindering (vr)

writing schrift (o) *of* schrijven (o)

written agreement schriftelijke overeenkomst (vr) *of* contract (o)

wrong verkeerd *of* fout *of* onjuist

wrongful dismissal onrechtmatig ontslag (o)

Yy

year jaar (o)

year end eindejaar *of* ultimo *of* einde (o) van het jaar (o)

yearly payment jaarlijkse betaling (vr)

yellow pages gouden gids (m)

yield (n) *[on investment]* rendement (o) *of* opbrengst (vr)

yield (v) *[interest]* opbrengen *of* opleveren

Zz

zero nul (vr)

zero-rated nultarief (o) belast

zip code (US) postcode (m)

Dutch-English
Nederlands-Engels

Aa

aanbesteding tender *or* bid

aanbesteed werk (o) contract work

aanbetalen pay money down

aanbetaling (vr) **doen** pay money down

aanbetaling (vr) **verbeuren** forfeit a deposit

aanbetaling (vr) deposit *or* down payment *[paid in advance]*

aanbevelen recommend *[say something is good]*

aanbeveling (vr) recommendation

aanbevelingsbrief (m) letter of reference

aanbieden *[geven]* present

aanbieden *[te koop]* offer (to sell)

aanbiedersmarkt (vr) seller's market

aanbieding (vr) *[geven]* presentation *[showing a document]*

aanbieding (vr) *[te koop]* offer (n)

aanbiedingsprijs (m) supply price

aanbod (o) *[het aangebodene]* offer (n) *or* bid (n)

aanbod (o) *[op markt]* supply

aanbod (o) **bij contante betaling** (vr) cash offer

aanbodeconomie (vr) supply side economics

aanbouw (m): **in aanbouw** under construction

aandacht (vr) attention

aandacht schenken aan attend to

aandeel (o) *[belang]* interest (n)

aandeel (o) *[deel]* share *or* proportion

aandeel (o) *[vennootschap]* share (n) *or* stock (n)

aandeelbewijs (o) share certificate

aandeelhouder (m) shareholder

aandeelhoudersregister (o) register of shareholders

aandelen (o mv) **waar weinig vraag naar is** neglected shares

aandelenbezit (o) shareholding

aandelenemissie (vr) share issue

aandelenkapitaal (o) share capital

aandelenuitgifte (vr) share issue

aandrijving (vr) drive (n) *[part of machine]*

aandringen op hold out for

aangaan *[beginnen]* enter into *[e.g. a discussion]*

aangaan *[betrekking hebben op]* concern (v)

aangeboden prijs (m) offer price

aangegeven waarde (vr) declared value

aangegeven declared (adj)

aangegroeide rente (vr) accrued interest

aangenomen werk (o) contract work

aangesloten affiliated (adj)

aangetekend registered (adj)

aangetekende brief (m) registered letter

aangetekende zending (vr) recorded delivery

aangifte (vr) *[belasting]* return (n)

aangifte (vr) *[douane]* declaration

aangifte (vr) *[in register]* entry

aangifte (vr) **inkomstenbelasting** (o) declaration of income

aangifte doen van goederen (o mv) **bij de douane** (vr) declare goods to customs

aangroei (m) accrual

aangroeien accrue *or* accumulate

aanhalen *[citeren]* quote (v)

aanhangsel (o) *[verzekering]* endorsement

aanhechten attach

aanklacht (vr) **intrekken** abandon an action

aanklagende partij (vr) plaintiff

aanklager (m) prosecution *[party in legal action]*

aanknopen aan *[beginnen met]* enter into (a discussion)

aankomen arrive

aankomende manager (m/vr) management trainee

aankomst (vr) arrival

aankomsthal (m/vr) arrivals

aankondigen announce

aankondiging (vr) announcement

aankoop (m) **in rekening** (vr) **brengen** charge a purchase

aankoop (m) acquisition *or* purchase *or* purchasing

aankoopopdracht (m/vr) *or* **aankooporder** (m/vr) purchase order aankoopprijs (m) purchase price

aankopen in het groot (o) bulk buying

aankopen purchase (v)

aankunnen cope

aanleggen berth (v)

aanleghaven (vr) port of call

aanlegplaats (vr) quay

aanloophaven (vr) port of call

aanloopkosten (m mv) start-up costs

aanloopperiode (vr) lead time

aanmaning (vr) (tot betaling) demand (n) (for payment)

aanmoedigingspremie (vr) incentive bonus

aannemen *[accepteren]* accept

aannemen *[een motie]* carry

aannemen: niet aannemen dishonour a bill

aannemer (m) contractor

aannemersbedrijf (o) werkend voor de staat (m) government contractor

aanpakken attack

aanpassen gear *or* adjust

aanpassing (vr) adjustment

aanprijzen recommend *[say something is good]*

aanraden advise *or* recommend *[suggest action]*

aanschaffingskosten (m mv) historic(al) cost

aansluiten: zich aansluiten bij join

aansluitende vlucht (m/vr) connecting flight

aansluiting (vr): in aansluiting op further to

aansluiting (vr) reconciliation

aanspraak (m/vr) right *or* entitlement

aanspraak maken op claim (v) *[insurance]*

aansprakelijk voor liable for *or* responsible for

aansprakelijkheid (vr) voor iets aanvaarden accept liability for something

aansprakelijkheid (vr) liability *or* responsibility

aanstellen appoint

aanstelling (vr) tot staflid (o) staff appointment

aanstelling (vr) appointment *[job]*

aanstellingsbrief (m) letter of appointment

aantal (o) number

aantonen demonstrate

aantrekkelijk salaris (o) attractive salary

aantrekkelijke prijzen (m mv) popular prices

aantrekken appeal to *or* attract

aantrekkingskracht (vr) appeal *or* customer appeal

aanvaardbaar acceptable

aanvaarden accept (v)

aanvaarding (vr) van een offerte (vr) *or* aanbod (o) acceptance of an offer

aanvaarding (vr) acceptance

aanvallen attack

aanvang (m) start (n)

aanvangen start (v)

aanvangs- initial (adj)

aanvangsdatum (m) effective date *or* starting date

aanvangskapitaal (o) initial capital

aanvangssalaris (o) starting salary

aanvankelijk initial (adj)

aanvraag (vr) *[het aangevraagde]* application *or* request (n)

aanvraag (vr) *[verzekering]* proposal

aanvraag (vr) enquiry (= inquiry)

aanvraagformulier (o) application form

aanvragen apply for *or* ask for

aanvullend supplementary *or* complementary

aanvulling (vr) supplement

aanwenden *[geld]* appropriate

aanwezig present (adj)

aanwijzing (vr) instruction

aanwinst (vr) *[het aanwinnen]* acquisition

aanwinst (vr) *[verbetering]* gain (n) *or* increase in value

aanwinst (vr) *[voordeel]* asset

aanzegging (vr) notice *or* notification

aanzet (m) geven tot gesprekken (o mv) intial (v) discussions

abnormaal gestegen valuta (vr) inflated currency

abonnement (o) verlengen renew a subscription

abonnement (o) season ticket

abonnementskaart (vr) season ticket

absoluut monopolie (o) absolute monopoly

accepteren accept

accessoires (o mv) naar keuze (vr) optional extras

accijns (m) excise duty *or* excise tax

accomodatiewissel (m) accommodation bill

accountant (m) accountant

accountantscontrole (vr) auditing

accountantsonderzoek (o) audit (n)

accountmanager (m) account executive *or* account manager

accreditief (o) letter of credit (L/C)

accumuleren accumulate

achteloosheid (vr) negligence

achter raken met fall behind *[be late]*

achterhalen: technisch achterhaald obsolescent

achterhouden keep back

achterkant (m) back (n)

achterop raken fall behind *[be late]*

achterstallig werk (o) backlog

achterstallig overdue

achterstallige belasting (vr) back tax

achterstallige bestellingen (vr mv) afhandelen/vrijgeven release dues

achterstallige bestellingen (vr mv) back orders

achterstallige betaling (vr) back payment

achterstallige schuld (m/vr) betalen pay up (a debt)

achterstand (m) backlog *or* arrears

achteruitgaan *[in een slechtere positie verkeren]* fall behind

achteruitgaan *[terugvallen]* decline *or* fall off

achteruitgang (m) decline *or* drop

achtervolgen chase *[follow]*

actie (vr) voor schadevergoeding (vr) action for damages

actie (vr) drive (n) *[campaign]*

actie ondernemen take action

activa (mv) en passiva (mv) assets and liabilities

activa (mv) realiseren realize property *or* assets

activeren capitalize

activering (vr) van reserves (vr mv) capitalization of reserves

activering (vr) capitalization

actuaris (m) actuary

actueel rendement (o) current yield

actueel current

actuele prijs (m) current price

actuele waarde (vr) present value

actuele wisselkoers (m) current rate of exchange

adjunct-chef (m) deputy manager

adjunct-directeur (m) *or*
adjunct-directrice (vr) deputy managing director

administrateur (m) accountant

administratie (vr) *[beheer]* administration

administratie (vr) *[documenten]* records

administratief werk (o) clerical work *or* paperwork

administratief administrative

administratief clerical

administratieve kosten (m mv) administrative expenses

administratieve medewerk(st)er (m/vr) clerk

adres (o) address (n)

adresetiket (o) *or* **adreslabel (m/o)** address label

adreskaartje (o) card *[business card]*

adressenlijst (vr) address list *or* mailing list

adresstrookje (o) address label

adverteerder (m) advertiser

advertentie (vr) met antwoordcoupon (m) coupon ad

advertentie (vr) advertisement

advertentieblad (o) advertiser

advertentiebord (o) sign (n)

advertentieruimte (vr) advertising space

advertentietarieven (o mv) advertising rates

adverteren advertise

advies (o) advice *or* recommendation

adviesbureau (o) consultancy firm

adviesprijs (m) manufacturer's recommended price (MRP)

adviseren advise

adviserend ingenieur (m) consulting engineer

adviseur (m) adviser *or* advisor

adviseur (m) consultant

advocaat (m) lawyer *or* attorney *or* counsel

af fabriek (vr) factory price

afbestellen countermand

afbetalen amortize *or* pay off

afbetaling (vr) verzuimen miss an instalment

afbetaling (vr): op afbetaling on account *or* on credit *or* easy terms

afbetaling (vr) instalment

afboeken *[activa]* write down

afboeken *[schulden]* write off

afboeking (vr) *[activa]* writedown

afboeking (vr) *[verlies]* write-off

afbraakprijs (m) cut price *or* knockdown price

afdeling (vr) *[bedrijfsonderdeel]* division

afdeling (vr) *[kantoor/winkel]* department (dept.)

afdeling (vr) personeelszaken (vr mv) personnel department

afdeling (vr) schadeclaims (m mv) claims department

afdeling financiële administratie (vr) accounts department

afdeling marketing (vr) marketing department

afdelings- departmental

afdelingschef (m) *[kantoor]* head of department *or* departmental manager

afdelingschef (m) *[warenhuis]* floor manager

afdelingshoofd (m) head of department *or* departmental manager

afdingen haggle

afdoen *[betalen]* settle

afdruk (m) hard copy

afdrukken print out

afdwingen enforce

afgekeurd artikel (o) reject (n)

afgelast off *[cancelled]*

afgeleverd: niet afgeleverd undelivered

afgeleverd delivered

afgesproken prijs (m) firm price

afgesproken fixed

afgestudeerd qualified

afgevaardigde (m/vr) delegate (n)

afgewerkt finished

afgezegd off *[cancelled]*

afhalen (o) collection *[goods]*

afhandelen handle (v)

afhandeling (vr) handling

afhandeling *[claim]* (vr) settlement

afhangen van depend on

afhankelijk van depending on *or* subject to

afkeuren reject (v)

afkeuring (vr) rejection

afkoelingsperiode (vr) *[conflict]* cooling off period

afkoop (m) surrender (n) *[insurance]*

afkoopbaar redeemable

afkoopwaarde (vr) surrender value

aflevering (vr) van goederen (o mv) delivery of goods

afleveringsbon (m) delivery note

afleveringsdatum (m) delivery date

afleveringsopdracht (o) delivery order

afloop (m) expiration *or* expiry

afloopdatum (m) expiry date

aflopen expire

aflosbaar repayable *or* redeemable

aflossen *[van een lening]* redemption

aflossen *[van een schuld]* repay *or* pay off

aflossing (vr) *[van een lening (vr)]* redemption *[of a loan]*

aflossing (vr) *[van een schuld]* repayment

aflossingsdatum (m) redemption date

afmeren dock (v)

afmeting (vr) dimension *or* measurement

afmetingen (vr mv) measurements

afname (m/vr) decline (n)

afname (m/vr) decrease (n) *or* slowdown (n)

afnemen decline (v) *or* decrease (v) *or* slow down

afnemend decreasing

afprijzen (o) mark-down (n)

afprijzen mark down (v)

afrekenen *[factuur/rekening]* settle *[an invoice/account]*

afrekenen *[schuld]* pay off *[debt]*

afrekening (vr) *[betaling]* settlement *[payment]*

afremmen check (v) *[stop]*

afronden: naar beneden afronden round down

afronden: naar boven afronden round up

afronden wind up *[a meeting]*

afronding (vr) van een contract completion of a contract

afschrift (o) copy (n) *[of document]*

afschrijven *[activa]* write down *or* depreciate *or* amortize

afschrijven *[volledig]* write off

afschrijven amortize

afschrijving (vr) *[verlies]* write-off *[loss]*

afschrijving (vr) depreciation *or* writedown *or* amortization

afschrijvingspercentage (o) depreciation rate

afschrijvingsvoorziening (vr) allowance for depreciation

afschuiven offload

afslaan turn down

afsluitdatum (m) closing date

afsluiten *[eind maken aan]* wind up *[a meeting]*

afsluiten *[op slot doen]* lock (v)

afsluiten *[tot stand brengen]* conclude *[agreement]*

afsluiting (vr) van rekeningen (vr mv) reconciliation of accounts

afsluiting (vr) closure

afsluitingsdatum (m) (contract) completion date

afspraak (vr) *[gesprek]* appointment

afspreken *or* **overeenkomen om iets te doen** agree to do something

afspreken *[afspraak maken]* arrange *or* fix

afspreken *[overeenkomst vaststellen]* arrange *or* fix *or* settle

afstand (m) (doen) van *[claim/right]* renunciation

afstand (m) cession

afstand doen van een betaling (vr) waive a payment

afstand doen van waive (v)

afstandsbediening (vr) remote control

afstandsclausule (vr) waiver clause

afstandsverklaring (vr) waiver *[of right]*

afstemmen gear

afstemming (vr) reconciliation of accounts

afstempelen stamp (v) *[mark]*

afstoten *[van de hand doen]* hive off

afstoten get rid of

afstoting (vr) disposal

afstuderen als qualify as

aftreden resign

aftreding (vr) resignation

aftrek (m) deduction

aftrekbaar van de belastingen (vr mv) tax-deductible

aftrekbaar deductible

aftrekken deduct *or* take off

aftrekpost (m) deduction *or* tax allowance

afvaardigen delegate (v)

afvaardiging (vr) delegation *[people]*

afval (o/m) waste (n)

afvloeien uit werkkring redundant

afvloeiing (vr) redundancy

afwaarderen *[activa]* write down *[assets]*

afwaardering (vr) decrease in value

afwachting (vr): in afwachting pending

afwezig absent

afwezigheid (vr) absence

afwijken differ (v)

afwijking (vr) discrepancy *or* variance

afwijzen *[weigeren]* turn down *or* refuse *or* repudiate (verwerpen)

afwijzing (vr) refusal *or* rejection *or* disclaimer (aansprakelijkheid)

afwikkelen *[schadeclaim]* settle a claim

afzegging (vr) van een afspraak (vr) cancellation of an appointment

afzegging (vr) cancellation

afzender (m) sender

afzet (m) sales

afzetgebied (o) market (n)

afzetgebied (o) outlet

afzetkanalen (o mv) distribution channels *or* channels of distribution

afzettarget (m/vr) sales target

afzetten *[uit functie]* remove

afzetten *[verkopen]* move *[be sold]*

afzetting (vr) removal *[sacking someone]*

afzien van een rechtsvordering (vr) abandon an action

afzien van waive

afzonderlijk separate (adj)

agenda (m/vr) business *[discussion]*

agenda (vr) *[kantooragenda]* appointments book

agenda (vr) *[notitieboek]* diary

agenda (vr) *[van een vergadering]* agenda *[of a meeting]*

agent (m) *[persoon of bedrijf]* factor (n)

agent (m) *[vertegenwoordiger]* agent *or* representative *or* dealer

agentschap (o) agency

agressieve verkoop (m) hard selling

akkoord gaan met agree with

akte (vr) van cessie (vr) deed of assignment

akte (vr) deed *or* instrument

aktetas (vr) briefcase

al lang bestaand long-standing

alfabetische volgorde (vr) alphabetical order

algemeen accountantsonderzoek (o) general audit

algemeen directeur (m) general manager

algemeen erkende feestdag (m) public holiday

algemeen grootboek (o) nominal ledger

algemeen transportbedrijf (o) common carrier

algemeen general *or* across-the-board

algemeen overall

algemene kosten (m mv) budget (o) overhead budget

algemene kosten (m mv) overhead costs *or* overheads *or* expenses

Algemene Overeenkomst (vr) m.b.t. Douanerechten (mv) en Tarieven (o mv) (GATT) General Agreement on Tariffs and Trade (GATT)

algemene productiekosten (m mv) manufacturing overheads

algemene staking (vr) general strike

algemene vergadering (vr) general meeting

alle (on)kosten (m mv) betaald all expenses paid

alle kosten (m mv) inbegrepen inclusive charge

alle voorraad verkopen sell out *[all stock]*

alledaags day-to-day

alleenvertegenwoordiger (m) sole agent *or* sole agency

allerlaagste prijzen (m mv) rock-bottom prices

alles inbegrepen all-in

alles omvattend overall

all-in overeenkomst (vr) package deal

all-in prijs (m) all-in price

allonge (vr) rider

all-riskpolis (vr) all-risks policy

all-riskverzekering (vr) comprehensive insurance

alternatief (o) alternative (n)

ambt (o) position *[job]*

ambtenaar (m) van de burgerlijke stand (m) registrar

ambtenaar (m) official (n)

ambtenarentaal (vr) officialese

ambtenarij (vr) red tape

ambtsbekleding (vr) tenure *[right]*

ambtstermijn (vr) tenure *[time]*

amendement (o) amendment

Amerikaan (m) American (n)

Amerikaans American (adj)

amortisatie (vr) amortization

amortiseren amortize *or* redeem

analyse (vr) analysis

analyseren analyse or analyze

anders failing that

ankerplaats (vr) berth (n)

annuleren *[opzeggen]* cancel *or* (juridisch) rescind

annulering (vr) cancellation

annuleringsclausule (vr) cancellation clause

antedateren backdate *or* antedate

antwoord (o): in antwoord op further to

antwoord (o) answer *or* response *or* reply

antwoordcoupon (m) reply coupon

antwoorden answer (v) *or* reply (v)

antwoordkaart (m/vr) reply coupon

apart separate (adj)

apparaat (o) device

apparatuur (vr) equipment

appartement (o) flat (n)

appel (o) appeal (n) *[against a decision]*

appelleren *or* in beroep (o) gaan appeal (v) *[against a decision]*

appendix (o) appendix

approximatief approximate

arbeid (m) labour *or* work

arbeider (m) worker

arbeidsanalyse (vr) time and motion study

arbeidsconflicten (o mv) labour disputes

arbeidscontract (o) contract of employment

arbeidsgeschillen (o mv) industrial disputes *or* labour disputes

arbeidsinspecteur (m) factory inspector

Arbeidsinspectie (vr) Health and Safety Inspectorate

arbeidskosten (m mv) labour costs

arbeidskracht (m/vr) worker

arbeidskrachten (vr mv) manpower

arbeidsomstandigheden (vr mv) working conditions

arbeidsongeval (o) industrial accident *or* occupational accident

arbeidsplaats (m/vr) job *[employment]*

arbeidsplaatsenverminderingen (vr mv) job cuts

arbeidsverhoudingen (vr mv) industrial relations

arbeidsvoorwaarden (vr mv) conditions *or* terms of employment

arbeidszekerheid (vr) security of employment

arbiter (m) arbitrator

arbitrage (vr) arbitration

arbitragecommissie (vr) voor arbeidsgeschillen (o mv) industrial (arbitration) tribunal

arbitragecommissie (vr) adjudication tribunal

arbitragecommissie (vr) arbitration board *or* arbitration tribunal

arbitragetribunaal (o) arbitration board *or* arbitration tribunal

Arbo-dienst inspecteur (m) factory inspector *or* inspector of factories

Arbo-wet Health and Safety at Work Act (UK) *or* Working Conditions Act

archief (o) records

archiefkast (vr) filing cabinet

archiveren (o) filing

artikel (o) *[in contract]* article

artikel (o) *[voorwerp van handel]* article *or* item

artikel met fabrieksfout (m/vr) reject (n)

artikelen (o mv) perishable goods *or* items *or* cargo

aspirant-koper (m) prospective buyer

assistent (m) *or* **assistente (vr)** assistant

assistentie (vr) assistance

assisteren assist

associatie (vr) association

assortiment (o) choice (n) *or* range (n)

assuradeur (m) insurer

assurantie (vr) insurance

assureren insure *or* underwrite *[garantie]*

atelier (o) workshop

attentie (vr) attention

attractiekracht (vr) customer appeal

authentiek verklaren authenticate

authentiek genuine *or* original

authentieke exemplaar (o) original (n)

auto huren hire a car

automatisch antwoordapparaat (o) answering machine

automatisch hernieuwd krediet (o) revolving credit

automatisch internationaal bellen international direct dialling

automatische afschrijving (vr) direct debit

automatische periodieke overboeking (vr) standing order

automatiseren computerize

automatiseringsafdeling (vr) computer department

autorisatie (vr) authorization

autoriseren authorize

autoriteit (vr) authority

auto's (m mv) in serie (vr) fabriceren mass-produce cars

autoverzekering (vr) motor insurance

averij (vr) *[verzekering]* average (n)

Bb

B.T.W. (= belasting (vr) over de toegevoegde waarde (vr)) VAT (= value added tax)

B.T.W. aangifte (vr) VAT declaration

B.T.W. inspecteur (m) VAT inspector

baan (vr) job *or* post

baas (m) boss (informal)

backup (m) back up *[computer file]*

backup backup (adj) *[computer]*

bagage (vr) luggage

bagagedepot (m/o) left luggage office

baisse (vr) fall (n)

baissemarkt (vr) bear market

baissespeculant (m) bear (n) *[Stock Exchange]*

baissier (m) bear (n) *[Stock Exchange]*

balans (vr) balance sheet

balansopruiming (vr) stocktaking sale

balie (vr) reception desk *or* counter (bank)

baliemedewerk(st)er (m/vr) *[bank]* cashier *or* counter staff

bank (vr) bank (n)

bank basisrente (m/vr) bank base rate

bank (vr) van uitgifte (vr) issuing bank

bankafschrift (o) bank statement

bankbiljet (o) banknote *or* currency note *or* (bank) bill *[US]*

bankboek (o) bank book

bankcheque (m) cashier's check *[US]*

bankdeposito's (o mv) bank deposits

bankdirecteur (m) bank manager

bankier (m) banker

bankieren bank (v)

bankkosten (m mv) bank charges *or* service charge *[US]*

bankkrediet (o) bank credit

banklening (vr) bank loan

bankleningen (vr mv) bank borrowings

bankmachtiging (vr) bank mandate

bankoverschrijving (vr) bank transfer

bankpas (m) cash card

bankpas (m) cheque (guarantee) card

bankrekening (vr) afsluiten close a bank account

bankrekening (vr) openen open a bank account

bankrekening (vr) bank account

bankroet bedrijf (o) wreck (n) *[company]*

bankroet bankrupt (adj) *or* broke (informal)

banksaldo (o) bank balance

bankwezen (o) banking

bankwissel (m) bank bill (GB) *or* bank draft *or* banker's draft

barrière (vr) barrier

baseren op base (v)

basis (vr) *[grondslag]* basis

basis (vr) *[plaats]* base (n)

basis (vr) *[uitgangspunt]* base (n)

basis *[minimum]* basic (adj)

basisbelastingtarief (o) standard rate (of tax) *or* basic tax

basisjaar (o) base year

basiskorting (vr) basic discount

bazin (vr) boss (informal)

BBP (= Bruto Binnenlands Product (o)) GDP (= gross domestic product)

beambte (m/vr) official (n)

beboeten fine (v) *or* penalize (v)

bedankingstoespraak (vr) speech of thanks

bedekken cover (v) *[put on top]*

bedekking (vr) cover (n) *[top]*

bedenktijd (m) (huurkoop) cooling off period

bederfelijk perishable

bederfelijke goederen (o mv) perishable goods/items/cargo *or* perishables

bederven spoil

bedienen *[machine]* operate

bedienen *[mbt horeca]* serve

bediener (m) *[machine]* operative *or* operator

bediening (vr) *[behandeling van klanten]* service (n) *[dealing with customers]*

bediening (vr) *[m.b.t. de horeca]* service charge

bediening (vr) *[machine]* operating

bediening (vr) op de kamer (vr) room service

bedient manned

beding (o) stipulation

bedingen stipulate

bediscussiëren discuss

bedrag (o) ineens lump sum

bedrag (o) amount *or* sum *[of money]*

bedragen amount to *or* total (v)

bedrieglijk fraudulent

bedrieglijke transactie (vr) fraudulent transaction

bedrijf (o) business *or* company *or* firm

bedrijf: in bedrijf zijn (o) running (n) *[of machine]*

bedrijf (o) naar de beurs (vr) brengen float a company

bedrijf (o) starten go into business

bedrijf (o) verwerven *or* aankopen acquire a company

bedrijfsactiviteit (vr) operation

bedrijfsadministrateur (m) cost accountant

bedrijfsadviseur (m) management consultant

bedrijfsbegroting (vr) operating budget

bedrijfscentrum (o) business centre

bedrijfsgebouw (o) business premises *or* commercial premises

bedrijfsimago (o) corporate image

bedrijfsimago (o) bevorderen promote a corporate image

bedrijfsingenieur (m) product engineer

bedrijfsintern in-house

bedrijfskapitaal (o) working capital

bedrijfsklaar operational

bedrijfskosten (m mv) operating costs *or* operating expenses *or* running costs

bedrijfsongeval (o) industrial accident

bedrijfspand (o) zonder woonruimte (vr) lock-up premises

bedrijfspand (o) business premises *or* commercial premises

bedrijfsresultaat (o) results *[company's profit or loss]*

bedrijfsspionage (vr) industrial espionage

bedrijfstak (m) industry *or* sector

bedrijfsverlies (o) trading loss

bedrijfsvoering (vr) management *[action]*

bedrijfswinst (vr) operating profit *or* trading profit

bedrijvengids (m) classified directory *or* commercial directory *or* trade directory

bedrog (o) plegen fiddle (v)

bedrog (o) fiddle *or* fraud

beëdigde schriftelijke verklaring (vr) *or* **attest (o)** affidavit

beëindigen terminate *or* wind up *[a meeting]*

beëindiging (vr) termination

beeldmerk (o) logo

beeldscherm (o) monitor *[screen]*

begeleidend notitie (vr) covering note

begeleidende brief (m) covering letter

begin (o) start *or* beginning

begin- initial (adj)

begindatum (m) starting date

beginkoers (m) opening price

beginnen begin *or* start *or* initiate *or* enter into *[discussion]*

beginnen *[discussie]* open *or* enter into

beginnen aan embark on

beginnen initiate

beginnend starting (adj)

beginsalaris (o) starting salary

beginvoorraad (m) opening stock

begrenzen limit (v)

begrenzing (vr) limitation

begrijpen understand

begrip (o) understanding

begroten *[prijs calculeren]* cost (v)

begroten *[schatting]* estimate (v) *or* budget (v)

begroting (vr) *[berekening]* estimate (n) *[calculation]*

begroting (vr) *[overheid]* budget (n) *[government]*

begrotingsbeleid (o) budgetary policy

begunstigde (m/vr) *[cheque]* payee

begunstigde (m/vr) beneficiary

behalen obtain

behalve except

behandelen handle (v) *or* process (v) *[deal with]*

behandeling (vr): in behandeling pending

behandeling (vr) handling

behandelingskosten (m mv) handling charge

beheer (o) *[managers]* management

beheer (o) *[toezicht]* control (n)

beheersbaar manageable

beheersen control (v)

beheersend controlling (adj)

beheren control (v) *or* manage

beherend personeel (o) managerial staff

behoeften (vr mv) aan arbeidskrachten (vr mv) manpower requirements

behoeften (vr mv) requirements

behoeven require *[need]*

behoorlijk fair (adj)

behoorlijke prijs (m) fair price

behoren: naar behoren duly *[legally]*

behouden maintain *[keep at same level]*

beïnvloeden influence (v)

bekendmaken disclose *or* publicize *or* notify

beklinken clinch

bekostigen defray *[costs]*

bekrachtigen ratify

bekrachtiging (vr) ratification

bekwaam skilled

bekwaamheid (vr) capacity *[ability]* or skill

belang (o) importance or interest (n) *[investment]*

belangentegenstelling (vr) conflict of interest

belangrijk important

belangrijke major

belangrijkst chief (adj) or main (adj)

belangrijkste product (o) staple product

belastbaar inkomen (o) taxable income

belastbaar taxable

belasten tax (v)

belasting (vr) levy or tax

belasting (vr) betaald tax paid

belasting (vr) heffen tax (v)

belasting (vr) inbegrepen inclusive of tax

belasting (vr) naar (geschatte) waarde (vr) ad valorem tax

belasting (vr) niet inbegrepen exclusive of tax

belasting (vr) ontduiken evade tax

belasting (vr) over de toegevoegde waarde (vr) (B.T.W.) value added tax (VAT)

belastingaangifte (vr) tax return

belastingaanpassingen (vr mv) tax adjustments

belastingaanslag (m) tax assessment

belastingadviseur (m) tax consultant

belastingaftrek (m) tax allowance or tax credit

belastingaftrekcode (vr) tax code *[UK]*

belastingbetaler (m) taxpayer

belastingconcessie (vr) tax concession

belastingconsulent (m) tax consultant

belastingformulier (o) tax form

belastingheffing (vr) bij de bron (vr) tax deducted at source

belastingheffing (vr) taxation

belastinginhoudingen (vr mv) tax deductions *[taken from salary to pay tax]*

belastinginning (vr) tax collection

belastinginspecteur (m) tax inspector

belastingjaar (o) tax year

belastingontduiking (vr) tax evasion

belastingontheffing (vr) exemption from tax

belastingontvanger (m) tax collector

belastingontwijking (vr) tax avoidance

belastingparadijs (o) tax haven

belastingschijf (m/vr) bracket (n) *[tax]*

belastingschuilplaats (m/vr) tax shelter

belastingstelsel (o) tax system

belastingtarief (o) tax rate

belastingverlagingen (vr mv) tax reductions

belastingverlichting (vr) tax concession or tax relief

belastingverminderingen (vr mv) tax reductions

belastingvoordeel (o) tax concession

belastingvrij free of duty/tax or exempt from tax or tax-exempt or tax-free or (douane) duty-free

belastingvrije goederen (o mv) duty-paid goods

belastingvrije voet (m) personal allowances or tax allowance

belastingvrije winkel (m) duty-free shop

belastingvrijstelling (vr) exemption from tax or tax exemption

beleggen *[bijeenroepen]* arrange or convene *[meeting]*

beleggen *[investeren]* invest

belegger (m) investor

belegging (vr) investment

beleggingsfonds (o) met veranderlijk kapitaal (o) unit trust

beleggingsinkomen (o) investment income

beleggingsrendement (o) return on investment (ROI)

beleid (o) policy

beleidsteam (o) management team

belemmeren check (v) *[stop]*

belemmerend prohibitive

belemmering (vr) restraint

belemmering van uitvoering van handel en beroep restraint of trade

belofte (vr) nakomen keep a promise

belofte (vr) undertaking or promise

belonen award or remunerate

beloning (vr) award (n) or remuneration

belopen run to

beloven promise (v)

bemand manned

bemannen man (v) or staff (v)

bemanning (vr) manning

bemiddelaar (m) intermediary or mediator or middleman

bemiddelen mediate

bemiddeling (vr) mediation *or* arbitration

beneden: naar beneden gaand downward

beneden: naar beneden down

benedenwaarts downward

benodigdheden (vr mv) requirements

benoemde (m/vr) nominee

benoemen appoint

benoeming (vr) bevestigen confirm someone in a job

benoeming (vr) appointment *[to a job]*

benutting (vr) utilization

beoordelen assess

bepalen *[beslissen]* decide *or* rule (v) *[give decision]*

bepalen *[vaststellen]* determine

bepalen *[voorschrijven]* set (v) *or* stipulate

bepalen *[waarde]* assess

bepaling (vr) *[clausule]* article *[clause]*

bepaling (vr) *[rente]* fixing

bepaling (vr) *[voorschrift]* provision *or* stipulation

beperken limit (v) *or* restrict

beperkend restrictive

beperking (vr) limitation *or* restriction *or* restraint

beperkt limited

beperkte aansprakelijkheid (vr) limited liability

beperkte afzetmarkt (vr) limited market

beproeving (vr) trial *[test of product]*

bereiken reach *or* attain

berekenen: te weinig berekenen undercharge

berekenen calculate (v)

berekening (vr) calculation

bergen salvage (v)

berging (vr) salvage (n) *[action]*

bergingsvaartuig (o) salvage vessel

bergruimte (vr) capacity *[space]*

bericht (o) notice *[piece of information]* *or* communication *[message]*

berichten notify

beroep (o) appeal (n) *[against a decision]*

beroeps- occupational *or* professional (adj) *[expert]*

beroepsbevolking (vr) labour force

beroepskwalificaties (vr mv) professional qualifications

beroepsorganisatie (vr) trade association

beschadigd damaged

beschadigen damage (v) *or* spoil

beschermen safeguard (v)

beschermend tarief (o) protective tariff

beschermend protective

beschikbaar kapitaal (o) available capital

beschikbaar: niet beschikbaar unavailable

beschikbaar available

beschikbaarheid (vr) availability

beschouwen consider

beschrijven describe

beschrijving (vr) description

beschuldigen charge (v) *[in court]*

beschuldiging (vr) charge (n) *[in court]*

beseffen realize *[understand]*

beslag (o) leggen op seize

beslag (o): in beslag nemen seize (v)

beslagene (m) judgment debtor

beslaglegging (vr) seizure

beslissen *[bepalen]* rule (v)

beslissen decide

beslissend deciding

beslissende factor (m) deciding factor

beslissende stem (vr) casting vote

beslisser (m) decision maker

beslissing (vr) decision *or* (door rechter) ruling

besloten vennootschap (vr) met beperkte aansprakelijkheid (vr) (BV) limited liability company (Ltd) *or* private limited company

besluit (o) decision

besluit (o) *[in vergadering]* resolution

besluiten decide

besluiten *[in vergadering]* resolve

besluitvorming (vr) decision making

besluitvormingsprocessen (o mv) decision-making processes

besnoeiing (vr) retrenchment

besparen op save on

besparen economize *or* save *[not waste]*

besparing (vr) economy *[saving]*

besparingen (vr mv) door schaalvergroting (vr) economies of scale

besparingen (vr mv) savings

bespoedigen chase *[an order]*

bespreken discuss

bespreking (vr) discussion

best best (adj)

bestaan uit consist of

bestand (o) file (n) *[computer]*

beste (m/vr/o) best (n)

besteden *[geld/tijd]* spend *[money/time]*

bestelauto (m) delivery van

bestelboek (o) order book

besteld on order

bestelformulier (o) purchase order

bestellen order (v) *[goods]*

besteller (m) deliveryman

bestelling (vr) **aan vertegenwoordiger** (m) (door winkelier) journey order

bestelling (vr) **behandelen** deal with an order

bestelling (vr) **kwijtraken** lose an order

bestelling (vr) **plaatsen** place an order

bestelling (vr) **uitvoeren** fulfil an order

bestelling (vr) **verliezen** lose an order

bestelling (vr) order (n) *[for goods]*

bestelniveau (o) reorder level

bestelwagen (m) delivery van *or* van

bestemmen appropriate (v) *[funds]*

bestemming (vr) destination

bestraffen penalize

bestrijden (onkosten) defray *[costs]*

bestuderen study (v)

besturen direct (v) *or* manage

besturingssysteem (o) operating system

bestuur (o) management *[managers]*

bestuurder (m) *[voertuig]* driver

bestuurder *[directie]* managing director

bestuurlijke verslaglegging (vr) management accounts

bestuurs- managerial

bestuurskamer (vr) boardroom

bestuurslid (o) executive director

bestuurspersoneel (o) managerial staff

bestuursvergadering (vr) board meeting

bestverkopend top-selling

betaalbaar payable

betaalbaar bij levering (vr) payable on delivery

betaalbaar op eerst verzoek (o) payable on demand

betaalbaar op zicht (o) (wissel) payable on demand

betaalbaar worden fall due *or* to become due

betaald paid

betaalde bedrag (o) amount paid

betaalopdracht (m/vr) bank mandate

betaalster (vr) payer

betalen pay *or* disburse *or* remit

betalen *[na protest]* pay up

betalen *[ten volle]* settle

betalen: een wissel betalen honour a bill

betalen: niet betalen dishonour a bill

betalen: te betalen payable

betalen: te betalen binnen 60 dagen (m mv) payable at sixty days

betalen: te betalen rekeningen (vr mv) accounts payable

betalen: te betalen wissels (m mv) bills payable

betalen: terug te betalen repayable

betalen en ontslaan pay off *[worker]*

betalen per cheque (m) pay by cheque *or* remit by cheque

betalende passagiers (m mv) payload

betalende vracht (vr) payload

betaler (m) payer

betaling (vr) **in natura** payment in kind

betaling (vr) **op rekening** (vr) payment on account

betaling (vr) **per cheque** (m) payment by cheque

betaling (vr) **uitstellen** defer payment

betaling (vr) payment *or* settlement *or* disbursement

betalingen (vr mv) **stopzetten** stop payments

betalingsbalans (vr) balance of payments

betalingsopdracht (m/vr) payment order *or* bank mandate

betalingsvoorwaarden (vr mv) terms of payment

betekenen serve

betekenis (vr) importance

beter superior (adj) *[better quality]*

betreffen concern (v) *[deal with]*

betreffende regarding

betrekking (vr): **met betrekking tot** relating to

betrekking (vr) job *or* position *or* post

betrekkingen (vr mv) relations

betrokkene (m/vr) drawee

betrouwbaar reliable

betrouwbaarheid (vr) reliability

betwiste overname (vr) contested takeover

beurs (m/vr) *[handel]* stock exchange

beurs (m/vr) *[tentoonstelling]* show (n) *[exhibition]*

beurs: aan de beurs genoteerd bedrijf quoted company

beurs: naar de beurs (vr) brengen van een bedrijf (o) floating of a company

beurskrach (m) crash (n) *[financial]*

beursnoteringen (vr mv) Stock Exchange listing

beurstransactie (vr) operation *or* dealing *[stock exchange]*

beurswaarde (vr) stock market valuation

beurt (vr): voor je beurt gaan jump the queue

bevatten contain *or* hold *or* include

beveiligen safeguard (v)

beveiliging (vr) security *[being safe]*

beveiligingsbeambte (m) security guard

bevel (o) (dwingend) order (n)

bevelschrift (o) warrant (n)

bevestigen confirm

bevestigend affirmative

bevestiging (vr) confirmation

bevoegd qualified

bevoegd worden als qualify as

bevoegdheden (vr mv) terms of reference

bevoegdheid (vr) authority

bevolkingsregister registry office

bevoorraden stock (v) *or* supply (v)

bevoorrading (vr) supply (n)

bevoorrechte schuldeiser/crediteur (m) secured creditor

bevoorrechte vorderingen (vr mv) secured debts

bevorderen *[in rang verhogen]* promote

bevordering (vr) *[verhoging in rang]* promotion

bevrachten load (v)

bevrachter (m) charterer *or* shipper

bevrachting (vr) chartering

bevriezen *[prijzen/krediet]* freeze (v) *[prices/credit]*

bevriezing (vr) freeze (n)

bevrijden free (v)

bevroren kredieten (o mv) frozen credits

bevroren rekening (vr) frozen account

bevroren frozen

bewaarplaats (vr) depository *[place]*

bewakingsmedewerker (m) security guard

bewaren *[computerbestand]* save (v)

bewaren *[wegbergen]* store (v)

beweeglijkheid (vr) mobility

beweging (vr) movement

beweren claim (v) *or* suggest (v)

bewerken *[grondstoffen]* process (v)

bewijs (o) certificate *or* proof

bewijsmateriaal (o) documentation

bewijsstuk (o) voucher *[document from an auditor]* or documentary evidence/proof

bewoner (m) *or* **bewoonster (vr)** occupant *or* resident (n)

bewoning (vr) occupancy

bewoording (vr) wording

bezet (telefoon) busy *or* engaged

bezetten man (v)

bezettingsgraad (m) van personeel (o) manning levels

bezettingsgraad (m) capacity utilization rate *or* load factor

bezettingsgraad (o) *[van een hotel]* occupancy rate

bezettingsstaking (vr) sit-down protest/strike

bezettoon (m) engaged tone

bezig: zich bezig houden met attend to

bezigheid (vr) work (n)

bezighouden met concern (v) *[deal with]*

bezitten own (v) *or* possess

bezitter (m) holder *[person]*

bezoek (o) call (n) *[visit]*

bezoekfrequentie (vr) call rate

bezoldigd salaried

bezoldiging (vr) salary

bezorgdheid (vr) concern (n) *[worry]*

bezorgen deliver *[transport goods]*

bezorger (m) deliveryman

bezorging (vr) van tijdschriften (o mv) per post magazine mailing

bezuinigen economize *or* cut down on expenses

bezuiniging (vr) cut or economy or retrenchment

bezwaarschrift (o) protest (n) *[official document]*

bieden offer (v) *[to buy]*

bieder (m) bidder

bij benadering (vr) approximately

bij voorbaat up front

bijbaantje (o) sideline

bijdrage (vr) contribution

bijdragen contribute

bijdrager (m) contributor

bijeenbrengen *[geld]* raise (v) *[money]*

bijeenkomst (vr) assembly or meeting

bijeenroepen call (v) or convene

bijgewerkt up to date *[complete]*

bijkantoor (o) branch office

bijkomend additional or extra

bijkomende kosten (m mv) additional charges or extra charges or incidental expenses

bijkomende premie (vr) additional premium

bijkomstig subsidiary (adj)

bijlage (m/vr) enclosure (letter) or appendix (document/report)

bijleggen settle or reconcile

bijna-schrijfmachinekwaliteit (vr) near letter-quality (NLQ)

bijproduct (o) by-product or spinoff

bijscholingscursus (m) refresher course

bijschrijven enter *[write in]*

bijstellen regulate *[adjust]*

bijverdienste (vr) sideline

bijvoegen enclose

bijvoegsel (o) addition *[thing added]*

bijwerken update (v)

bijwonen attend

bijzonder special

bijzondere trekkingsrechten (o mv) special drawing rights (SDR)

bijzonderheden (vr mv) particulars

bijzonderheid (vr) detail (n)

bilateraal bilateral

bilaterale handel (m) reciprocal trade

bilaterale overeenkomst (vr) reciprocal agreement

bindend binding

binnen het bedrijf (o) in-house

binnendienst (m) office staff

binnengaan enter *[go in]*

binnenkomen enter *[go in]*

binnenkomst (vr) entry *[going in]*

binnenlands verbruik (o) home consumption

binnenlands domestic or ineternal or inland

binnenlandse afzet (m) home sales

binnenlandse handel (m) domestic trade

binnenlandse markt (vr) domestic market or home market

binnenlandse productie (vr) domestic production

binnenlandse verkopen (m mv) domestic sales

binnenstad (vr) city centre or downtown *[US]*

blad (papier) (o) sheet of paper

blanco cheque (m) blank cheque

blanco blank (adj)

blancokrediet (o) open credit

blijf aan de lijn (vr) hold the line please or please hold

blijven remain or stay (v)

blijven eisen hold out for

blisterverpakken bubble pack (v)

blisterverpakking (vr) blister pack

bloeien flourish

bloeiend booming or flourishing

bloeiende handel (m) flourishing trade

blok (o) block (n) *[building]*

blokkade (v) embargo (n)

blokkeren block (v)

blokkering (vr) stop (n) or freeze (n)

blootstelling (vr) exposure

blut broke (informal)

BNP (= Bruto Nationaal Product (o)) GNP (= gross national product)

bod (o) offer or bid

bode (m) messenger

bodem (m) bottom

bodemprijzen (m mv) rock-bottom prices

boedelbeschrijving (vr) inventory (n) *[list of contents]*

boek (o) book (n)

boeken *[reserveren]* reserve (v)

boeken *[te boek stellen]* enter *[write in]*

boekhoudafdeling (vr) accounts department

boekhouder (m) bookkeeper

boekhouding (vr) accounting *or* bookkeeping

boeking (vr) *[bespreking]* booking *or* reservation

boeking (vr) *[mbt boekhouding]* entry

boekingsstuk (o) voucher *[document from an auditor]*

boekjaar (o) financial year

boekwaarde (vr) book value

boete (vr) penalty *or* fine (n)

boetebeding (o) penalty clause

boeteclausule (vr) penalty clause

bon (m) coupon *or* voucher *[paper given instead of money]*

bonus (m) bonus

boodschap (vr) message

boodschappen (vr mv) *[gekochte goederen]* shopping *[goods bought]*

boodschappen doen *[actie]* shopping *[action]*

boord (m): aan boord on board

boord: aan boord gaan board (v) *or* embark (v)

borg (m) *[onderpand]* security

borg (m) *[persoon]* surety *or* guarantor

borg (m) staan voor een schuld (vr) guarantee a debt

borg staan voor iemand stand security for someone

borg stellen: zich borg stellen voor iemand stand surety for someone

borgstelling (vr) surety (n) *[security]*

borgtocht (m) betalen voor iemand bail someone out

botsen crash (v) *[hit]*

botsing (vr) crash (n) *[accident]*

bouwdeskundige (m) surveyor

bouwinspecteur (m) surveyor

bouwkundig ingenieur (m) structural engineer *or* site engineer

bouwmachinesverhuurbedrijf (o) plant-hire firm

bovenkant (m) top (n) *[upper surface]*

bovenste top (adj)

boycot (m) boycott (n)

boycotten boycott (v)

branche (vr) line *or* sector

brand (m) fire (n)

brandkast (vr) safe (n)

brandrisico (o) fire risk

brandschade (vr) fire damage

brandverzekering (vr) fire insurance

brandvoorschriften (o mv) fire regulations

break-evenpoint (o) breakeven point

breekbaar fragile

brengen bring (v)

breuken (vr mv) breakages

breukschade (vr) breakages

brief (m) *or* **een pakje (o) adresseren** address a letter *or* a parcel

brief (m) beantwoorden answer a letter

brief (m) opstellen draft a letter

brief (m) terugsturen aan de afzender (m) return a letter to sender

brief (m) letter

briefkaart (vr) card *[postcard]*

briefschrijver (m) correspondent *[person who writes letters]*

briefwisseling (vr) voeren met iemand correspond with someone

Brits British

brochure (vr) brochure

bron (vr) van inkomsten (vr mv) source of income

bronbelasting (vr) withholding tax

bruikbaar useful

Bruto Binnenlands Product (o) (BBP) gross domestic product (GDP)

Bruto Nationaal Product (o) (BNP) gross national product (GNP)

bruto rendement (o) gross yield

bruto tonnage (vr) gross tonnage

bruto gross (adj)

brutogewicht (o) gross weight

bruto-inkomen (o) gross earnings *or* gross income

brutomarge (vr) gross margin

brutosalaris (o) gross salary

brutowinst (vr) gross profit

budget (o) budget (n) *[personal or company]*

budget (o) onderschrijden underspend one's budget

budget (o) overschrijden overspend one's budget

budgetbeleid (o) budgetary policy

budgetbewaking (vr) budgetary control

budgetcontrole (m/vr) budgetary control

budgetrekening (vr) budget account

budgettair budgetary

budgetteren budget (v)

(het) budgetteren (o) budgeting

buiten outside

buiten de piekuren (o mv) off-peak

buiten de spits (vr) off-peak

buiten het hoogseizoen (o) off-season

buiten kantooruren (o mv) outside office hours

buitengewone baten (m/vr mv) en **lasten (m mv)** exceptional items *or* extraordinary items

buitengewone posten (m mv) extraordinary items

buitengewoon exceptional *or* extraordinary

buitenland (o) overseas (n)

buitenland: in *or* **naar het buitenland (o)** abroad

buitenlands external *or* foreign *or* overseas

buitenlandse handel (m) external trade *or* foreign trade *or* overseas trade

buitenlandse investeringen (vr mv) foreign investments

buitenlandse markten (vr mv) overseas markets

buitenlandse postwissel (m) foreign money order

buitenlandse rekening (vr) external account

buitenlandse valuta (vr) foreign currency

buitenlijn (vr) outside line

buitensporig excessive

bulletin (o) bulletin

bureau (o) *[kantoor/afdeling]* office

bureau (o) *[schrijftafel]* desk

bureau (o) van de burgerlijke stand (m) registry office

bureauchef (m) office manager *or* chief clerk

bureaucratie (vr) red tape

burgelijke staat (m) civil/marital status

burgerlijk recht (o) civil law

bus (m/vr) *[autobus]* bus

bus (vr) *[doos met gleuf]* box

business class (vr) business class

BV (= besloten vennootschap (vr) met beperkte aansprakelijkheid) Ltd (= limited company)

Cc

cadeau (o) gift *or* present

cadeau doen give away

cadeaubon (m) gift coupon *or* gift voucher

calculatiefactor (m) mark-up *[profit margin]*

campagne (vr) campaign *or* drive

capaciteit (vr) capacity

carbonkopie (vr) carbon copy

carbonpapier (o) carbon paper

cargadoor (m) ship broker

carnet (o) carnet *[document]*

cash flow (m) cash flow

catalogiseren card-index (v)

catalogus (m) catalogue *or* list

cataloguseprijs (m) catalogue price *or* list price

categorie (vr) category

cedent (m) assignor

centraal magazijn (o) depot *or* central warehouse

centraal central

centrale bank (vr) central bank

centralisatie (vr) centralization

centraliseren centralize

centrum (o) centre

certificaat (o) van goedkeuring (vr) certificate of approval

certificaat (o) van oorsprong (m) certificate of origin

certificaat (o) certificate

certificaat van aandeel (o) share certificate

certificeren certify

cessie (vr) cession *or* assignment

cessionaris (m) assignee

charter (o) charter (n)

charter vliegtuig (o) charter plane

charteren (o) charter (v)

chartervlucht (vr) charter flight

chauffeur (m) driver

checken verify

chef (m) manager *[of a department]* or superior or boss (informal)

chef (m) **buitendienst** field sales manager

chef inschrijvingen (vr mv) Registrar of Companies

cheque (m) cheque

cheque (m) **aan toonder** (m) cheque to bearer

cheque (m) **annuleren** cancel a cheque

cheque (m) **blokkeren** stop a cheque

cheque (m) **endosseren** endorse a cheque

cheque (m) **innen** cash a cheque

cheque (m) **kruisen** cross a cheque

cheque (m) **ongeldig maken** cancel a cheque

cheque (m) **teken** sign a cheque

cheque (m) **uitschrijven** write out a cheque

cheque (m) **verrekenen** clear a cheque

chequeboek (o) cheque book

chequecontrolestrook (vr) cheque stub

chequenummer (o) cheque number

cheques (m mv) **op naam** (m) personalized cheques

chronisch chronic

chronologische volgorde (vr) chronological order

cijfer (o) figure or digit

cijfers (o mv) **verwerken** process figures

cijfers (o mv) figures

circa approximately

circulaire (vr) circular or circular letter

circulaire kredietbrief (m) circular letter of credit

cirkeldiagram (o) pie chart

citeren quote (v) *[a reference]*

civiel procedure (m/vr) **aanspannen** bring a civil action

clandestien illicit

classificatie (vr) classification or rating

classificeren classify

clausule (vr) clause or stipulation

clearingbank (vr) clearing bank

client (m) client

code (m) code

codering (vr) coding

codificatie coding

collect belletje (o) or **collect telefoontje** (o) or **collectcall** (o) collect call *[US]*

collect-gesprek (o) reverse charge call or transferred charge call or collect call *[US]*

collect-gesprek (o) **voeren** reverse the charges

collectief eigendom (m) collective ownership

collectief collective

collectieve loonovereenkomst (vr) collective wage agreement

collega (m) associate (n)

collo (o) package *[of goods]*

colportage (vr) canvassing

colportagetechnieken (vr mv) canvassing techniques

colporteren canvass (v)

colporteur (m) canvasser

combineren consolidate *[shipments]*

commanditaire vennoot (m) non-executive director or sleeping partner

commanditaire vennootschap (vr) limited partnership

commercieel commercial (adj)

commerciële onderneming (vr) commercial undertaking

commissie (vr) board (n) *[group of people]* or commission or committee

commissieloon (o) commission *[money]*

commissionair (m) factor (n) *[person or company]* or commission agent

communicatie (vr) communication

communicatiemiddelen (o mv) communications

communiceren communicate

compagnon (m) partner

compensatie (vr) compensation

compenseren: een verlies compenseren to make good a loss

compenseren compensate or make up for

competitie (vr) competition

compleet outright

complementair complementary

complimentenkaartje (o) compliments slip

compromis (o) **sluiten** compromise (v)

compromis (o) compromise

compromitteren compromise (v)

computer (m) computer

computerbestand (o) computer file

computerbureau (o) computer bureau

computerdiensten (m mv) computer services

computerdienstverleningbureau (o) computer bureau

computerfout (vr) computer error

computer-leesbaar computer-readable

computer-leesbare codes (m mv) computer-readable codes

computerlijst (vr) computer listing

computerprogramma (o) computer program

computerprogrammeur (m) computer programmer

computersysteem (o) computer system

computertaal (vr) computer language

computerterminal (m) computer terminal

computertijd (m) computer time

computeruitdraai (m) computer printout *or* hard copy

concept (o) draft (n) *[rough plan]*

conceptovereenkomst (vr) heads of agreement

conceptplan (vr) draft plan

concern (o) concern *or* group *[of businesses]*

concessie (vr) concession *[right]*

concessiehouder (m) concessionaire

concessionaris (m) concessionaire

conciliatie (vr) conciliation

concipiëren draft (v)

concreet tangible

concurrent (m) competitor *or* rival company

concurrent (m) onderbieden undercut a rival

concurrente crediteur (m) unsecured creditor

concurrentie (vr) competition

concurrentiebeperkingen (vr mv) restrictive practices

concurrentievermogen (o) competitiveness

concurrerend competitive *or* competing

concurrerend bedrijf (o) rival company

concurrerend geprijsd competitively priced

concurrerende bedrijven (o mv) competing firms

concurrerende prijs (m) competitive price

concurrerende prijsstelling (vr) competitive pricing

concurrerende prijzen (m mv) keen prices

concurrerende producten (o mv) competing products *or* competitive products

conditie (vr) *[staat]* condition

condities (vr mv) terms

conferentie (vr) conference

conferentietelefoon (m) conference phone

confidentieel confidential

conformiteit (vr) conformity

conglomeraat (o) conglomerate

congres (o) conference *or* congress

conjunctuur (vr) trade cycle

conjunctuurcyclus (m) economic cycle

conjunctuurcyclus (m) trade cycle

conjunctuurfactoren (m mv) cyclical factors

conjunctuurontwikkelingen (vr mv) economic trends

connectie (vr) tie-up *[link]*

consignatiegever (m) consignor

consignatiegoederen (o mv) consignment *[things sent]*

consignatienemer (m) consignee

consignatiezending (vr) consignment *[sending]*

consigneren consign

consolidatie (vr) consolidation *or* funding *[of debt]*

consolideren consolidate

consortium (o) consortium *or* underwriting syndicate

constant constant

consulent (m) consultant

consument (m) consumer

consumentenbescherming (vr) consumer protection

consumentenbestedingen (vr mv) consumer spending

consumentenkrediet (o) consumer credit

consumentenonderzoek (o) consumer research

consumentenpanel (o) consumer panel

consumentenprijsindexcijfer (o) consumer price index

consumptie (vr) consumption

consumptiegoederen (o mv) consumables *or* consumer goods

consumptie-uitgaven (m/vr mv) consumer spending

contact (o) contact (n) *[general]*

contactpersoon (m) contact (n) *[person]*

container (m) container *[for shipping]*

containerhaven (vr) container port *or* container terminal

containerschip (o) container ship

containertrein (m) freightliner

containervervoer (o) containerization *[shipping in containers]*

contant cash

contant: à contant kopen buy for cash

contant betalen pay cash

contant geld (o) cash *or* cash in hand

contant waarde (vr) present value

contante aankoop (m) cash purchase *or* spot purchase

contante betaling (vr) cash payment *or* payment in cash

contante inkoop (m) cash purchase

contante koers (m) spot price

contante prijs (m) cash price *or* cash terms

contante transactie (vr) cash deal *or* cash transaction

contante uitgaven (vr mv) out-of-pocket expenses

contante verkoop (m) cash sale

contante waarde (vr) van toekomstige kasstroom (m) discounted cash flow (DCF)

contanten (mv) ready cash

contingent (o) quota

contingentie (vr) contingency

continu continuous *or* non-stop

continue invoer (vr) continuous feed

contract (o) annuleren cancel (v) a contract

contract (o) binnenhalen win (v) a contract

contract (o) ondertekenen sign (v) a contract

contract (o) opstellen draft (v) a contract *or* draw (v) up a contract

contract (o) opzeggen terminate (v) an agreement

contract (o) sluiten conclude (v) a contract *or* covenant (v)

contract (o) toewijzen award a contract

contract (o) written agreement *or* contract

contract nota (m/vr) contract note

contractant (m) contractor

contractbreuk (vr) breach of contract

contracteren contract (v)

contractpartij (vr) contracting party

contractueel contractual (adj) *or* contractually (adv)

contractuele aansprakelijkheid (vr) contractual liability

contrasigneren countersign

contrast (o) contrast (n)

controle (m/vr) *[boekhouden]* audit

controle (m/vr) *[inspectie]* check *or* verification

controle (m/vr) opheffen decontrol (v)

controlemonster (o) check sample

controleren *[boekhouden]* audit (v)

controleren *[inspectie]* check (v) *or* verify

controleren *[toezicht houden]* monitor (v)

controlestrookje (o) counterfoil

controlesystemen (o mv) control systems

controletoets (m) control key

controleur (m) controller

controleur (m) van voortgang (m) van werk (o) progress chaser

convenant (o) covenant (n)

conversie (vr) conversion

conversiekoers (m) conversion price *or* conversion rate

converteerbare obligatie (vr) convertible loan stock

converteerbare valuta (vr) convertible currency

convertibiliteit (vr) convertibility

coöperatie (vr) cooperative society

coöperatief (m/vr) co-operative (n)

coöperatief co-operative (adj)

coöperatieve vereniging cooperative society

coöpteren co-opt (v)

corner (m) corner (n) *[monopoly]*

correct *[juist]* right (adj)

correct *[zonder fouten]* correct (adj)

correctie (vr) rectification

correspondent (m) *[iemand die een briefwisseling voert]* correspondent

correspondent (m) *[verslaggever in andere plaats/land]* correspondent

correspondentie (vr) correspondence

correspondentieadres (o) accommodation address

corresponderen met iemand correspond with someone
corrigeren correct (v)
coupon (m) coupon
courant easily marketable
courtage (vr) brokerage *or* commission
couvertkosten (m mv) cover charge *or* cover costs
credit (o) credit (n)
creditcard (vr) credit card
creditcard (vr): met een creditcard betalen pay by credit card
crediteren credit (v)
crediteur (m) creditor
crediteur die uitstel van betaling aanvaard heeft deferred creditor
crediteuren (m mv) accounts payable
crediteurenboek (o) bought ledger *or* purchase ledger
creditkolom (vr) credit column

creditnota (vr) credit note
creditpost (m) credit entry
creditsaldo (o) credit balance
creditzijde (vr) credit side
cum-coupon (m) cum coupon
cum-dividend (o) cum dividend
cumulatief preferent aandeel (o) cumulative preference share
cumulatief cumulative
cumulatieve interest (m) *or* **intrest (m)** *or* **rente (m)** cumulative interest
curator (m) in een faillissement (o) receiver *[liquidator]*
curator (m) official receiver
curriculum (o) vitae (CV) curriculum vitae (CV)
curve (vr) curve
CV (= curriculum vitae) CV (= curriculum vitae)
cyclisch cyclical
cyclus (m) cycle

Dd

dag (m) day
dagboek (o) *[boekhouding]* journal
dagelijks daily *or* day-to-day
dagploeg (vr) day shift
dagvaarding (vr) (writ of) summons
daisywheelprinter (m) daisy-wheel printer
dalen decline (v) *or* drop (v) *or* fall (v)
dalend falling *or* decreasing
dalende effectenmarkt (vr) bear market
daling (vr) decline *or* drop *or* fall
dankbetuiging (vr) vote of thanks
database (vr) database
data-retrieval (vr) data retrieval
datatypist(e) (m/vr) keyboarder
dateren date (v)
datum (m) date (n)
datum (m) van ingang (m) effective date
datum (m) van ontvangst (vr) date of receipt
datumstempel (m) date stamp
debet (o) debit (n) *or* charge (n)
debetboeking (vr) debit entry

debetkolom (vr) debit column
debetnota (vr) debit note
debetpost (m) debit (n) *or* debit entry (n)
debetsaldo (o) debit balance
debetzijde (vr) debtor side
debiteur (m) debtor
debiteur (m) van een rechtelijk toegewezen vordering (vr) judgment debtor
debiteuren (m mv) accounts receivable *or* receivables
debiteurenboek (o) sales ledger
decentralisatie (vr) decentralization
decentraliseren decentralize
decimaal getal (o) decimal (n)
decimaalpunt (o) decimal point
deel (o) part *or* proportion *or* share
deelneming (vr) shareholding
deeltijdarbeid (m) part-time work
deeltijds part-time
deeltijdwerk(st)er (m/vr) part-timer
defect (o) defect *or* breakdown (n) *[machine]* *or* fault *[mechanical]*
defect raken break down (v) *[machine]*

defecte apparatuur (vr) faulty equipment

defectief defective *[faulty]*

defensie (bescherming) defence or protection

deficit (o) deficit

definitief maken finalize

definitief final

deflatie (vr) deflation

deflatoir deflationary

degressieve advertentietarieven (o mv) graded advertising rates

dek (o) deck

dekken cover (v) *[expenses]*

dekking (vr) *[risico]* hedging

dekking (vr) *[verzekering]* cover (n) *[insurance]*

deklading (vr) deck cargo

deksel (o) cover (n) *[top]*

delcredere (o) del credere

delcredere verkoopagent (m) del credere agent

delegatie (vr) delegation *[people]*

delegeren delegate (v)

delegering (vr) delegation *[action]*

delen share (v) *[use with someone]*

delgen discharge a debt or to discharge one's liabilities

demonstrateur (m) demonstrator

demonstratie (vr) demonstration

demonstratiemodel (o) demonstration model

demonstratrice (vr) demonstrator

demonstreren demonstrate

departementaal departmental

deponeren deposit (v) or bank (v)

deport (o) backwardation

deposant (m) depositor

deposito (o) met vaste termijn (m) fixed deposit

deposito (o) deposit (n) *[in bank]*

depositocertificaat (o) certificate of deposit

depositorekening (vr) deposit account

depot (o) depot *[central warehouse]*

depressie (vr) depression or slump

derde (m) third party

derde kwartaal (o) third quarter

derdenrekening (vr) nominee account

deregulering (vr) deregulation

desktop publishing (m) (DTP) desk-top publishing (DTP)

deskundige (m/vr) expert or professional

deskundigheid (vr) expertise

detacheren second (v) *[member of staff]*

detail (o) detail (n)

detailhandel (m) retail or retailing

detailhandelaar (m) retailer or retail dealer

detailhandelsartikelen (o mv) retail goods

detailhandelsindex (m) retail price index

detailhandelsprijs (m) retail price

detailhandelsprijsindex (m) retail price index

detailleren detail (v)

detaillist (m) retailer or retail dealer

details (o mv) particulars

deugdelijk valid

deur (vr) door

devaluatie (vr) devaluation

devalueren devalue

deviezen (o mv) foreign exchange or (foreign) currency

deviezencontroles (vr mv) exchange controls

deviezenhandelaar (m) foreign exchange dealer

deviezenmarkt (vr) foreign exchange market

diagram (o) diagram

dichtstoppen plug (v) or block (v)

dictee (o) dictation

dicteerapparaat (o) dictating machine

dicteren dictate

diefstal (m) theft

dienst (m) *[afdeling]* department or dept

dienst (m) *[betrekking]* service (n) *[working for a company]*

dienst (m) *[bus/treinverbinding]* service (n)

dienst (m) *[deel van een bedrijf]* division

dienst (m) *[overheidsinstelling]* division

dienst *[dienstverlening]* service

dienst: in dienst nemen employ

dienst: in dienst zijn employed

dienstbetrekking (vr) employment

dienstregeling (vr) scheduling or timetable *[trains]*

dienstverband (o) employment

dienstverlenende afdeling (vr) service department

dienstverlenende industrie (vr) service industry *or* tertiary industry

dienstverlenende sector (m) service sector *or* tertiary sector

dienstverlening (vr) service (n) *[business which helps]*

dieptepunt (o) low (n)

differentieel differential (adj)

differentiële tarieven (o mv) differential tariffs

dingen naar bestellingen (vr mv) solicit orders

diplomatentas (vr) briefcase

direct mail (m/vr) direct mail

direct mailing (vr) direct mailing

direct opvraagbaar deposito (o) demand deposit

direct direct (adj) *or* immediate (adj)

direct immediately (adv)

directe belasting (vr) direct tax *or* direct taxation

directe contante betaling (vr) spot cash

directe kosten (m mv) direct cost *or* prime cost

directeur (m) **afdeling inkoop** purchasing manager

directeur (m) director *or* executive director *or* managing director (MD)

directeurs- managerial

directie (vr) management *[managers]*

directiekamer boardroom

directielid (o) executive director

directiepersoneel (o) managerial staff

directiesecretaresse (vr) *or*
directiesecretaris (m) personal assistant (PA)

directie-werknemer (m) worker director

direct-mail reclame (vr) direct-mail advertising

discontabel discountable

disconto (o) discount (n)

discontobank (m/vr) discounter *or* discount house *[bank]*

discontotarief (o) discount rate

discontovoet (m) discount rate

discount- cut-price (adj)

discountwinkel (m) cut-price store

discountzaak (m/vr) discount store *or* discount house

discrepantie (vr) discrepancy

discussie (vr) discussion

diskette (vr) disk *or* diskette

display (m/vr/o) display (n)

display case display case

displaymateriaal (o) display material

displaystelling (vr) *or* **display unit** display unit *or* display stand

disponeren withdraw *or* draw *[money]*

dispositie (vr) withdrawal *[of money]*

distribueren distribute *[goods]*

distributeur (m) distributor

distributeurschap (m/vr) distributorship

distributie (vr) distribution

distributiekanalen (o mv) distribution channels *or* channels of distribution

distributiekosten (m mv) distribution costs

distributienetwerk (o) distribution network

divers miscellaneous

diverse artikelen (o mv) sundry items

diverse items (o) miscellaneous items

diversen (mv) miscellaneous items

diversen (mv) sundries

diversen (mv) sundry items

diversificatie (vr) diversification

diversificeren diversify

dividend (o) **uitkeren** pay a dividend

dividend (o) dividend

dividendbewijs (o) dividend warrant

dividenddekking (vr) dividend cover

dividendrendement (o) dividend yield

divisie (vr) division *[part of a group]*

dochtermaatschappij (vr) subsidiary (n) *or* subsidiary company

dochteronderneming (vr) subsidiary *or* subsidiary company

doctorandus (m) **in bedrijfsadministratie** (vr) MBA (= Master in Business Administration)

document (o) document *or* instrument

documentair documentary

documentatie (vr) documentation

documenten (o mv) documents *or* papers

documenten (o mv) **opbergen** file documents

dode rekening (vr) dead account

doel (o) objective *or* target *or* aim

doel (o) **bereiken** meet a target

doel (o) **missen** miss a target

doel (o) **niet bereiken** miss a target

doelmarkt (vr) target market

doelmatig efficient

doelmatigheid (vr) efficiency

doelstelling (vr) objective (n)

doelstellingen (o mv) **stellen** set targets

doeltreffend effective

doeltreffendheid (vr) effectiveness

doelwit (o) target (n)

dok (o) dock (n)

dokken dock (v) *[ship]*

doktersattest (o) doctor's certificate

doktersverklaring (vr) doctor's certificate

dollar (m) dollar

dollarcrisis (vr) dollar crisis

dollarzone (vr) dollar area

domicilie (o) domicile

dood gewicht (o) deadweight

dood dead (adj) *[person]*

door by *or* through *or* via

doorbrengen spend *[time]*

doorgaan continue

doorgaan: niet doorgaan fall through

doorgang (m) transit

doorhalen delete *or* cross out

doorkiezen dial direct

doorlooptijd (m) throughput

doorlopend krediet (o) revolving credit

doorlopend plan (o) rolling plan

doorlopend continuous

doorlopende opdracht (m/vr) standing order

doorreisvisum (o) transit visa

doorslag (m) carbon copy

doorstrepen cross out

doorsturen refer *[pass to someone]*

doorverbinding (vr) connecting flight

doorverkoop (m) resale

doorverkoopprijs (m) resale price

doorvoer (m) transit

doos (vr) box *or* case *or* container

dossier (o) *[documenten]* dossier *or* file

dossier (o) *[voor personeel]* record (n)

douane (vr) customs

Douane en Accijns Customs and Excise *or* Excise Department (UK)

douaneaangiftepunt (o) customs entry point

douane-agent (m) *[makelaar]* customs broker

douanebeambte (m/vr) customs officer/official *or* Excise officer

douanebewijs (o) customs receipt

douanecertificaat (o) clearance certificate

douane-controle (o) customs examination

douaneformaliteiten (vr mv) customs formalities

douaneheffing (vr) customs duty

douane-inklaring (vr)

douanerechten (mv) duty (tax)

douanetarief (o) customs tariff

douane-unie (vr) customs union

douaneverklaring (vr) customs declaration

douaneverklaringsformulier (o) customs declaration form

douanezegel (o) customs seal

dozijn (o) dozen

draagbaar portable

draagbare telefoon (m) cellular telephone *or* portable telephone

draaien (o) *[op gang houden]* run (n) *[work routine]*

draaien (o) *[telefoon]* dialling (n)

draaien *[telefoon]* dial (v)

drachme (vr) drachma

dragen *[betalen]* bear (v) *[pay for]*

dragen *[boven grond houden]* bear *or* carry

drempel (m) threshold

drempelprijs (m) threshold price

driemaandelijks quarterly (adj) *or* quarterly (adv)

drievoud (o): **in drievoud** in triplicate

drievoudig triple (adj)

dringend urgent

druk busy

drukkerij (vr) printer *[company]*

dubbel reserveren double-book

dubbel double (adj)

dubbele belasting (vr) double taxation

dubbele boeking (vr) double-booking

duidelijk clear (adj) *[easy to understand]*

Duitse mark (m) Deutschmark

dumpen unload *[get rid of]*

dumping (vr) dumping

duplicaat (o) van een kwitantie (vr) duplicate receipt

duplicaat (o) duplicate (n)

duplicering (vr) duplication

duur expensive *or* dear *or* costly *or* highly-priced

duurdere prijsklasse (vr) up-market

duurtetoeslag (m) cost-of-living allowance *or* cost-of-living bonus

duurzame consumptiegoederen (o mv) consumer durables

duurzame goederen (o mv) durable goods

Ee

echt genuine *or* real

economie (vr) *[studie]* economics *[study]*

economie (vr) *[systeem]* economy *[system]*

economisch economic *or* economical

economisch model (o) economic model

economisch verantwoord handeldrijven (o) fair trade

economische groei (m) economic growth

economische indicatoren (m mv) economic indicators

economische ontwikkeling (vr) economic development

economische planning (vr) economic planning

economische spionage (vr) industrial espionage

economische teruggang (m) recession

economische veroudering (vr) obsolescence

economische wetenschap (vr) economics *[study]*

economist (m) economist

econoom (m) economist

ECU (Europese Munteenheid) (m) ecu *or* ECU (= European currency unit)

één procent (o) percentage point

eenheid (vr) unit *[item]*

eenheidskostprijs (m) unit cost

eenheidsprijs (m) unit price

eenheidstarief (o) flat rate

eenmalig item (o) one-off item

eenmalig one-off

eenmalige posten (m mv) non-recurring items

eenmansbedrijf (o) sole trader

eenmanszaak (m) sole trader

eenzijdig one-sided *or* unilateral

eerder prior

eerlijk fair (adj)

eerlijk handeldrijven (o) fair dealing

eerlijk handeldrijven (o) fair trading

eerst first

eerste belastingschijf (m/vr) standard rate (of tax)

eerste bod (o) opening bid

eerste keus (m/vr) first option

eerste klas (vr) first-class *or* A1

eerste kwartaal (o) first quarter

eersteklas effecten (o mv) blue chip

eersteklas investeringen (vr mv) blue-chip investments

effect (o) *[aandeel]* share (n) *[in a company]*

effect (o) *[gevolg]* effect (n)

effecten (o mv) securities

effectenbeurs (vr) stock market *or* stock exchange

effectenhandel (m) stockbroking

effectenmakelaar (m) stockbroker

effectenmarkt (m/vr) stock market

effectentransactie (vr) bargain (n) *[stock exchange]*

effectief effective

effectief rendement (o) effective yield

effectieve vraag (vr) effective demand

effectiviteit (vr) effectiveness

efficiency (vr) efficiency

efficiënt efficient

EG (= Europese Gemeenschap (vr)) EC (= European Community)

egalisatie (vr) equalization

eigen merkartikelen (o mv) own brand goods *or* own label goods

eigen vermogen (o) equity capital *or* equity

eigenaar (m) owner *or* proprietor

eigenaar: rechtmatige eigenaar (m) *or* **eigenares (vr)** rightful owner

eigenares (vr) proprietress

eigendom (m) *[recht]* ownership

eigendom (o) *[bezit]* property

eigendom: in eigendom hebben own (v)

eigendom (o) realiseren realize property *or* assets

eigendom (o) te gelde maken realize property *or* assets

eigendomsrecht (o) tenure *[right]*

eind (o) closing (n)

eind- terminal (adj) *[at the end]*

eindbalans (vr) closing balance

eindbedrag (o) total *or* total amount

einde (m) close *or* end *or* expiry *or* expiration

einde (o) van het jaar (o) year end

eindejaar year end

eindgebruiker (m) end user

eindigen terminate *or* end (v)

eindiging (vr) termination

eindprijs (m) closing price

eindproduct (o) end product

eindtotaal (o) grand total

eindvoorraad (m) closing stock

eis (m) claim (n)

eisen (m mv) requirements

eisen demand (v)

eiser (m) *or* **eiseres (vr)** claimant *or* plaintiff

élan (o) drive *or* energy

elasticiteit (vr) elasticity

elektronisch verkooppunt (o) electronic point of sale (EPOS)

elektronische post (vr) electronic mail

elektronische post (vr) email (= electronic mail)

elementair basic (adj) *[simple]*

E-mail (m/vr) email (= electronic mail)

emballage (vr) packaging *or* packing

emballagekosten (m mv) packing charges

emballeren pack (v)

embargo (o) leggen op embargo (v)

embargo (o) opheffen lift an embargo

embargo (o) embargo (n)

emissie (vr) issue (n) *[of shares]*

emissiesyndicaat (o) underwriting syndicate

emitteren issue (v) *[shares]*

emitterende bank (vr) issuing bank

EMS (= Europees Monetair Systeem) EMS (= European Monetary System)

endossant (m) endorser

endossement (o) endorsement *[action]*

energie (vr) drive *or* energy

energie (vr) energy *[electricity]*

energie (vr) energy *[human]*

energiebesparend energy-saving (adj)

enig eigenaar (m) sole owner

enig sole

enkel *[een aantal]* a few *or* several

enkel *[niet dubbel]* single

enkel *[niet meer dan één]* sole

enkele reis (m/vr) single

enkele reis tarief (o) one-way fare

enkelvoudig single

enkelvoudige rente (m/vr) simple interest

enquêtecommissie (vr) working party

entreegeld (o) fee *[admission]*

entrepot (o) bonded warehouse

entrepothaven (vr) entrepot port

enzovoort *or* **enz.** and so on *or* et cetera *or* etc.

erkennen: niet erkennen repudiate

erkennen recognize *or* acknowlede

erkenning (vr) recognition

ervaren experienced

escrow-rekening (vr) escrow account

escudo (m) escudo

essentieel essential

etage (vr) floor *[level]*

etalage (vr) shop window *or* window display

etaleren display (v)

etiket (o) label (n)

etiketteren (o) labelling

etiketteren label (v)

etmaal (o) *[24 uren]* day *[24 hours]*

etui (o) holder

EU (= Europese Unie (vr)) EU (= European Union)

eurocheque (m) Eurocheque

eurodeviezen (o mv) Eurocurrency

eurodollar (m) Eurodollar

Euromarkt (vr) Euromarket

Europees Monetair Systeem (o) European Monetary System (EMS)

Europees European

Europese Economische Gemeenschap (EEG) (vr) Common Market

Europese Eenheidsmarkt (vr) Single European Market

Europese Investeringsbank (vr) European Investment Bank

Europese Unie (vr) European Union (EU)

EVA (= Europese Vrijhandelsassociatie (vr)) EFTA (= European Free Trade Association)

evaluatie (vr) evaluation

evalueren evaluate

evenaren equal (v)

evenredig proportional

evenwicht (o) balance (n)

exact exact (adj)

exact exactly (adv)

examen (o) examination *or* test

examineren examine

exceptioneel exceptional

excessief excessive

excessieve kosten (m mv) excessive costs

exclusief *[niet inbegrepen]* exclusive of *or* excluding

exclusief *[uitsluitend]* sole

exclusief belasting (vr) exclusive of tax

exclusief excluding

exclusief up-market

exclusiviteit (vr) exclusivity

exclusiviteitovereenkomst (vr) exclusive agreement

ex-coupon (m) ex coupon

ex-dividend (o) ex dividend

executeren execute

executie (vr) execution

exemplaar (o) copy (n) *[book or newspaper]*

expansie (vr) expansion

expediteur (m) carrier *or* shipper *or* shipping agent *or* forwarding agent *or* road haulier

expeditie (vr) shipment *or* forwarding

expeditieafdeling (vr) dispatch department

expeditiemedewerk(st)er (m/vr) shipping clerk

expertiseverslag (o) damage survey

expiratie (vr) expiry

expliciet express (adj) *or* explicit

exploitatiebudget (o) operating budget

exploitatiekosten (m mv) running costs *or* running expenses *or* operating costs

exploiteren *[bouwterrein]* develop

exploiteren *[uitbuiten]* exploit (v)

exploiteren *[uitoefenen]* operate *or* run (v)

export (m) export (n)

exportafdeling (vr) export department

exporteren export (v)

exporterend exporting (adj)

exporteur (m) exporter

exporthandel (m) export trade

exportvergunning (vr) export licence

exposant (m) exhibitor

exposeren exhibit (v)

expositie (vr) exhibition

expres- express (adj) *[fast]*

expresbrief (m) express letter

expresse bestelling (vr) express delivery

extern *[buiten een bedrijf]* external *[outside a company]*

extern directeur (m) outside director

extern outside

externe accountant (m) external auditor

externe audit (m) external audit

externe opleiding (vr) off-the-job training

extra extra

extra groot outsize *or* OS

extra grote maat (vr) outsize *or* OS

extra invoerbelasting (vr) surcharge

extra kosten (m mv) extra charges *or* extras

extra's (o mv) naar keuze (vr) optional extras

Ff

fabricage (vr) manufacture *or* manufacturing *or* production

fabriceren manufacture (v)

fabriek (vr) plant *or* factory

fabrieksgoederen (o mv) manufactured goods

fabrieksprijs (m) factory price *or* price ex factory

fabriekswinkel (m) factory outlet

fabrikaat (o) manufactured goods

fabrikant (m) manufacturer *or* producer

faciliteit (vr) facility *[credit]*

faciliteiten (vr mv) facilities

factor (m) factor (n) *[influence]*

factoring (vr) factoring

factoring (vr) doen factor (v)

factoringkosten (m mv) factoring charges

factureren invoice (v)

facturering (vr) billing *or* invoicing

factureringsafdeling (vr) invoicing department

factuur (vr) bill *or* invoice

factuur (vr) betalen pay an invoice

factuur (vr) in tweevoud (o) opmaken duplicate an invoice

factuur (vr) met B.T.W. VAT invoice

factuur (vr) opmaken raise an invoice

factuur (vr) per post (vr) verzenden send an invoice by post

factuur (vr) uitschrijven raise an invoice

factuurnummer (o) invoice number

factuurprijs (m) invoice price

facultatief optional

failliet bankrupt (adj)

failliet gaan bankrupt (v) *or* crash (v) *or* fail *or* go bust

failliet verklaren declare someone bankrupt

faillissement (o) bankrupt *or* bankruptcy *or* failure

faillissementsverklaring (vr) declaration of bankruptcy

falen fail *[not to succeed]*

familiebedrijf (o) family company

fase (vr) stage *or* phase

faxen fax (v)

feedback (m) feedback

feitelijk actual

feniksonderneming (vr) phoenix company

fenikssyndroom (o) phoenix syndrome

ferryboot (m/vr) ferry

fiasco (o) flop (n)

fiche (vr) filing card

ficheren card-index (v)

FIFO (eerst in, eerst uit) FIFO (= first in first out)

figuur (o/m) diagram

filiaal (o) branch *or* branch office

filiaal (o) *[winkel]* chain store

filiaalbedrijf (o) chain store

filiaalhouder (m) branch manager

financieel financial (adj)

financieel financially (adv)

financieel directeur (m) finance director

financieel economist (m) market economist

financieel ondersteunen sponsor (v)

financieel risico (o) financial risk

financiële activa (mv) financial asset

financiële crisis (vr) financial crisis

financiële instelling (vr) financial institution

financiële middelen (o mv) financial resources

financiële positie (vr) financial position

financiële schikking (vr) financial settlement

financiën (mv) finance *or* finances

financier (m) backer

financieren finance (v) *or* fund (v)

financiering (vr) met vreemd vermogen (o) gearing

financiering (vr) financing *or* funding

financieringsbedrijf (o) finance company

financieringsmiddelen (o mv) financial resources

firma (vr) firm *or* house

firmant (m) partner

first in first out (FIFO) (eerst in eerst uit) first in first out (FIFO)

fiscaal fiscal

fiscaal delict (o) tax offence

fiscaal toevluchtoord (o) tax shelter

fiscale maatregelen (m mv) fiscal measures

fixeren freeze (v) *[prices]*

flauw flat (adj) *or* dull *or* slack

flexibel prijsbeleid (o) flexible pricing policy

flexibel flexible

flexibele prijzen (m mv) flexible prices

flexibiliteit (vr) flexibility

flip-over (m) flip chart

floppen flop (v)

floreren flourish

florerend booming *or* flourishing

fluctuatie (vr) fluctuation

fluctueren fluctuate

fluctuerend fluctuating

folder (m) leaflet

fonds (o) fund (n)

fonds (o) ontoereikend insufficient funds *[US]*

fondsen (o mv) bemachtigen/ verwerven secure funds

fondsen (o mv) beschikbaar stellen commit funds to a project

fondsen (o mv) bestemmen voor een project (o) earmark funds for a project

fondsen (o mv) voor een project (o) reserveren earmark funds for a project

fooi (vr) tip (n) *[money]*

fooi (vr) geven tip (v) *[give money]*

forens (m) commuter

forenzen commute *[travel]*

formaat (o) size

formaliteit (vr) formality

formeel formal

formulering (vr) wording *or* form of words

formulier (o) form (n)

fotokopie (vr) photocopy (n)

fotokopieerapparaat (o) photocopier

fotokopieerzaak (m/vr) photocopying bureau

fotokopiëren (o) photocopying

fotokopiëren photocopy (v)

fout (m/vr) *[vergissing]* slip *or* mistake *or* error

fout (vr) *[gebrek]* fault *or* defect

fout (vr) *[niet juist]* wrong

fout (vr) *[schuld]* fault *[blame]*

foutenfrequentie (vr) error rate

foutenmarge (vr) margin of error

foutief incorrect (adj)

foutief incorrectly (adv)

foutief berekenen miscalculate

fragiel fragile

franchise (vr) verlenen franchise (v)

franchise (vr) franchise

franchisegever (m) franchiser

franchisenemer (m) franchisee

franchising (vr) franchising

franco (goederen) carriage free *or* carriage paid

franco (post) postage paid

franco levering (vr) free delivery

franco prijs (m) delivered price

franco station (o) free on rail

franco free of charge

frank (m) franc

frankeermachine (vr) franking machine

frankeren frank (v) *or* stamp (v) *[letter]*

fraude (vr) fraud

frauduleus fraudulent (adj)

frauduleus fraudulently (adv)

frauduleuze transactie (vr) fraudulent transaction

frequent frequent

functie (vr) job *or* position

functieanalyse (vr) job analysis

functiebenaming (vr) job title

functiebeschrijving (vr) job specification

functieomschrijving (vr) job description

functionaris (m) official (n)

functioneren work (v)

fundamenteel basic (adj) *[most important]*

fungeren act (v) *[work]*

fuseren merge

fusie (vr) merger

Gg

gaan go

gangbaar current

gangbare tarief (o) going rate

garanderen guarantee (v) *or* warrant (v)

garant stellen: zich garant stellen voor underwrite *[pay costs]* or warrant (v) *[guarantee]*

garantie (vr) guarantee (n) *or* warranty (n)

garantiebewijs (o) certificate of guarantee *or* warrant (n) *or* warranty (n)

garantiesyndicaat (o) underwriting syndicate

gat (o) gap

gat (o) in de markt (vr) gap in the market

gat (o) in de markt (vr) market opportunities

gat (o) in de markt vullen fill a gap in the market

GATT (Algemene Overeenkomst (vr) m.b.t. Douanerechten (mv) en Tarieven (o mv) GATT (General Agreement on Tariffs and Trade)

geadresseerde (m/vr) addressee

geannuleerd off *[cancelled]*

gearresteerde (m) judgment debtor

geautomatiseerd computerized

geavanceerd- state-of-the-art

gebeurtenissenfonds (o) contingency fund

gebied (o) area *[subject]* or field

geblokkeerd frozen

geblokkeerde activa (mv) frozen assets

geblokkeerde rekening (vr) account on stop *or* frozen account

geblokkeerde valuta (m/vr) blocked currency

geboekte verkoop (m) book sales

geborgen goed (o) salvage (n) *[things saved]*

gebrek (o) *[machine]* defect

gebrek (o) *[materiaal]* fault *or* defect *or* shortcoming

gebrek (o) *[onvoldoende aanwezig]* shortage

gebrek (o) aan short of

gebrek (o) aan kapitaal (o) lack of funds

gebreke (o): in gebreke zijn default (v)

gebreke: bij gebreke van betalingen default on payments

gebrekkig defective *or* faulty *or* imperfect

gebrekkigheid (vr) imperfection

gebruik (o) use (n) *or* utilization

gebruik maken van use (v)

gebruikelijk usual *or* normal *or* standard (adj) *or* stock (adj)

gebruikelijke tarief (o) going rate

gebruiken use (v)

gebruiker (m) user

gebruikersvriendelijk user-friendly

gebruiksaanwijzing (vr) directions for use

gebruikt employed *or* used

gecentraliseerde aankopen (m mv) central purchasing

geconsolideerd consolidated

gedaagde (m/vr) defendant

gedateerd dated

gedeelte (o) proportion *or* part *or* share

gedeeltelijk verlies (o) partial loss

gedeeltelijke betaling (vr) partial payment

gedekte lening (vr) secured loan

gedelegeerde (m/vr) delegate (n)

gedeponeerd registered (adj)

gedetailleerd verslag (o) detailed account

gedetailleerd detailed

gedetailleerde opgave (vr) specification

geding (o) aanspannen take legal action

gediplomeerd accountant (m) certified accountant

gediplomeerd stagiair(e) (m/vr) graduate trainee

gediplomeerd certificated *or* qualified

gedragscode (m) code of practice

gedragslijn (m/vr) bepalen decide on a course of action

gedrukt flat (adj) *[dull]*

gedurfd risky

gedwongen forced

gedwongen liquidatie (vr) compulsory liquidation

gedwongen verkochte goederen (mv) distress merchandise

gedwongen verkoop (m) distress sale *or* forced sale

geen winst (vr) nil return

geëndosseerde (m/vr) endorsee

gefaseerde betalingen (vr mv) staged payments

gegadigde (m) interested party *or* prospect

gegadigde *[koper]* prospective buyer

gegarandeerd loon (o) guaranteed wage

gegarandeerde cheque (m) certified cheque

gegevens (o mv) invoeren input information

gegevens (o mv) data

gegevensbank (m/vr) database

gegevensbestand (o) database

gegevensterugwinning (vr) data retrieval

gegevensverwerking (vr) data processing

geheim secret (adj)

geheim (o) secret (n)

geheim telefoonnummer (o) ex-directory

geheugen (o) memory *or* storage

geheugeneenheid (vr) storage unit

geïndexeerd index-linked

geïndustrialiseerde maatschappijen (vr mv) industrialized societies

geïnflateerde prijzen (m mv) inflated prices

geïnterviewde (m/vr) interviewee

geïnvesteerd invested *or* employed *[money]*

gekocht bought

gekoppeld on line

gekozene (o) choice (n) *[thing chosen]*

gekruiste cheque (m) crossed cheque

gekweekte rente (vr) accrued interest

geld (o) money

geld (o) overmaken remit (v)

geld (o) verdienen make money

geld (o) verliezen lose money

gelde: te gelde maken realize property

gelden *[lopen]* run (v)

gelden *[van kracht zijn]* apply *or* rule (v) *[be in force]*

geldend applicable *or* prevailing *or* ruling (adj)

geldhoeveelheid (vr) money supply

geldig valid

geldig zijn *[van kracht zijn]* be valid *or* operate *or* rule (v)

geldigheid (vr) validity

geldigheidsduur (m) period of validity *or* currency

geldkoersen (m mv) money rates

geldlade (vr) van kassa (m) till

geldmarkten (vr mv) money markets

geldmiddelen (o mv) resources *or* finances *or* funds

geldschieter (m) lender *or* moneylender *or* sponsor (n)

geldstroom (m) cash flow

geldvoorraad (m) money supply

geldwisselaar (m) money changer

geleende (o) borrowing

gelegen situated

gelegenheid (vr) opportunity

geleide economie (vr) controlled economy

geleidebiljet (o) docket

geleidelijk gradual

geleidelijk invoeren phase in

geleidelijk stopzetten phase out

gelieerde vennootschap (vr) *or* **bedrijf (o)** associate company

gelieerde associate (adj)

gelijk zijn aan equal (v)

gelijk equal (adj)

gelijkheid (vr) equality *or* par *or* parity

gelijkluidend afschrift (o) true copy

gelijkmaken (o) equalization

gelimiteerd limited

gemak (o) facility *or* ease

gemakkelijk easy

gematigd moderate (adj)

gemeenschap (vr) community

gemeenschappelijk joint (adj) *or* common

gemeenschappelijk jointly (adv)

gemeenschappelijk beheer (o) joint management

gemeenschappelijke eigendom (m) multiple ownership

gemeenschappelijke rekening (vr) joint account

gemene averij (vr) general average *[insurance]*

gemengd *[verscheiden]* mixed *or* miscellaneous

gemengde economie (vr) mixed economy

gemerkt personalized

gemerkte diplomatentas (vr) personalized briefcase

gemiddeld average (adj) *or* mean (adj)

gemiddelde (o) average (n) *or* mean (n)

gemiddelde (o) berekenen average (v)

gemiddelde (o) halen average (v)

gemiddelde jaarlijkse toename (vr) mean annual increase

gemiddelde prijs (m) average price

gemotiveerd motivated

genadeloze concurrentie (vr) cut-throat competition

genationaliseerde industrie (vr) nationalized industry

geneeskundige verklaring (vr) doctor's certificate

genoteerde aandelen (o mv) quoted shares

geoctrooieerd patented

gepland projected

geprojecteerd projected

geprojecteerde afzet (m) projected sales

geraamd projected

geraamde omzet (m) projected sales

gerechtelijk vervolgen prosecute

gerechtelijke aanmaning (vr) summons

gerechtelijke actie (vr) ondernemen take legal action

gerechtelijke maatregelen (m mv) legal proceedings

gerechtelijke procedure (m/vr) legal proceedings

gerechtelijke uitspraak (vr) adjudication

gerechtelijke vervolging (vr) prosecution *[legal action]*

gerechtshof (o) court

gerechtvaardigd rightful

geredde goed (o) salvage (n) *[things saved]*

gerede producten (o mv) finished goods

gereduceerde prijs (m) discount price

gereed *[klaar met werk]* finished

gereed *[klaar voor een handeling]* ready

gereed geld (o) ready cash

gereedschap (o) tool *or* implement (n)

geregistreerd registered (adj)

gerehabiliteerd: niet gerehabiliteerd failliet (o) undischarged bankrupt

gerehabiliteerde gefailleerde (m) certificated bankrupt

geretourneerde lege flessen (vr mv) returned empties

geringe afzet (m) low sales

geringer lower (adj)

gesalarieerd salaried

geschat approximate *or* estimated

geschat cijfer (o) estimated figure

gescheiden separate (adj)

geschenk (o) gift *or* present

geschenkbon (m) gift coupon *or* gift voucher

geschikt appropriate

geschil (o) arbitreren arbitrate in a dispute

geschillencommissie (vr) arbitration board *or* arbitration tribunal

geschoold qualified *or* skilled

geschoolde arbeidskrachten (vr mv) skilled labour

geschoolde fabrieksarbeider (m) operative (n)

gesitueerd situated

gesloten closed *or* shut (adj)

gesloten circuit (o) closed circuit

gesloten enveloppe (vr) sealed envelope

gesloten markt (vr) closed market

gespecialiseerde zaak (m/vr) stockist

gespecificeerd verslag (o) detailed account

gespecificeerd detailed

gespecificeerde factuur (vr) itemized invoice

gespecificeerde rekening (vr) itemized account

gespreide betalingen (vr mv) staged payments

gesprek: in gesprek *[telefoon]* engaged *or* busy

gesprekspunt (o) business *[discussion]*

gestaffeld graduated

gestorven dead (adj) *[person]*

getal (o) figure *or* number

getransporteerde som (vr) running total

getuige (m/vr) witness (n)

getuigschrift (o) reference *[report on person]*

geven give

gevestigd belang (o) vested interest

gevestigd established

gevolg (o) result *or* effect

gevolg: tot gevolg (o) **hebben** result in

gevolge: ten gevolge van owing to *or* as a result of

gevolmachtigd authorized

gevolmachtigde (m/vr) assignee *or* proxy *[person]*

gewaagd risky

gewaarmerkt afschrift (o) certified copy

geweigerd worden bounce *[cheque]*

geweigerde cheque (m) rubber check *[US]*

gewicht (o) weight

gewichtslimiet (vr) weight limit

gewogen gemiddelde (o) weighted average

gewogen index (m) weighted index

gewone aandelen (o mv) ordinary shares *or* equities

gewoon formaat (o) regular size

gewoon regular *or* ordinary *or* usual

gezamenlijk overleg (o) joint discussions

gezamenlijk joint (adj)

gezamenlijk jointly (adv)

gezamenlijke eigendom (m) multiple ownership

gezamenlijke ondertekenaar (m) joint signatory

gezonde winst (vr) healthy profit

gezondheid (vr) health

gilde (m/vr) guild

glijdende (loon)schaal (vr) incremental scale

globaal concept (o) rough draft

globaal rough

goed beheer (o) good management

goed good (adj)

goed well (adv)

goedbetaald werk (o) well-paid job

goede koop (m) good buy

goede kwaliteit (vr) good quality

goede leiding (vr) good management

goede naam (m) standing

goeder: te goeder trouw (vr) bona fide

goederen (o mv) **aan de wal** (m) **brengen** land goods at a port

goederen (o mv) **in kartonnen dozen** (vr mv) **verpakken** pack goods into cartons

goederen (o mv) **lossen in een haven** (vr) land goods at a port

goederen (o mv) **onderweg** (m) goods in transit

goederen (o mv) **op de markt** (vr) **dumpen** dump goods on a market

goederen (o mv) goods

goederenbeurs (vr) commodity exchange

goederendepot (o) goods depot

goederenlift (m) elevator *or* lift

goederenmarkt (vr) commodity market

goederentermijntransacties (vr mv) commodity futures

goederentrein (m) freight train *or* goods train

goederenwagon (m) truck *[railway wagon]*

goedkeuren agree to *or* approve of

goedkeuring (vr) approval

goedkoop geld (o) cheap money

goedkoop cheap *or* cut-price (adj)

goedkope arbeidskrachten (vr mv) cheap labour

goedkope benzine (vr) cut-price petrol

goedkope goederen (o mv) cut-price goods

goedkope goederenmarkt (m/vr) down market

goedlopend going

goedmaken *[gebrek of tekortkoming]* make up for

goedmaken *[verlies]* make good

goodwill (m) goodwill

gouden gids (m) yellow pages

goudgerande effecten (o mv) gilt-edged securities

goudgerande waardepapieren (o mv) gilts

graansilo (m) elevator *[grain]*

gram (o) gram *or* gramme

gratis free (adj) *or* free (adv) *or* free of charge *or* complimentary (adj)

gratis bellen toll free *[US]*

gratis bezorging (vr) free delivery

gratis geschenk (o) free gift

gratis monster (o) free sample

gratis proefneming (vr) free trial

gratis telefoonnummer (o) toll free number *[US]*

gratis uitproberen (o) free trial

grens (m/vr) *[rand]* border

grens (vr) *[limiet]* limit (n)

griffier (m) registrar

groei (m) growth *or* gain (n) *[getting bigger]*

groeien gain (v) *[become bigger]*

groei-index (m) growth index

groeiindustrie (vr) boom industry

groeipercentage (o) growth rate

groeisector (m) boom industry

groeitempo (o) growth rate

groep (vr) *[bedrijven]* group *[of businesses]*

groep (vr) *[mensen]* group *[of people]*

groep (vr) *[orders]* batch (n) *[of orders]*

groepage (vr) consolidated shipment *or* groupage

groeperen *[orders]* batch (v)

groepsgewijze verwerking (vr) batch processing

grof rough

grond (m) land (n)

gronden: te gronden gaan wreck (v) *or* ruin (v)

grondslag (m) basis *or* principle

grondstoffen (vr mv) raw materials

grondstoffenvoorraad (m) stock of raw materials

grondtijd (m) turnround *[of plane]*

groot heavy *or* important

groot: in het groot verkopen wholesale (adv)

grootboek (o) ledger

groothandel- wholesale (adv)

groothandelaar (m) wholesale dealer *or* wholesaler

groothandelsindex (m) wholesale price index

groothandelskorting (vr) wholesale discount

groothandelsprijs (m) trade price

grootte (vr) size

grootwinkelbedrijf (o) multiple store

gros (o) gross (n) (144)

grote hoeveelheid (vr) mass *[of things]*

grote uitgaven (m/vr mv) heavy costs

grotere major

gulden (m) guilder *[Dutch currency]*

gunstig favourable

gunstige handelsbalans (vr) favourable balance of trade

Hh

haalbaarheid (vr) feasibility

haalbaarheidsrapport (o) feasibility report

haast (m/vr) rush (n)

haast: tot haast aanzetten hurry up

haast maken hurry up

haasten: zich haasten rush (v)

halen collect (v) *[fetch]*

half dozijn (o) half a dozen

half half (adj)

halffabrikaten (o mv) semi-finished products

halfgeschoolde arbeiders (m mv) semi-skilled workers

halfjaar (o) half-year

halfjaarlijks verslag (o) half-yearly statement

halfjaarlijkse balans (m/vr) en W & V rekening (vr) half-yearly accounts

halfjaarlijkse betaling (vr) half-yearly payment

halfjaarlijkse rekeningen (vr mv) half-yearly accounts

halfmaandelijkse rekeningen (vr mv) mid-month accounts

halfproducten (o mv) semi-finished products

halte (vr) stop (n)

hamsteren (o) hoarding *[of goods]*

hamsteren hoard (v)

hand- manual (adj)

hand: iets van de hand doen get rid of something

handarbeider (m) manual worker

handbagage (vr) hand luggage

handboek (o) manual (n)

handel (m) business *or* trade *or* commerce *or* trading

handel (m) op basis van wederkerige rechten fair trade

handel drijven trade (v)

handelaar (m) dealer *or* merchant *or* trader

handeldrijven in trade in *[buy and sell]*

handelen in trade in *[buy and sell]*

handelen optreden take action

handelen act (v) *or* trade (v) *or* deal (v)

handeling (vr) action *[thing done]*

handelsakkoord (o) trade agreement

handelsartikel (o) commodity

handelsattaché (m) commercial attaché

handelsbalans (vr) in dollars (m mv) dollar balances

handelsbalans (vr) balance of trade

handelsbank (vr) merchant bank

handelsbeperking (vr) restraint of trade

handelsbeurs (vr) trade fair

handelscursus (m) commercial course

handelsgids (m) classified directory

handelsgids (m) trade directory

handelskorting (vr) trade discount *or* trade terms

handelsmaatschappij (vr) trading company

handelsmerk (o) deponeren register a trademark

handelsmerk (o) brand *or* trademark *or* trade name

handelsmissie (vr) trade mission

handelsnaam (m) trademark

handelsopleiding (vr) commercial college

handelsovereenkomst (vr) trade agreement

handelspartner (m) trading partner

handelsrecht (o) commercial law

handelsregister (o) commercial directory

handelsregister (o) companies' register

handelsreiziger (m) commercial traveller *or* sales representative *or* representative *or* salesman

handelstekort (o) trade deficit *or* trade gap

handelsverkeer (o) trading

handelsvolume (o) volume of trade *or* volume of business

handelswaar (vr) merchandise (n)

handelswijk (m/vr) commercial district

handelwijs (m/vr) procedure

handelwijze (m/vr) procedure

handen: in andere handen (vr mv) overgaan change hands

handenarbeid (m) manual work

handgeschreven handwritten

handhaven enforce

handhaving (vr) enforcement

handhaving (vr) maintenance *[keeping things going]*

handig handy

handleiding (vr) manual (n)

handleiding (vr) operating manual

handschrift (o) handwriting

handtekening (vr) honoreren honour a signature

handtekening (vr) signature

hangende pending

hanteerbaar manageable

harde onderhandelingen (vr mv) hard bargaining

harde schijf (vr) hard disk

harde valuta (vr) hard currency

hardlopende items (o mv) fast-selling items

hardloper (m) seller

harmonisatie (vr) harmonization

hausse (vr) *or* forse groei (m) *or* hoogconjunctuur (vr) *or* sterke koersstijging (vr) boom (n)

haussemarkt (vr) bull market

haussespeculant (m) bull *[stock exchange]*

haussier (m) bull *[stock exchange]*

haven (m/vr) harbour *or* harbor *[US]* *or* port *or* dock

havenautoriteiten (vr mv) port authority

havenfaciliteiten (vr mv) harbour facilities

havengelden (o mv) port charges

havenrechten (mv) harbour dues

hebben: niet meer hebben run out of

hectare (vr) hectare

hedendaags up to date *or* modern

hedgen (o) hedging

heersen *[van kracht zijn]* rule (v) *[be in force]*

heersend ruling (adj)

hefboomwerking (vr) gearing *or* leverage

heffen levy *or* impose

heffing (vr) levy (n)

helft (vr) half (n)

helpen: een klant helpen serve a customer

helpen assist

heraanpassing (vr) readjustment

herbeleggen reinvest

herbelegging (vr) reinvestment

herbenoemen reappoint

herbenoeming (vr) reappointment

herenakkoord (o) gentleman's agreement

herfinancieren refinance (v)

herfinanciering (vr) van een lening (vr) refinancing of a loan

herfinanciering (vr) van een lening (vr) refunding of a loan

herhalen repeat

herinneren remind

herinnering (vr) reminder

herinvesteren reinvest

herinvestering (vr) reinvestment

herinvoer (m) reimport (n)

herinvoeren reimport (v)

herinvoering (vr) reimportation

herkenning (vr) recognition

herkiezen re-elect

herkomst (vr) origin

herroepen *[bevel]* countermand

herroepen *[contract, besluit]* rescind

herroepen *[contract, order]* revoke

herroepen *[order, besluit]* reverse (v)

herscholen retrain

herscholing (vr) retraining

herstel (o) laten zien stage a recovery

herstel (o) rally *or* recovery

herstellen: zich herstellen rally (v) *or* recover *or* stage a recovery

herstellen repair (v)

herstelling (vr) repair (n)

herstructureren restructure

herstructurering (vr) van een lening (vr) restructuring of a loan

herstructurering (vr) van het bedrijf (o) restructuring of the company

herstructurering (vr) restructuring

heruitvoer (m) re-export (n)

heruitvoeren re-export (v)

hervatten resume

herverdelen redistribute

herverkiezing (vr) re-election

herverwerken recycle

herverzekeraar (m) reinsurer

herverzekeren reinsure

herverzekering (vr) reinsurance

herwaarderen reassess *or* revalue

herwaardering (vr) reassessment *or* revaluation

herwinnen retrieve

herwinning (vr) retrieval

herzien revise

hiaat (m/o) gap

historische cijfers (o mv) historical figures

historische kostprijs (m) historic(al) cost

hoek (m) corner (n) *[angle]*

hoekwinkel (m) corner shop

hoeveelheid (vr) lot *[of items]* *or* quantity *or* volume *or* amount *[of money]*

hoeveelheidskorting (vr) quantity discount

hoge belasting (vr) high taxation

hoge huur (m/vr) high rent

hoge kosten (m mv) heavy costs *or* heavy expenditure

hoge rente (m/vr) high interest

hoger bod (o) uitbrengen outbid (v)

hoger kader (o) top management

hogere kaderlid (o) senior manager

holding (vr) holding company

holding (vr) proprietary company *[US]*

holdingmaatschappij (vr) proprietary company *[US]*

homologatiecertificaat (o) certificate of approval

honorarium (o) fee *[for services]* *or* honorarium

honoreren: niet honoreren dishonour

hoofd (m) chief

hoofd (o) (van afdeling) manager *[of department]*

hoofd (o) afdeling inkoop (vr) purchasing manager

hoofd (o) buitendienst (m) field sales manager

hoofd (o) exportafdeling (vr) export manager

hoofd expeditie (vr) distribution manager

hoofd inschrijvingen (vr mv) Registrar of Companies

hoofd- main *or* major *or* principal (adj)

hoofdaandeelhouder (m) major shareholder

hoofdadministratie (m) controller *[US]*

hoofdboekhouder (m) accountant

hoofddirecteur (m) CEO (= chief executive officer) *or* chief executive

hoofdgebouw (o) main building

hoofdindustrie (vr) staple industry

hoofdkantoor (o) head office *or* headquarters (HQ) *or* main office *or* general office

hoofdlettertoets (m) shift key

hoofdpostkantoor (o) general post office

hoofdpunten (o mv) van een overeenkomst (vr) heads of agreement

hoofdsom (vr) principal (n) *[money]*

hoofdvestiging (vr) base (n) *[place]*

hoog: om hoog draaien upturn

hoogbetaald highly-paid

hooggekwalificeerd highly qualified

hoogstaande kwaliteit (vr) top quality

hoogstbiedende (m/vr) highest bidder

hoogste top (adj)

hoogte (vr): op de hoogte brengen advise *or* inform *or* notify

hoogte: op de hoogte stellen inform

hoogtepunt (o) bereiken peak (v)

hoogtepunt (o) peak (n)

hoogwaardig high-quality

hoogwaardige goederen (o mv) high-quality goods

horizontale communicatie (vr) horizontal communication

horizontale integratie (vr) horizontal integration

hotel (o) hotel

hotelaccommodatie (vr) hotel accommodation

hotelmanager (m) hotel manager

hotelpersoneel (o) hotel staff

hotelrekening (vr) hotel bill

houdbaarheid (vr) van een product (o) shelf life of a product

houdbaarheidsdatum (m) sell-by date

houden in stage (v) *[organize]*

houden: zich houden aan een belofte (vr) keep a promise

houden hold *[keep]*

houder (m) *[persoon of ding]* holder

houder (m) *[persoon]* bearer

houder van registers (m) registrar

houdstermaatschappij (vr) holding company

houdstermaatschappij (vr) proprietary company *[US]*

huidig current *or* present (adj)

huidige kostenverantwoording (vr) *or* **huidige kostprijsadministratie (vr)** current cost accounting

huidige waarde (vr) present value

huis (o) *[bedrijf/woning]* house

huis-aan-huis verkoop (m) door-to-door selling *or* house-to-house selling

huis-aan-huis verkoper (m) door-to-door salesman

huis-aan-huis- door-to-door *or* house-to-house

huisbaas (m) landlord

huiskrant (m/vr) house magazine

huisorgaan (o) house magazine

huistelefoon (m) internal telephone

hulp (vr) assistance

hulpbronnen (vr mv) resources

hulpmiddelen (o mv) samenvoegen pool resources

huren (o) hire (n) *or* rent *or* lease (v) *[door huurder]*

huren hire (v) *or* rent (v) *or* lease (v) *[door huurder]*

huur (vr) rent (n) *or* rental

huurauto (m) hire car

huurbescherming (vr) security of tenure

huurcommissie (vr) rent tribunal

huurcontract (o) verlengen renew a lease

huurcontract (o) lease (n) *or* tenancy *[agreement]*

huurder (m) lessee (bedrijf) *or* tenant (woning)

huurkoop (m) hire purchase (HP)

huurkoopbedrijf (o) hire-purchase company

huuropbrengst (vr) rental income

huurophaler (m) rent collector

huurovereenkomst (vr) lease (n) *or* tenancy agreement

huurperiode (vr) let (n)

huurprijs (m) rent (n) *or* rental

huurprijsbeheersing (vr) rent control

huurtermijn (m) tenancy *[period] or* term of lease

hypermarkt (vr) hypermarket *or* superstore

hypothecaire betalingen (vr mv) mortgage payments

hypotheek (vr) mortgage (n)

hypotheekaflossingen (vr mv) mortgage payments

hypotheekbank (vr) building society

hypotheekbedrag (o) mortgage (n)

hypotheekgever (m) mortgager

hypotheekhouder (m) mortgagee

hypotheeknemer (m) mortgagee

Ii

IAO (= Internationale Arbeidsorganisatie (vr)) ILO (= International Labour Organization)

ieder uur (o) hourly

illegaal illegal (adj)

illegaal illegally (adv)

illegale handel (m) racketeering

illegale handelaar (m) racketeer

IMF (= Internationaal Monetair Fonds (o)) IMF (= International Monetary Fund)

imitatie (vr) imitation

immaterieel intangible

immateriële activa (mv) intangible assets *or* invisible assets

impasse (vr): in een impasse raken deadlock (v)

impasse (vr) deadlock (n)

implementatie (vr) implementation

import (m) import (n) *or* importation *or* importing

importeren (o) importing (n)

importeren import (v)

importerend importing (adj)

importeur (m) importer

import-export import-export (adj)

importtoeslag (m) import surcharge

importverbod (o) import ban

impuls (m) impulse *or* incentive

impulsaankoop (m) impulse purchase

impulsieve koper (m) impulse buyer

in werking stellen (o) running (n) *[of machine]*

inbegrepen: niet inbegrepen excluding *or* extras

inbeslagneming (vr) seizure

inbezitneming (vr) occupancy

inbreuk (m/vr) op douanevoorschriften (o mv) infringement of customs regulations

inbreuk (m/vr) op een octrooi (o) infringement of patent

inbreuk maken infringe

inbreuk op een octrooi (o) maken infringe a patent

incasseerder (m) (schuld) debt collector

incasseren collect (v) *[money]*

incasso (o) van vorderingen (vr mv) debt collection

incasso (o) collection *[money]*

incassobureau (o) debt collection agency

incassokosten (m mv) collection charges

incheckbalie (vr) check-in counter

inchecken (o) check-in *[at airport]*

inchecken check in (v) *[at airport]*

inchecktijd (m) check-in time

incidentele kosten (m mv) incidental expenses

inclusief alle kosten (m mv) inclusive charge

inclusief belasting (vr) inclusive of tax

inclusief coupon (m) cum coupon

inclusief inclusive *or* cum

in-company training (vr) in-house training

in-company in-house

incompetent incompetent

incorrect incorrect (adj)

incorrect incorrectly (adv)

index (m) *[alfabetisch or prijsindex]* index (n)

indexcijfer (o) van kosten van levenshout (o) cost-of-living index

indexcijfer (o) index number

indexeren index (v)

indexering (vr) indexation

indexkaart (vr) index card

indicator (m) indicator

indienen hand in *or* file (v) *[request]*

indienst: weer indienst nemen (o) re-employment

indirect indirect

indirecte arbeidskosten (m mv) indirect labour costs

indirecte belasting (vr) indirect tax *or* indirect taxation

indossant (m) endorser

industrialisatie (vr) industrialization

industrialiseren industrialize

industrie (vr) industry

industrie- industrial

industriecentrum (o) industrial centre

industrieel (m) industrialist

industrieel centrum (o) industrial centre

industrieel industrial

industriële capaciteit (vr) industrial capacity

industriële expansie (vr) industrial expansion

industriële ontwerp (o) industrial design

industriële vormgeving (vr) industrial design

industrieterrein (o) industrial estate

ineenstorten collapse (v) *or* crash (v) *[fail]*

ineenstorting (vr) slump (n) *[rapid fall]*

inefficiënt inefficient

inefficiëntie (vr) inefficiency

inflatie (vr) inflation

inflatiepercentage (o) rate of inflation

inflatoir inflationary

informatie (vr) information

informatie (vr) invoeren input information

informatie (vr) onthullen disclose a piece of information

informatie (vr) openbaar maken disclose a piece of information

informatieverwerking (vr) processing of information *or* statistics

informeren *[inlichten]* advise *or* inform *or* notify *or* brief

informeren *[inlichtingen inwinnen]* enquire (= inquire)

infrastructuur (vr) infrastructure

ingang (m) entrance *or* entry

ingebouwd built-in

ingeschreven registered (adj)

ingewijde (m) insider

ingezetene (m) resident (n)

ingrijpen act (v) *[do something]*

inhoud (m) *[dat waarmee iets gevuld is]* contents

inhoud (m) *[grootte]* content

inhouden *[bevatten]* hold *[contain]*

inhouden *[in mindering brengen op]* deduct

inhouden *[innemen]* withhold

inhouden *[korten]* dock (v)

inhouding (vr) deduction

inhoudingsbelasting (vr) withholding tax

inhoudsaanduiding (vr) docket

inhoudsmaat (vr) cubic measure

inhoudsopgave (table of) contents

initiatief (o) nemen tot gesprekken (o mv) initiate discussions

initiatief (o) nemen take the initiative

initiatief (o) initiative

initiëren initiate

inkomen (o) earnings *[salary]* or income

inkomend telefoongesprek (o) incoming call

inkomende post (vr) incoming mail

inkomsten (o) uit beleggingen (vr mv) investment income

inkomsten (vr mv) revenue

inkomsten uit advertenties (vr mv) revenue from advertising

inkomstenbelasting (vr) income tax

inkomstenonderzoek (o) means test

inkomstenrekeningen (vr mv) revenue accounts

inkoop (m) purchase (n)

inkoopafdeling (vr) buying department *or* purchasing department

inkoopboek (o) purchase ledger

inkoopleider (m) purchasing manager

inkoopprijs (m) purchase price

inkoopster (vr) buyer *[for a store]*

inkopen (m mv) shopping *[goods bought]*

inkopen purchase (v)

inkoper (m) buyer *[for a store]* or purchaser

inkorten cut (v)

inkrimping (vr) shrinkage *or* retrenchment

inlaten: zich inlaten met embark on

inlegger (m) depositor

inlegvel (o) in een tijdschrift (o) magazine insert

inleidend opening (adj)

inleveren hand in

inlichten inform

inlichting (vr) information

inlichtingen inwinnen enquire (= inquire)

inlichtingenbureau (o) information bureau

inlijven incorporate

innen *[cheque]* encash

innen *[geld]* collect (v) *[money]*

inning (vr) *[cheque]* encashment

inning (vr) *[geld]* collection

innovatie (vr) innovation

innovator (m) innovator

innoveren innovate

innoverend innovative

inpakken *[in een koffer bergen]* pack (v) *or* case (v) *[put into boxes]*

inpakken *[in papier]* wrap (up)

inpakker (m) packer

inpakpapier (o) wrapping paper

inreisvisum (o) entry visa

inrichten arrange *or* set out

inrichting (vr) *[organisatie]* setup

inrichting (vr) fittings

inrichtingskosten (m mv) start-up costs

inruil (m) part exchange *or* trade-in *[old item in exchange]*

inruilen trade in *[give in old item for new]* *or* swap *or* swop

inruilobject (o) trade-in *[old item in exchange]*

inruilprijs (m) trade-in price

inschepen embark

inscheping (vr) embarkation

inschepingkaart (m/vr) embarkation card

inschepingshaven (vr) port of embarkation

inschrijfgeld (o) fee *[admission]*

inschrijven *[in boeken or registers]* enter *[write in]* *or* register (v)

inschrijven op een aanbesteding (vr) tender for a contract

inschrijven: zich inschrijven *[hotel]* check in (v) *or* register (v)

inschrijver (m) tenderer

inschrijving (vr) *[in boeken]* entering *or* entry

inschrijving (vr) *[in register]* registry *or* registration

inschrijving (vr) *[op een aanbesteding]* tendering

inschrijving (vr) op een aanbesteding tender (n)

inschrijvingsbewijs (o) certificate of registration

inschrijvingsformulier (o) registration form

inschrijvingsgeld (o) registration fee

inschrijvingsnummer (o) registration number

insider (m) insider

inslaan *[in voorraad nemen]* stock (v) *or* stock up *or* store (v) *[keep for future]* *or* stockpile (v)

insluiten enclose *or* include

insolvabel insolvent

insolvabiliteit (vr) insolvency

inspanning (vr) effort

inspecteren inspect *or* survey (v)

inspectie (vr) examination *or* inspection *or* survey

instapkaart (vr) boarding card *or* boarding pass

instellen institute (v)

instelling (vr) establishment *[bedrijf]* *or* institution *[organisatie]*

insteltijd (m) make-ready time

institutioneel institutional

institutionele beleggers (m mv) institutional investors

instituut (o) institute (n)

instorten slump (v) *or* collapse (v)

instructie (vr) instruction *or* directive *or* order (n)

instructies (vr mv) geven issue instructions

instructies (vr mv) afwachten await instructions

instrueren brief (v)

instrument (o) instrument *or* implement (n)

integreren incorporate

intentieverklaring (vr) letter of intent

intercontinentale vlucht (vr) long-haul flight

interesseren interest (v)

interest (m) *[rente]* interest (n) *[paid on investment]*

interface (m) interface (n)

interim-dividend (o) interim dividend

intern internal *[inside a company]*

Internationaal Monetair Fonds (o) (IMF) International Monetary Fund (IMF)

internationaal recht (o) international law

internationaal telefoongesprek (o) international call

internationaal international

Internationale Arbeidsorganisatie (vr) (IAO) International Labour Organization (ILO)

internationale handel (m) international trade

interne accountant (m) internal auditor

interne accountantscontrole (vr) internal audit

interne controleur (m) internal auditor *or* controller

interne financiering self-financing (n)

interpreteren interpret

interventieprijs (m) intervention price

interview (o) interview (n)

interviewen interview (v)

interviewer (m) interviewer

intikken keyboard (v)

intrede (m/vr) entry *[going in]*

intrekken revoke *or* withdraw *[an offer]*

introduceren introduce *or* launch (v)

introductie (vr) *[invoeren]* introduction *[bringing into use]* or launch *or* launching

introductie (vr) *[van nieuwe personeel]* induction

introductieaanbieding (vr) introductory offer

introductiebrief (m) introduction *[letter]*

introductiecursussen (m mv) induction courses *or* induction training

introductiedatum (m) launching date

introductiekosten (m mv) launching costs

introductietraining (vr) induction courses

invallen voor iemand deputize for someone

inventaris (m) *[van fabriek]* plant (n) *[machinery]*

inventaris (m) *[van winkel]* stocklist

inventaris opmaken take stock

inventarisatie (vr) stocktaking

inventarisatieuitverkoop (m) stocktaking sale

inventariseren inventory (v) *or* list (v)

inventarislijst (m/vr) inventory (n) *or* list (n)

investeerder (m) investor

investeren invest

investering (vr) investment

investeringen (vr mv) plannen plan investments

investeringsaftrek (m) tax credit

invloed (m) influence (n)

invoer (m) import (n) *or* imports *or* importation

invoerbeperkingen (vr mv) import restrictions

invoercontingent (o) import quota

invoerder (m) importer

invoeren (via toetsenbord) keyboard (v)

invoeren *[importeren]* import (v)

invoeren *[introduceren]* introduce

invoerend importing (adj)

invoerheffing (vr) import levy

invoering (vr) introduction *[bringing into use]*

invoeringsdatum (m) effective date

invoerrecht (o) import duty

invoerrechten (mv) duty (tax)

invoerrechten (o mv) customs duty

invoer-uitvoer import-export (adj)

invoerverbod (o) import ban

invoervergunning (vr) import licence *or* import permit

invorderbaar recoverable

inwisselbaar negotiable

inwisselbare valuta (vr) convertible currency

inwoner (m) resident (n)

inzamelen raise (v) *[obtain money]*

inzetprijs (m) upset price

inzinking (vr) decline (n)

item (o) item *[thing for sale]*

Jj

jaar (o) year

jaarbasis (vr): op jaarbasis on an annual basis

jaarlijks annual (adj) *or* yearly (adj)

jaarlijks annually (adv) *or* yearly (adv)

jaarlijkse algemene vergadering (vr) AGM (= annual general meeting)

jaarlijkse algemene vergadering (vr) annual general meeting (AGM)

jaarlijkse betaling (vr) yearly payment

jaarrekeningen (vr mv) annual accounts

jaarverslag (o) annual report

jong junior (adj) *or* young

jongste bediende (m/vr) junior clerk

jongste medefirmant (m) junior partner

jongstleden instant (adj) *[current]*

journaal (o) *[boekhouding]* journal *[accounts book]*

juist correct (adj)

juist right (adj) *[not wrong]*

junior administratieve medewerk(st)er (m/vr) junior clerk

junior manager

junior manager (m) junior executive

junior medefirmant (m) junior partner

junior junior (adj)

juridisch advies (o) inwinnen take legal advice

juridisch advies (o) legal advice

juridisch adviseur (m) legal adviser

juridisch legal *[referring to law]*

juridische afdeling (vr) legal department

juridische kosten (m mv) legal costs *or* legal expenses

juridische procedures (vr mv) judicial processes

jurisdictie (vr) jurisdiction

jurist (m) lawyer

jurist gespecialiseerd (m) in zeerecht (o) maritime lawyer

Kk

k/w-verhouding (= koers/winst-verhouding (vr)) P/E ratio (= price/earnings ratio)

kaartenbestand (o) card-index file

kaartindex (m) card index (n)

kaartjesverkoper (m) *or* kaartjesverkoopster (vr) booking clerk

kaartsysteem (o) card index (n)

kaartsysteem (o) card-index file

kaartsysteem (o) card-indexing

kaarttelefoon (m) card phone

kade (vr) quay *or* wharf

kader (m/vr) dock (n)

kaderfunctie (vr) executive (n)

kalenderjaar (o) calendar year

kalendermaand (vr) calendar month

kamer (vr) reserveren reserve a room *or* a table *or* a seat

Kamer (vr) van Koophandel (m) Chamber of Commerce

kamer (vr) room

kamerreserveringen (vr mv) room reservations

kanaal (o) channel (n) *or* canal

kanaliseren channel (v)

kandidaat (m) *or* kandidate (vr) candidate *or* nominee

kandidaten (m mv) screenen screen candidates

kans (vr) chance *or* opportunity

kant (m) side

kant-en-klaar ondernemer (m) turnkey operator

kant-en-klaar transactie (vr) turnkey operation

kantoor (o) *[bank]* branch

kantoor (o) delen share an office

kantoor (o) **verhuren** let an office

kantoor (o) office

kantoor bediende clerk

kantooradres (o) business address

kantooragenda (vr) desk diary

kantoorbenodigdheden (vr mv) office stationery

kantoorbeveiliging (vr) office security

kantoordirecteur (m) (bank) branch manager

kantoorgebouw (o) office (building)

kantoorinventaris (m) office equipment

kantoormeubilair (o) office furniture

kantoorpersoneel (o) office staff *or* clerical staff

kantoorruimte (vr) **te huur** offices to let

kantoorruimte (vr) office space

kantoortuin (m) open-plan office

kantooruitrusting (vr) business equipment *or* office equipment

kantooruren (o mv) business hours *or* office hours

kapitaal (o) **beschikbaar maken** mobilize capital

kapitaal (o) **mobiliseren** mobilize capital

kapitaal (o) **vastleggen** lock up capital

kapitaal (o) capital

kapitaalbewegingen (vr mv) movements of capital

kapitaalbijdrage (vr) contribution of capital

kapitaalgebrek (o) lack of funds

kapitaalgedeelte (o) principal (n) *[money]*

kapitaalgoederen (o mv) capital assets *or* capital goods *or* capital equipment

kapitaalintensieve industrie (vr) capital-intensive industry

kapitaalrekening (vr) capital account

kapitaaluitgaven (vr mv) capital expenditure

kapitaalverkeer (o) movements of capital

kapitaalverwatering (vr) dilution of shareholding

kapitaalvlucht (vr) flight of capital

kapitalisatie (vr) capitalization *or* capitalization of reserves

kapitaliseren capitalize

kapot gaan break down (v) *[machine]*

kartel (o) cartel *or* common pricing

karton (o) card *[material]* *or* cardboard

kartonnen doos (vr) carton *[box]* *or* cardboard box

kasbescheid (o) cash voucher

kasbewijsstuk (o) cash voucher

kasboek (o) cash book

kasgeldautomaat (m) cash dispenser

kasregister (o) cash register *or* cash till

kasrekening (vr) cash account

kasreserves (vr mv) cash reserves

kassa (m/vr) cash desk *or* checkout (in supermarket) *or* pay desk

kassabon (m) sales receipt

kassaldo (o) cash balance

kassier(ster) (m/vr) teller *or* cashier

kasstorting (vr) cash deposit

kasstroom (m) cash flow

kasvoorschot (o) cash advance

kennis stellen van inform

kennisgeving (vr) notice *or* notification

kennismaking (vr) induction

kennisnemen van note (v) (details) *or* take note

kenteken (o) *[auto]* registration number

kentering (vr) turnround *[making profitable]*

kerstbonus (m) Christmas bonus

kerstpremie (vr) Christmas bonus

kettingpapier (o) continuous stationery

kettingreactie (vr) knock-on effect

keuren (o) sampling *[testing]*

keuren sample (v) *[test]*

keuringssteekproef (m/vr) acceptance sampling

keus (m/vr) *or* **keuze** (m/vr) choice (n) *[items to choose from]* *or* alternative (n) *or* selection

keuze: naar keuze (vr) optional

kiestoon (m) dialling tone

kiezen *[verkiezen]* elect

kiezen choose

kilo(gram) (o) kilo

kist (vr) case (n) *[box]* *or* crate (n)

klaar ready

klaarspelen manage to

klacht (vr) complaint

klachtenafdeling (vr) complaints department

klad (o) rough draft

klagen (over) complain (about)

klandizie (vr) custom

klant (m) *[in winkel]* shopper

klant (m) client *or* customer

klant bedienen serve a customer

klanten (m mv) werven canvass

klantenkaart (vr) charge card

klantenkredietrekening (vr) charge account

klantenkring (m) clientele

klantenrekening (vr) charge account

klantenservice (m) *[afdeling]* customer service department

klantenservice (m) after-sales service

klantentevredenheid (vr) customer satisfaction

klantentrouw (vr) customer loyalty

klas (vr) *or* **klasse (vr)** class

klein: in het klein verkopen retail (v) *[goods]*

klein small

kleine aandeelhouders (m mv) minor shareholders

kleine advertenties (vr mv) small ads

kleine bedrijven (o mv) small businesses

kleine deelmarkt (vr) niche

kleine kas (vr) petty cash *or* petty cash box

kleine ondernemer (m) small businessman

kleine onkosten (m mv) petty expenses

kleingeld (o) change (n) *[cash]* *or* small change

kleinhandel (m) retail (n) *or* retailing

kleinhandelaar (m) retail dealer *or* retailer

kleinschalig small-scale

kleinschalige onderneming (vr) small-scale enterprise

kleintjes (o mv) small ads

klimmen climb

kluis (vr) safe (n) *or* safe deposit

klus (m) job *[piece of work]*

knelpunt (o) bottleneck

knipseldienst (m) clipping service

knoeien fiddle (v)

knoeierij (vr) fiddle (n)

koelbewaring (vr) cold storage

koelhuis (o) cold store

koerier (m) messenger *or* courier

koers (m) rate (n) *[price]*

koers/winst-verhouding (vr) (k/w-verhouding (vr)) price/earnings ratio (P/E ratio)

koffer (m) case (n) *[suitcase]*

koker (m) container *[box or tin]*

kolom (vr) cijfers (o mv) optellen add up a column of figures

komen tot reach *[come to]*

komma (vr) *[decimalen]* decimal point

koop (m) purchase (n)

koop: te koop aanbieden offer for sale

koop: te koop for sale *or* on sale

koopakte (vr) *or* **koopbrief (m)** bill of sale *or* deed of sale

koopavond (m) late-night opening

koopje (o) good buy *or* bargain (n) *or* bargain offer

koopjes (o mv): op koopjes afgaan shop around

koopkracht (vr) purchasing power *or* spending power

koopman (m) merchant

koopnota (m/vr) contract note

koopoptie (vr) *[effecten]* call (n) *[stock exchange]*

koopoptie (vr) option to purchase *or* to sell

koopprijs (m) purchase price

koopster (vr) buyer *[person]*

koopvaardij (vr) merchant navy

koopvaardijschip (o) merchant ship

koopwaar (vr) merchandise (n)

kopen (o) buying

kopen purchase (v) *or* buy (v)

koper (m) *[in winkel]* shopper

koper (m) buyer *or* purchaser

kopersmarkt (vr) buyer's market

kopie (vr) copy (n) *or* duplicate (n)

kopieerapparaat (o) copier *or* copying machine

kopiëren (o) copying *or* duplication

kopiëren copy (v) *or* duplicate (v)

koppeling interface (n)

kort krediet (o) short credit *or* short-term credit

kort short-term (adj)

kortetermijn- short-term (adj)

korting (vr) bij contante betaling (vr) cash discount

korting (vr) geven discount (v) *or* knock off *or* reduce price

korting (vr) in procenten (o mv) percentage discount

korting (vr) discount (n) *or* rebate *or* price reduction

korting (vr) reduction *or* discount *or* concession

korting: met een korting van (vr) off *[reduced by]*

kortlopend contract (o) short-term contract

kortlopend short-term (adj)

kortlopende lening (vr) short-term loan

kortlopende schulden (m/vr mv) short-term debts

kostbaar dear

kosteloos free (adj/adv) *or* free of charge

kosten (bedragen) cost (v)

kosten (m mv) berekenen evaluate costs

kosten (m mv) franco aan wal (m) landed costs

kosten (m mv) franco vracht (m/vr) en rechten (mv) landed costs

kosten (m mv) maken incur costs

kosten (m mv) van levensonderhoud (o) cost of living

kosten (m mv) cost (n) *or* charge (n) *[money]*

kosten (m mv) costs

kostenanalyse (vr) cost analysis

kosten-batenanalyse (vr) cost-benefit analysis

kostenbeperking (vr) cost-cutting

kostenbesparing (vr) cost-effectiveness

kostenbezuiniging (vr) cost-cutting

kostendekkend punt (o) breakeven point

kostendekkend worden break even (v)

kostendekkend cost-effective

kostenfactor (m) cost factor

kosteninflatie (vr) cost-push inflation

kostenplaats (vr) cost centre

kostenprijsadministrateur (m) cost accountant

kostenraming (vr) estimate *or* quotation

kostenverantwoording (vr) cost accounting

kostenvergoeding (vr) compensation

kostprijs (m) per eenheid (vr) unit cost

kostprijs (m) van verkoop (m) cost of sales

kostprijs (m) cost price

kostprijs plus (m) cost plus

kostprijsadministratie (vr) cost accounting

kostprijsberekening (vr) costing

kraan (vr) huren hire a crane

kraan (vr) crane

krach (m) crash (n) *[financial]* or slump (n) *[rapid fall]* or collapse (n)

kracht (vr) energy *[human]*

krachtens under *[according to]*

krachtig strong

krant (vr) newspaper

krap geld (o) tight money

krat (o) crate (n)

krediet (o) beperken restrict credit

krediet (o) in rekening-courant (vr) overdraft facility

krediet (o): op krediet on credit

krediet (o) credit (n)

krediet oversluiten roll over credit *or* a debt

kredietbank (vr) credit bank

kredietbeleid (o) credit policy

kredietbeoordeling (vr) credit rating

kredietbeperking (vr) credit freeze

kredietbewaking (vr) credit control

kredietbrief (m) uitgeven issue a letter of credit

kredietbrief (m) letter of credit (L/C)

kredieten (o mv) beperken freeze credits

kredietfaciliteiten (vr mv) openen open a line of credit

kredietfaciliteiten (vr mv) credit facilities

kredietgever (m) lender

kredietinformatiebureau (o) credit agency

kredietkaart (vr) charge card

kredietkaart (vr) credit card

kredietkaartverkoop (m) credit card sale

kredietlimiet (vr) credit ceiling *or* credit limit

kredietlimiet (vr) lending limit

kredietmaximum (m) lending limit

kredietmaximum (o) overdraft

kredietnemer (m) borrower

kredietvoorwaarden (vr mv) drastisch verlagen slash prices

kredietwaardig creditworthy

kredietwaardigheid (vr) credit rating

krijgen get *or* obtain

krimping (vr) shrinkage

krimpverpakking (vr) shrink-wrapping

krimpverpakt shrink-wrapped

kringlooppapier (o) recycled paper

kroon (vr) krona *[currency used in Sweden and Iceland]*

kroon (vr) krone *[currency used in Denmark and Norway]*

kruimeldiefstal (m) pilferage

kruiselingse wisselkoers (m) cross rate

kubiek cubic

kwaliteit (vr) quality

kwaliteits- quality (adj)

kwaliteitsbeheersing (vr) quality control

kwaliteitsbewaker (m) quality controller

kwaliteitslabel (o) quality label

kwantiteit (vr) quantity

kwantiteit (vr) quantity (qty)

kwantumkorting (vr) quantity discount

kwantumkorting (vr) volume discount

kwart (o) quarter *[25%]*

kwartaal (o) quarter *[three months]*

kwartaal- quarterly (adj)

kwestie (vr) matter (n) *[to be discussed]*

kwijten discharge a debt *or* to discharge one's liabilities

kwijting (vr) discharge (n) *[of debt]*

kwijtraken offload

kwijtschelden waive

kwitantie (vr) receipt *[paper]* *or* acknowledgement

kwitantieboekje (o) receipt book

Ll

laad- en los kuil (m) loading bay

laad- en losperron (o) loading bay

laadbordes (o) loading ramp

laadlijn (vr) load line

laadvermogen (o) payload *or* deadweight

laag punt (o) low (n)

laag low *or* low-grade *or* low-level

laagconjunctuur (vr) depression

laagste bankrente (m/vr) (voor prima debiteuren) prime rate

laagste prijs (m) upset price

laat: te laat late

laat late

laatst in eerst uit last in first out (LIFO)

laatste aanmaning (vr) final demand

laatste aflossing (vr) final discharge

laatste bod (o) closing bid

laatste dag (m) van een kwartaal (o) quarter day

laatste herinnering (vr) final demand

laatste kwartaal (o) last quarter

laatste final *or* latest

label (o) label (n)

laden load (v)

laden load (v) *[computer program]*

lading (vr) load (n) *or* shipment *or* cargo

lage kwaliteit (vr) poor quality

lager tarief (o) cheap rate

lager lower (adj)

lagere overheden (vr mv) local government

lanceren launch (v)

lancering (vr) launch (n) *or* launching

lanceringsdatum (m) launching date

lanceringskosten (m mv) launching costs

land (o) van herkomst (vr) country of origin

land (o) van oorsprong (m) country of origin

land (o) country *or* state (n)

land- of zeepost (vr) surface mail

landbouwkundig agricultural

landbouwproducten (o mv) produce (n) *[food]*

landelijk adverteren (o) national advertising

landelijk national *or* nationwide

landelijke reclame (vr) national advertising

landen *[passagiers or goederen or vliegtuig]* land (v)

landnummer (o) *[telefoon]* dialling code

lang long

langdurige overeenkomst (vr) long-standing agreement

langeafstandsvlucht (vr) long-haul flight *or* long-distance flight

langetermijn- long-range *or* long-term

langetermijnplanning (vr) long-term planning

langetermijnvoorspelling (vr) long-term forecast

langlopend krediet (o) extended credit *or* long credit

langlopend long-term

langlopende lening (vr) long-term loan

langlopende schulden (vr mv) long-term debts

langlopende verplichtingen (vr mv) long-term liabilities

langlopende wissel (m) long-dated bill

langzaam slow

langzaam-aan-actie (vr) go-slow

laserprinter (m) laser printer

laten aantekenen register (v) *[letter]*

laten lopen run (v) *[work machine]*

laten zweven float (v) *[a currency]*

leasen (o) leasing

leasen *[door huurder]* lease (v) *[by tenant]*

leasing (vr) leasing

ledental (o) membership

ledigen empty (v)

leeg empty (adj)

leeg vacant

leeglooptijd (vr) down time

leegmaken empty (v)

leemte (vr) blank (n)

leen (o) loan (n) *or* lending

leenkapitaal (o) loan capital

leenkracht (vr) borrowing power

leenplafond (o) lending limit

leenvermogen (o) loan capital

legaliseren authenticate

lege vennootschap (vr) shell company

leiden tot result in

leiden manage *or* run (v)

leiding (vr) direction

leiding geven direct (v)

leidinggevend executive (adj)

leidinggevende functionaris (m) executive (n)

lek (m) *or* lekkage (vr) leakage

lenen (van) *[te leen ontvangen]* borrow

lenen *[te leen geven]* lend *or* loan (v) *or* advance (v)

lener (m) *[gever]* lender

lener (m) *[nemer]* borrower

lening (vr) met vaste rente (m/vr) loan stock

lening (vr) op gunstige voorwaarden (vr mv) soft loan

lening (vr) op korte termijn (m) short-term loan

lening (vr) loan (n) *or* advance (n) *or* lending

leven (o) verzekeren assure someone's life

levendige vraag (vr) keen demand

levenslang gebruiksrecht (o) life interest

levenslang vruchtgebruik (o) life interest

levensvatbaar viable

levensverzekering (vr) life assurance *or* assurance *or* life insurance

leverancier (m) supplier

leveren *[afleveren]* deliver

leveren *[diensten]* provide

leveren *[verschaffen]* supply (v)

levering (vr) *[aflevering]* delivery

levering (vr) *[eigendomsoverdracht]* conveyance *or* conveyancing *or* transfer of title

levering (vr) *[verschaffen]* supply (n)

levering (vr) aannemen *or* aanvaarden accept delivery of a shipment

levering (vr) onder rembours (o) payable on delivery

levering (vr) van een contract (o) completion of a contract

levering onder rembours (o) cash on delivery (c.o.d.)

levering op termijn future delivery

leveringsdatum (m) delivery date

leveringsnota (m/vr) delivery note

leveringstijd (m) delivery time

levertijd (m) lead time

liberaliseren decontrol (v)

licentie (vr) verlenen license

licentie (vr) licence

licentie (vr) licensing

licentiehouder (m) licensee

lichting (vr) *[post]* collection

lid (o) member *[of a group]*

lidmaatschap (o) membership *[being a member]*

lidmaatschapskaart (vr) card *[membership]*

lift (m) elevator *or* lift (n)

ligging (vr) situation *[place]*

ligplaats (vr) berth (n)

lijn (vr) line (n)

lijnbeheer (o) line management

lijnmanagement (o) line management

lijnorganisatie (vr) line organization

lijnvlucht (vr) scheduled flight

lijst (m/vr) van geleverde prestaties (vr mv) track record

lijst (vr) van directeuren (m mv) register of directors

lijst (vr) list (n)

lijst van zaken (m/vr mv) inventory (n) *[list of contents]*

lijst: op de zwarte lijst (vr) plaatsen blacklist (v)

limiet (vr) limit (n)

limietprijs (m) reserve price

limiteren limit (v)

lineaire afschrijving (vr) straight line depreciation

links left

liquidateur (m) liquidator *or* official receiver *or* receiver

liquidatie (vr) liquidation *or* winding up

liquide middelen (o mv) liquid assets

liquideerbare activa (mv) realizable assets

liquideren wind up *[a company]*

liquiditeit (vr) liquidity

liquiditeitsbegroting (vr) cash flow forecast

liquiditeitscrisis (vr) liquidity crisis

lire (vr) lira *[currency used in Italy and Turkey]*

liter (m) litre

Lloyd's register (o) (maritiem verzekeringsmaatschappij) Lloyd's register

locatie (vr) site *or* location *or* situation *[place]*

loco-prijs (m) spot price

logo (m) logo

lok artikel (o) loss-leader

lokaal gesprek (o) local call

lokaal local

lokale overheden (vr mv) local government

loket (o) counter

loketbeambte (m) teller *or* counter clerk

lokkertje (o) loss-leader

lonen (o mv) en prijzen (m mv) bevriezen freeze wages and prices

lonend paying (adj)

loods (m) pilot (n) *[person]*

loon (o) wage *or* pay (n) *or* salary

looncheque (m) pay cheque

looneis (m) wage claim

loonhoogte (vr) wage levels

loonindexeringsakkoord (o) threshold agreement

loonniveau (o) wage levels

loononderhandelingen (vr mv) wage negotiations

loonpeil (o) wage levels

loonschaal (vr) wage scale

loonstop (m) wage freeze

loonstrookje (o) pay slip

loonsverhoging (vr) met terugwerkende kracht (vr) retroactive pay rise

loonsverhoging (vr) pay rise *or* rise (n) *[salary]* *or* increase *[higher salary]*

loopbaan (m/vr) track record

looptijd (m) term *[time of validity]*

lopen (o) run (n) *[work routine]*

lopend totaal (o) running total

lopend current

lopend ruling (adj)

lopende band (m) assembly line

lopende rekening (vr) cheque account

los loose

lossen *[goederen]* unload

lossen *[passagiers or goederen]* land (v)

lossingskosten (m mv) landing charges

loven en bieden bargain (v)

lucht (vr) air

luchtdichte verpakking (vr) airtight packaging

luchthaven (vr) airport

luchthavenbelasting (vr) airport tax

luchthavenbus (vr) airport bus

luchthavengebouw (o) air terminal *or* airport terminal *or* terminal (n) *[at airport]*

luchtpost (vr) airmail (n)

luchtpostbrief (m) air letter
luchtvaartmaatschappij (vr) airline
luchtvracht (vr) air freight

luchtvrachtkosten (m mv) air freight charges *or* rates
luchtvrachttarieven (o mv) air freight charges *or* rates
luxeartikelen (o mv) luxury goods
luxeproduct (o) prestige product

Mm

maaien cut (v)
maand (vr) month
maandbalans (m/vr) month-end accounts
maandelijks monthly (adj)
maandelijks monthly (adv)
maandelijkse betalingen (vr mv) monthly payments
maandoverzicht (o) month-end accounts
maandstaat (m) monthly statement
maandultimo (o) month end
maandultimocijfers (o mv) month-end accounts
maas (m/vr) in de belastingwetgeving (vr) tax loophole
maat (vr): op maat gebouwd *or* **gemaakt** custom-built *or* custom-made
maat (vr) size
maatschap (o) partnership
maatschappelijk kapitaal (o) nominal capital
maatschappelijk social
maatschappelijke kosten (m mv) social costs
maatschappij (vr) *[samenleving]* society
maatschappij (vr) *[vennootschap]* company
maatschappij (vr) liquideren liquidate a company
maatstaf (m) standard (n)
machine (vr) machine
machinepark (o) *or* **machinerie (vr)** plant (n) *or* machinery
machines installeren tool up
machtigen authorize *[give permission]*
machtiging (vr) *[betalingsverkeer]* mandate
machtiging (vr) *[document]* warrant (n) *or* authorization

macro-economie (vr) macro-economics
magazijn (o) warehouse *or* store *or* storeroom *or* stockroom
magazijnmedewerker (m) warehouseman
magazine (o) magazine
magneetband (m) magnetic tape
mailing (m) mailing
makelaar (m) broker
makelarij (vr) brokerage *or* broker's commission
maken *[kosten]* incur
maken *[omzet]* turn over (v) *[make sales]*
maken *[produceren]* produce (v)
makkelijk easy
makkelijkheid (vr) facility *or* ease
man (m) man (n)
management (o) management
managementcursus (m) management course
managementteam (o) management team
managementtechnieken (vr mv) management techniques
managementtraining (vr) management training
manager (m) *[afdeling or filiaal]* manager
manager (m) *[functie]* executive (n)
manager (m) afdeling schadeclaims claims manager
mandaat (o) mandate
manieren (m/vr mv) means *[ways]*
manifest (o) manifest
mankement (o) defect
mankracht (vr) manpower
mannequin (m) model (n) *[person]*
manuur (o) man-hour

maquette (vr) mock-up *or* model (n) *[small copy]*

marginaal marginal

marginale kosten (m mv) marginal cost *or* incremental cost

marginale kostprijsberekening (vr) marginal pricing

marine- marine

maritiem maritime

mark (m) mark (n) *[currency used in Germany]*

markeerpen (vr) marker pen

markeerstift (vr) marker pen

markeren mark (v)

marketing (vr) marketing

marketingdivisie (vr) marketing division

marketingmanager (m) marketing manager

marketingovereenkomst (vr) marketing agreement

marketingstrategie (vr) marketing strategy

marketingtechnieken (vr mv) marketing techniques

markt (vr) penetreren penetrate a market

markt (vr) market (n) *or* outlet *or* marketplace *[place where something is sold]*

markt: op de markt (m/vr) brengen launch (v) *or* market (v) *or* release (v) *or* put on the market *or* bring out

markt: op de markt lanceren release (v) *or* put on the market

marktaandeel (o) market share

marktanalist (m) market analyst

marktanalyse (vr) market analysis

marktbewerking (vr) marketing

marktconform prijs market rate

marktkansen (m/vr mv) market opportunities

marktkapitalisatie (vr) market capitalization

marktkrachten (m/vr mv) market forces

marktleider (m) market leader

marktonderzoek (o) market research

marktpenetratie (vr) market penetration

marktplaats (vr) marketplace *[in town]*

marktpotentieel (o) analyseren analyse the market potential

marktprijs (m) beurskoers (m) market price

markttrends (m) market trends

marktvoorspelling (vr) market forecast

marktwaarde (vr) market value

massa (vr) *or* **in het groot (o)** bulk

massa (vr) *[mensen or zaken]* mass

massa (vr): in massa produceren mass-produce (v)

massacommunicatiemiddelen (o mv) mass media

massamarketing (vr) mass marketing

massaproduct (o) mass market product

massaproductie (vr) mass production

massaverkopen (m mv) doen bulk buying

Master of Business Administration (doctorandus in bedrijfsadministratie) Master's degree in Business Administration (MBA)

mat slack

materiaalbeheer (o) materials control *or* materials handling

materieel (o) (ver)huren lease equipment

materieel (o) equipment

materiële activa (mv) tangible assets

materiële schade (vr) damage to property *or* material damage

matig moderate (adj)

matigen moderate (v)

matrixprinter (m) dot-matrix printer

maximaal maximum (adj)

maximalisering (vr) maximization

maximeren maximize

maximum (o) maximum (n)

maximum- maximum (adj)

maximumprijs (m) ceiling price *or* maximum price

medecrediteur (m) co-creditor

mededelen inform *or* communicate

mededeling (vr) communication *or* message *or* notification *or* notice *[piece of information]*

mededinging (vr) competition

mededirecteur (m) co-director *or* joint managing director

mede-eigenaar (m) co-owner *or* joint owner *or* part-owner

mede-eigendom (m) co-ownership *or* joint ownership *or* part-ownership

medevennoot (m) copartner

medevennootschap (o) copartnership

medeverzekering (vr) co-insurance

medewerk(st)er (m/vr)
crediteurenadministratie (vr) bought
  ledger clerk

medewerk(st)er (m/vr)
debiteurenadministratie (vr) sales
  ledger clerk

medewerk(st)er (m/vr) worker *or*
  employee

medewerkers (m/vr mv) staff (n)

medewerking (vr) collaboration *or*
  co-operation

mediaan (vr) median

medium (o) medium (n)

meer bieden outbid (v)

meer details (o mv) vragen ask for
  further details *or* particulars

meer personeel (o) in dienst (m) nemen
  take on more staff

meerdere (m/vr) superior (n) *[person]*

meerdere multiple (adj)

meerderheid (vr) majority

meerderheidsaandeelhouder (m)
  majority shareholder

meerkosten (m mv) additional charges
  or extra charges

meervoudig inreisvisum (o) multiple
  entry visa

meervoudig multiple (adj)

meest recente versie (vr) update (n)

meest recente latest

meest verkochte auto (m) best-selling
  car

meestbegunstigde land (o)
  most-favoured nation

meetellen count (v) *or* include

meewerken collaborate *or* co-operate

melden report (v)

memo (o) memo

memorandum (o) memo *or*
  memorandum

merken *[markeren]* mark (v)

merkentrouw (vr) brand loyalty

merkimago (o) brand image

merknaam (m) brand

merknaam (m) brand name

merkteken (o) mark (n)

met with *or* cum

microcomputer (m) microcomputer

micro-economie (vr) micro-economics

middel (o) medium (n)

middel- medium (adj)

middelen (o mv) *[financieel]* resources

middelen (o mv) *[hulpmiddel]* means

middelgroot bedrijf (o) middle-sized
  company

middelgroot medium-sized

middellangetermijn (m) medium-term

middelmatig average (adj)

midden- medium (adj)

middenkader (o) middle management

midweeks mid-week

mikken op target (v)

miljard (o) billion

miljoen (o) million

miljonair (m) millionaire

min minus

minder dan under *or* less than

minder lower (adj)

minderheid (vr) minority

minderheidsaandeelhouder (m)
  minority shareholder

mindering (vr) decrease (n) *or*
  deduction

mindering: in mindering brengen
  deduct

minimale personeelsbezetting (vr)
  skeleton staff

minimum (o) minimum (n)

minimum- minimum (adj)

minimumbedrag (o) minimum payment

minimumdividend (o) minimum
  dividend

minimumloon (o) minimum wage

minimumprijs (m) reserve price

minister (m) *[overheid]* minister *or*
  secretary

Ministerie (o) van Financiën (mv)
  Exchequer *or* Treasury

ministerie (o) department *[in
  government]*

Ministerie voor export kredietgarantie
(vr) Export Credit Guarantee
  Department (ECGD) (UK)

minpunt (o) minus factor

minuut (vr) minute (n)

misbruik (o) van voorkennis (vr)
  insider dealing

mislukken *[misgaan]* fail *or* flop (v)

mislukken *[onderhandelingen]* break
  down (v)

mislukken *[plan or poging]* fall through

mislukking (vr) *[misgaan]* failure *or*
  flop (n)

mislukking (vr) *[onderhandelingen]* breakdown (n)

misrekenen miscalculate

misrekening (vr) miscalculation

missen miss

misverstand (o) misunderstanding

mits provided that

mobiliseren mobilize

mobiliteit (vr) mobility

model (o) model (n)

modelbrief (m) standard letter

modelovereenkomst (vr) model agreement

modem (m/o) modem

modern up to date *or* modern

moedermaatschappij (vr) parent company

mogelijk possible *or* potential (adj)

mogelijkheid (vr) possibility *or* potential (n) *or* alternative (n)

moment (o) minute (n)

mondeling verbal

mondelinge overeenkomst (vr) verbal agreement

mondiaal worldwide (adj)

mondiaal worldwide (adv)

monetair monetary

monetaire basis (vr) monetary base

monitor (m) monitor (n) *[screen]*

monopolie (o) monopoly

monopoliseren monopolize

monopolisering (vr) monopolization

monopolistische afzetmarkt (m/vr) captive market

monster (o) *[proefwaar]* sample (n)

monster (o) *[van stof]* swatch

monsteren sample (v) *[test]*

montage (vr) assembly *[putting together]*

montagelijn (m/vr) assembly line

motie (vr) indienen move (v) *or* propose (v)

motivatie (vr) motivation

motivering (vr) motivation

motorrijtuigbelasting (vr) road tax

motorrijtuigverzekering (vr) motor insurance

multilateraal multilateral

multilaterale handel (m) multilateral trade

multilaterale overeenkomst (vr) multilateral agreement

multinational (m) multinational (n)

multivalutatransactie (vr) multicurrency operation

munt (m/vr) coin

munteenheid (vr) monetary unit

munttelefoon (m) pay phone

Nn

N.V. (= Naamloze Vennootschap (vr)) Public Limited Company (Plc)

naambord (o) sign (n)

nabestellen reorder (v) *or* repeat an order

nabestelling (vr) doen repeat an order

nabestelling (vr) reorder (n) *or* repeat order

nacht (m) night

nachtdienst (m) night shift

nachtploeg (vr) night shift

nachttarief (o) night rate

nadeel (o) loss *[not a profit]*

nadelige factor (m) downside factor

nader omschrijven specify

nagaan examine *or* follow up

nagemaakt counterfeit (adj)

nakomen: niet nakomen fail *[not to do something]*

nakomen comply with

nalaten (o) omission

nalaten fail *[not to do something]* *or* omit

nalatig negligent

nalatigheid (vr) negligence

naleven comply with

naleving (vr) compliance

namaak (m) counterfeit *[money]* *or* imitation

namaaksel (o) fake (n)

namaken fake (v) *or* counterfeit (v) *[money]*

namens on behalf of

nationaal nationwide

nationale feestdag (m) public holiday

nationalisatie (vr) nationalization

nationalisering (vr) nationalization

natuurlijk verloop (o) van arbeidskrachten (m/vr mv) natural wastage

natuurlijke hulpbronnen (v mv) natural resources

natuurlijke rijkdommen (m mv) natural resources

nauwkeurig accurate *or* exact (adj)

nauwkeurig exactly (adv)

nauwkeurige afstemming (vr) fine tuning

navolgen follow up

navraag (vr) inquiry *or* enquiry

navragen inquire

neergaande conjunctuur (vr) slump (n) *or* depression

neerleggen stop (v) *[doing something]*

neerstorten crash (v) *[hit]*

negatief saldo (o) loss *[not a profit]*

negatieve factor (m) downside factor

negatieve kasstroom (m) negative cash flow

nemen: op zich nemen undertake *or* bear (v) *[pay for]*

nepartikel (o) dummy

netnummer (o) dialling code *or* area code

netto net (adj)

netto-activa (o mv) net assets *or* net worth

netto-inkomen (o) net earnings *or* net income

netto opbrengen *or* **netto verdienen** net (v)

netto winst (vr) clear profit

nettogewicht (o) net weight

netto-omzet (m) net sales

netto-ontvangsten (vr mv) net receipts

nettoprijs (m) net price

nettorendement (o) net yield

nettosalaris (o) net income *or* net salary

nettoverlies (o) net loss

nettowinst (vr) net earnings *or* net income

nettowinst (vr) net profit

nettowinstmarge (vr) net margin

netwerk (o) network (n)

netwerken network (v) *[computers]*

nevenactiviteit (vr) sideline

nevenproduct (o) spinoff

niche (m/vr) niche

niet voldoen aan verplichtingen (vr mv) default (v)

niet-beherende directeur (m) non-executive director

niet-belastbaar inkomen (o) non-taxable income

nieten: papieren (o mv) aan elkaar nieten staple papers together

nieten staple (v)

niet-gekruiste cheque (m) open cheque

nietig verklaren void (v)

nietig null

nietig void (adj) *[not valid]*

nietigverklaring (vr) invalidation

nietje (o) staple (n)

niet-levering (vr) non-delivery

nietmachine (vr) stapler

niet-nakomen break (v) *[contract]*

niet-nakoming (vr) van garantievoorwaarden (vr) breach of warranty

niet-nakoming (vr) failure

niet-retourneerbare verpakking (vr) non-returnable packing

nietszeggend meaningless

niet-terugbetaalbare waarborgsom (m/vr) *or* **niet-restitueerbare waarborgsom (m/vr)** non-refundable deposit

niet-terugkerende posten (m mv) non-recurring items

niet-verhandelbaar waardepapier (o) non-negotiable instrument

niet-voldoening (vr) failure

nieuw product (o) promoten promote a new product

nieuwe aanslag (m) reassessment

nieuwe koers (m) departure *[new venture]*

nieuwe richting (vr) departure *[new venture]*

nieuwigheid (vr) innovation

nieuwste latest

niveau (o) level

no-claimkorting (vr) no-claims bonus

nodig hebben require *[need]*

noemenswaardig: niet noemenswaardig negligible

nominale waarde (vr) face value *or* nominal value *or* par value

non-profit- non profit-making

non-stop non-stop

noodreserves (m mv) emergency reserves

noodtoestand (m) emergency

noodverkoop (m) distress sale

noodzakelijk necessary *or* essential

norm (vr) standard (n) *or* norm

normaal *[als norm dienend]* standard (adj) *or* stock (adj)

normaal *[gewoon]* normal *or* ordinary *or* usual

normale slijtage (vr) fair wear and tear

normalisatie (vr) standardization

normaliseren standardize

nota (vr) note (n) *or* invoice (n)

notaris (m) solicitor *or* conveyancer *or* notary public

noteren *[in vergadering]* minute (v)

noteren list (v) *or* note (v) *[details]*

notitie (vr) note (n) *or* memo

notulen (mv) minutes (n) *[of meeting]*

notuleren minute (v)

nul (vr) nil *or* zero

nultarief (o) belast zero-rated

numeriek toetsenbord (o) numeric keypad

numeriek numeric

nummer (o) draaien dial a number

nummer (o) number *[figure]* *or* issue (n) *[magazine]*

nummeren number (v)

nummerrekening (vr) numbered account

nut (o) use (n)

nuttig useful

Oo

objectief objective (adj)

obligatie (vr) aan toonder (m) *or* **toonderobligatie (vr)** bearer bond

obligatie (vr) aflossen redeem a bond

obligatie (vr) bond *[borrowing by government]*

obligatie (vr) debenture

obligatiehouder (m) debenture holder

octrooi (o) aangevraagd patent applied for *or* patent pending

octrooi (o) patent

octrooiaanvraag (m/vr) indienen file a patent application

octrooibrief (m) letters patent

octrooigemachtigde (m/vr) patent agent

offerte (m/vr) offer *or* quotation *or* quote (n) *[estimate of cost]*

officieel official (adj)

officiële feestdag (m) bank holiday *or* statutory holiday

officiële verslaggeving (vr) official return

officier (m) van justitie (vr) prosecution *[party in legal action]*

offshore- offshore

ogenblik (o): een ogenblik alstublieft hold the line please

ogenblik (o) minute (n) *[time]*

olie (vr) oil

olie-exporterende landen (o mv) oil-exporting countries

olieprijs (m) oil price

olieproducerende landen oil-producing countries

ombudsman (m) ombudsman

ombuiging cut (n)

omgekeerd reverse (adj)

omgekeerde overname (vr) reverse takeover

omhoogschieten soar

omissie (vr) omission

omkeren reverse (v)

omkopen bribe (v)

omlaag down

omloop (m) circulation *[money]*

omloopsnelheid (vr) van voorraden (m mv) stock turnover

omloopsnelheid (vr) turnround *[goods sold]*

ommekeer (m) reversal *or* upturn

omrekenen convert

omrekening (vr) conversion

omrekeningskoers (m) conversion price

omruilen commute *[exchange]*

omscholen retrain

omscholing (vr) retraining

omslag (m) reversal *or* turnround *[making profitable]*

omvang (m) volume

omwisselbaarheid (vr) convertibility

omwisselen commute *[exchange]*

omzeilen get round *[a problem]*

omzet (m) draaien turn over (v) *[make sales]*

omzet (m) sales *or* sales volume *[US] or* turnover

omzet hebben turn over (v) *[make sales]*

omzetbelasting (vr) turnover tax *or* sales tax *[US] or* purchase tax

omzetcijfers (o mv) sales figures

omzetdaling (vr) drop in sales

omzetprognose (vr) sales forecast

omzetsnelheid (vr) stock turnover *or* turnover *[sales]*

omzetten switch (v) *[change]*

omzetting (vr) conversion

omzetvolume (o) sales volume *[US]*

onachtzaam negligent

onafgebroken continuous

onafgehaalde bagage (vr) unclaimed baggage

onafhankelijk independent

onaflosbare obligatie (vr) irredeemable bond

onbeduidend petty

onbehandelde order (m/vr/o) unfulfilled order

onbeheersbaar out of control

onbekwaam incompetent

onbenutte capaciteit (vr) opgebruiken use up spare capacity

onbeperkte aansprakelijkheid (vr) unlimited liability

onbeschikbaar unavailable

onbeschikbaarheid (vr) unavailability

onbestelbaarheid (vr) non-delivery

onbesteld undelivered

onbestuurbaar out of control

onbetaald outstanding *or* unpaid

onbetaalde facturen (vr mv) unpaid invoices

onbetaalde schulden (vr mv) outstanding debts

onbetekenend petty

onbevestigd unconfirmed

onbevoorrechte crediteur (m) unsecured creditor

onbezet vacant

onder *[minder dan]* under *[less than]*

onder *[volgens]* under *[according to]*

onder contract (o) under contract

onder controle (vr) under control

onder de prijs (m) verkopen undersell

onder een nieuwe leiding (vr) under new management

onder gewone voorbehoud (o) errors and omissions excepted (e. & o.e.)

onder nieuw management (o) under new management

onder rembours (o) charges forward *or* cash on delivery

onder staatstoezicht (o) government-controlled

onder voorbehoud (o) qualified *[with reservations]*

onderaannemer (m) subcontractor

onderaannemingscontract (o) sluiten subcontract (v)

onderaannemingscontract (o) subcontract (n)

onderbetaald underpaid

onderbreken adjourn

onderdeel (o) part (n) *or* division *[part of a group]*

ondergeschikt *[afhankelijk]* subsidiary (adj) *or* low-grade

ondergetekende (m/vr) undersigned

ondergewaardeerd vermogen (o) hidden asset

onderhandelaar (m) negotiator

onderhandelen bargain (v) *or* negotiate

onderhandeling (vr mv) bargaining *or* negotiation

onderhandelingen (vr mv) afbreken break off negotiations

onderhandelingen (vr mv) beginnen open negotiations

onderhandelingen (vr mv) hervatten resume negotiations

onderhandelingen (vr mv) voeren conduct negotiations

onderhandelingsmacht (vr) bargaining power *or* position

onderhoud (o) *[gesprek]* conversation

onderhoud (o) *[in goede staat houden or in stand houden]* maintenance

onderhoud (o) **van contacten** (o mv) maintenance of contacts

onderhouden *[in goede staat houden]* maintain *or* service (v) *[a machine]*

onderhouden *[in stand houden]* keep up *or* maintain

onderhoudsbeurt (vr) service (n) *[of machine]*

onderhoudsboek (o) service manual

onderhoudsdienst (m) service centre

onderhoudskosten (m mv) service charge

onderhuren sublease (v)

onderhuur (m/vr) sublease (n)

onderhuurder (m) sublessee

onderhuurovereenkomst (vr) sublease (n)

onderling mutual (adj)

onderlinge verzekeringsmaatschappij (vr) mutual (insurance) company

ondernemen undertake

ondernemend entrepreneurial

ondernemer (m) entrepreneur

onderneming (vr) **financieren** finance an operation

onderneming (vr) **oprichten** set up a company *or* incorporate *[a company]*

onderneming (vr) undertaking *or* enterprise *or* firm *or* business *or* company

ondernemingsnaam (m) corporate name

ondernemingsplan (o) corporate plan

ondernemingsplanning (vr) corporate planning

ondernemingswinst (vr) corporate profits

onderontwikkelde landen (o mv) underdeveloped countries

onderpand (o) collateral (n)

onderpand (o) security *[guarantee]*

onderpand: door onderpand (o) **gedekt** secured *or* collateraleralized

onderschrijven endorse a cheque

onderste regel (m) **(van winst en verliesrekening)** *or* **eindresultaat** (o) *or* **nettoresultaat** (o) bottom line

ondertekenaar (m) signatory

ondertekenen sign (v)

onderverhuren sublet

onderverhuurder (m) sublessor

ondervraagde (m/vr) interviewee

ondervrager (m) interviewer

onderwerp (o) item *[on agenda]*

onderwijsperiode (vr) term *[part of academic year]*

onderworpen aan liable to *or* subject to

onderzoek (o) *[bestudering]* investigation *or* examination *or* study *or [gedetailleerd]* inspection *or* survey

onderzoek (o) *[controle or beproeving]* test

onderzoek (o) *[navorsing]* inquiry *or* investigation *or* research

onderzoek (o) **en ontwikkeling** (vr) research and development (R & D)

onderzoek (o) **naar kredietwaardigheid** (vr) status inquiry

onderzoek (o) **naar middelen** (o mv) **van bestaan** (o) means test

onderzoeken *[bestuderen]* examine *or* study *or* investigate *or* inquire into *or* inspect

onderzoeken *[markt]* explore

onderzoeken *[medisch]* examine *or* test

onderzoeker (m) research worker *or* researcher

onderzoekscommissie (vr) working party

onderzoeksprogramma (o) research programme

ondeugdelijk defective *[not valid]*

ondoelmatig inefficient

ondoelmatigheid (vr) inefficiency

oneerlijk unfair

oneerlijke concurrentie (vr) unfair competition

oneerlijke praktijken (vr mv) sharp practice

oneven getallen (o mv) odd numbers

oneven odd *[not even]*

ongeacht regardless of

ongecontroleerd unaudited

ongecontroleerde cijfers (o mv) unchecked figures

ongecontroleerde rekeningen (vr mv) unaudited accounts

ongedaan maken call off a deal

ongedateerd undated

ongedekt zijn bounce *[cheque]*

ongedekte cheque (m) rubber check *[US]*

ongedekte kredietrekening (vr) open account

ongeldig maken void (v) or invalidate

ongeldig null or void (adj) or invalid

ongeldigheid (vr) invalidity

ongeldigverklaring (vr) invalidation

ongemunt goud (o) bullion

ongemunt zilver (o) bullion

ongeoorloofd illicit

ongeschoold unskilled

ongesubsidieerd unsubsidized

ongetrouwd single

ongeval (o) crash (n) *[accident]*

ongeveer approximately

ongevraagde bezoek (o) cold call

ongewenste reclamedrukwerk (o) junk mail

ongewijzigd unchanged

ongunstig unfavourable

ongunstige wisselkoers (m) unfavourable exchange rate

onherroepelijk irrevocable

onherroepelijke aanvaarding (vr) irrevocable acceptance

onherroepelijke acceptatie (vr) irrevocable acceptance

onherroepelijke kredietbrief (m) irrevocable letter of credit

oninbare vordering (vr) bad debt or irrecoverable debt

onjuist gewicht (o) false weight

onjuist incorrect (adj) or false (adj) or wrong

onjuist incorrectly (adv)

onkosten (m mv) bestrijden defray someone's expenses

onkosten (m mv) expense or outgoings or outlay or charge

onkostenoverzicht (o) statement of expenses

onkostenrekening (vr) expense account

onkostenvergoeding (vr) reimbursement of expenses

online on line or online

onmiddellijk krediet (o) instant credit

onmiddellijk immediately (adv)

onmiddellijk prompt or immediate or instant (adj)

onmisbaar essential or necessary

onofficieel off the record or unofficial

ononderbroken continuous

onpartijdig objective (adj)

onrechtmatig ontslag (o) wrongful dismissal or unfair dismissal

onrechtvaardig unfair

onregelmatig irregular

onregelmatigheden (vr mv) irregularities

onrendabele huur (vr) uneconomic rent

onroerend goed (o) beheren manage property

onroerend goed (o) inschrijven in het kadaster (o) register a property

onroerend goed (o) real estate

ontastbaar intangible

ontbinden dissolve

ontdoen: zich ontdoen van unload *[get rid of]*

ontduiken evade

ontduiking (vr) evasion

onteigening (vr) compulsory purchase

ontheffen release (v) *[free]*

ontheffing (vr) release (n)

onthullen disclose

onthulling (vr) van vertrouwelijke informatie (vr) disclosure of confidential information

onthulling (vr) disclosure

ontkenning (vr) disclaimer

ontmoeten meet *[someone]*

ontruimen vacate

ontschepen land (v) *[passengers or cargo]*

ontschepingkaart (m/vr) landing card

ontslaan *[bestuurslid]* remove

ontslaan *[werknemer]* discharge (v) *[employee]*

ontslaan sack (v) or dismiss (v)

ontslag (o) dismissal or removal *[sacking someone]*

ontslag (o) nemen resign or leave (v)

ontslag krijgen be made redundant

ontslagaanzegging (vr) notice *[that worker is leaving his job]*

ontslagen worden get the sack

ontslagname (m/vr) resignation

ontsnappingsclausule (vr) escape clause

onttrekken deduct

ontvangen: nog te ontvangen receivable

ontvangen get or receive or take *[receive money]*

ontvanger (m) *[belasting]* collector

ontvanger (m) receiver

ontvangst (vr) *[signalen or receptie]* reception

ontvangst (vr) van een brief (m) bevestigen acknowledge receipt of a letter

ontvangst (vr) receipt *or* receiving

ontvangstbevestiging (vr) acknowledgement

ontvangstbewijs (o) receipt *[paper]*

ontvangsten (vr mv) *[geld]* takings

ontvangsten (vr mv) *[van goederen]* receipts

ontvangsten (vr mv) take (n) *[money received]*

ontwerp (o) design (n)

ontwerpafdeling (vr) design department

ontwerpen design (v)

ontwijken evade *or* get round *[a problem]*

ontwijking (vr) evasion

ontwikkelen develop *[build or plan]*

ontwikkeling (vr) development

ontwikkelingsland (o) developing country *or* developing nation

ontwikkelingslanden (o mv) developing countries *or* underdeveloped countries

onveranderd unchanged

onverantwoord unaccounted for

onverklaard unaccounted for

onverkocht unsold

onverkrijgbaar unobtainable

onvermogen (o) te betalen insolvency

onvermogend insolvent

onverpakt loose

onvertraagd computersysteem (o) real-time system

onverwacht unexpected *or* unforeseen

onvoldoende uitgerust underequipped

onvolkomen imperfect

onvolkomenheid (vr) imperfection

onvolmaakt imperfect

onvolmaaktheid (vr) imperfection

onvoorwaardelijk unconditional

onvoorziene gebeurtenis (vr) contingency

onwettig illegal *or* illicit (adj)

onwettig illegally (adv)

onwettigheid (vr) illegality

onzichtbare handel (m) invisible trade

onzichtbare inkomsten (vr mv) (van diensten) invisible earnings

oordeel (o) judgment *or* judgement

oordelen judge (v)

oorsprong (m) origin

oorspronkelijk original (adj)

op zijn run out of

opbellen phone (v) *or* telephone (v)

opbergen (o) filing

opbergkast (vr) filing cabinet

opbouw (m) organization *[way of arranging]*

opbrengen *[opleveren]* yield (v) *or* bear (v) *or* earn *or* bring in *or* carry *or* produce *or* gross (v)

opbrengst (vr) return (n) *[profit]* *or* returns *[profits]* *or* yield (n) *[on investment]*

opbrengst is nihil nil return

opbrengsten (vr) revenue

opdracht (m/vr) geven issue instructions

opdracht (m/vr): in opdracht van on the instructions of *or* on behalf of

opdracht (m/vr) instruction *or* order *or* assignment

opdracht (o) *[werk]* job *[piece of work]*

opdracht (vr) automatische overboeking (vr) banker's order

opdracht (vr) geven tot betaling (vr) *or* **betaling (vr) autoriseren** authorize payment

opdrachtgever (m) principal (n) *[person]*

OPEC (= organisatie (vr) van petroleum exporterende landen) OPEC (= Organization of Petroleum Exporting Countries)

opeisbaar payable

opeisbare schulden (vr mv) debts due

open envelop (m/vr) unsealed envelope

open krediet (o) open credit

open markt (vr) open market

open ticket (o) open ticket

open open (adj) *[not closed]*

openbaar maken release (v) *[make public]*

openbaar vervoer (o) public transport

openbaar public (adj)

openbaarheid (vr) publicity

openbaarmaking (vr) disclosure

openbare aanklager (m) prosecution *[party in legal action]* *or* prosecution counsel *or* public prosecutor

openbare mening (vr) public opinion

openbare verkoping (vr) sale by auction

openeinde overeenkomst (vr) open-ended agreement

openen open (v) *[begin]*

opening (vr) opening (n)

openings- opening (adj)

openingskoers (m) opening price

openingssaldo (o) opening balance

openingstijd (m) opening time

openingstijden (m mv) *[bedrijf]* business hours

openingstijden (m mv) *[winkel or instantie]* opening hours

openingstijden (m mv) van een bank (vr) banking hours

openingsvoorraad (m) opening stock

openstaan voor ieder redelijk aanbod (o) open to offers

openstaande facturen (vr mv) unpaid invoices

operationeel budget (o) operational budget

operationeel operational

operationele begroting (vr) operational budget

operationele kosten (m mv) operational costs

operator *[computer]* operator

opfrissingscursus (m) refresher course

opgeblazen reclame (m/vr) hype (n)

opgeven *[afstand doen van]* abandon

opgeven *[belasting]* return (v) *[declare]*

opheffen *[doen eindigen]* discontinue

opheffen *[intrekken]* lift (v) *or* remove

opheffen *[sluiten]* close down

opheffing (vr) *[bedrijf]* closing down

opheffingsuitverkoop (m) closing-down sale

ophouden *[beletten verder te gaan]* hold up (v) *or* delay *or* detain

ophouden *[eindigen]* stop (v) *[doing something]* *or* discontinue

opinieonderzoek (o) opinion poll

opiniepeiling (vr) canvass

opiniepeiling (vr) opinion poll

oplage (vr) circulation *[newspaper]*

opleggen impose

opleiden train (v)

opleiding (vr) binnen het bedrijf (o) in-house training

opleiding (vr) op het werk (o) on-the-job training

opleiding (vr) volgen train (v) *or* follow a course

opleiding (vr) training

opleidingsbelasting (vr) training levy

opleidingsfunctionaris (m/vr) training officer

opleveren yield (v) *[interest]*

opleving (vr) upturn *or* rally (n)

oplichter (m) racketeer

oplopen *[rente]* accrue

oplopen *[schade]* incur

oplopen *[stijgen]* take off *[rise fast]*

oplopen tot *[kosten or schuld]* amount to *or* run up to *or* mount up to

oplopend increasing *or* mounting

oplossing (vr) solution

opmaak (m) form (n)

opmaken *[document]* draw up

opmaken *[factuur]* make out *[invoice]*

opmerken note (v) *[details]*

opname (vr) withdrawal *[of money]*

opnemen *[beoordelen]* assess

opnemen *[betalingsverkeer]* draw *[money]* *or* withdraw *[money*

opnemen *[een plaats geven]* incorporate

opnieuw aanpassen readjust

opnieuw aanslaan reassess

opnieuw bevoorraden (o) restocking

opnieuw bevoorraden restock (v)

opnieuw evalueren reassess

opnieuw in dienst nemen re-employ

opnieuw solliciteren reapply

oponthoud (o) hold-up (n) *or* delay

oppervlakte (vr) area *[surface]* *or* floor area

oppotten hoard (v)

oprichten (o) (door uitgifte van aandelen) float (n) *[of company]*

oprichten form (v) *or* incorporate (v)

oprichting (vr) van een onderneming (vr) incorporation

oprichting (vr) formation *or* incorporation *or* flotation

oproep (m) summons

oproepen call (v) *[ask to do something]*

opruimen clear (v) *[stock]* *or* sell off

opschorten suspend *or* postpone *or* shelve

opschorting (vr) van leveringen (vr mv) suspension of deliveries

opschorting (vr) suspension *or* postponement

opschrijven enter *[write in]*

opschroeven hype (v)

opslaan *[computer]* save (v) *[on computer]*

opslaan *[in een magazijn]* store (v) *or* stock (v) *[goods]*

opslaan in magazijn warehouse (v)

opslag (m) *[computer]* storage (n) *[computer]*

opslag (m) *[in magazijn]* storage (n) *[in warehouse]* *or* warehousing

opslag (m) *[salaris]* rise (n) *[salary]*

opslagbewijs (o) warrant (n) *[document]*

opslagcapaciteit (vr) storage capacity

opslageenheid (vr) storage unit

opslagfaciliteiten (vr mv) storage facilities

opslagfactor (m) mark-up *[profit margin]*

opslagkosten (m mv) storage (n) *[cost]*

opslagplaats (vr) store (n) *[place where goods are kept]*

opslagruimte (vr) stockroom *or* storeroom *or* warehouse *or* depository *[place]* *or* freight depot *or* goods depot

opstal- en inboedelverzekering (vr) house insurance

opstarten (o) start-up *or* float (n) *[of company]*

opstarttijd (m) make-ready time

opstellen *[document]* draft (v) *or* draw up

opstellen *[factuur]* write out

opstijgen take off *[plane]*

opstrijken pocket (v)

optekenen register (v) *[in official list]*

optellen total (v)

optelling (vr) addition *[calculation]*

optie (vr) nemen (vr) take up an option

optie (vr) uitoefenen exercise an option

optioneel optional

optreden act (v) *[work]*

opvolgen *[in de plaats treden van]* succeed *[follow someone]*

opvolgen *[nakomen]* follow up

opvragen demand (v) *or* enquire *or* inquire

opvraging (vr) *[effecten]* call (n) *[stock exchange]*

opvraging (vr) *[informatie]* enquiry *or* inquiry

opvraging (vr) *[kredieten]* demand (n) for payment

opwaarderen mark up *or* revalue

opwaardering (vr) mark-up

opwaartse tendens (m/vr) upward trend

opzegging (vr) *[beëindiging van contract]* notice (of termination) *or* termination

opzeggingsclausule (m/vr) termination clause

opzeggingsperiode (vr) *[levensverzekering]* cooling off period

opzeggingstermijn (m) notice *[time allowed]* *or* period of notice

opzetten (o) start-up

opzetten set up in business

opzichter (m) supervisor

opzoeksysteem (o) retrieval system

orde (vr) order (n) *[certain way]*

ordenen order (v) *[put in order]*

order (m/vr/o) uitvoeren fulfil an order

order (vr/o) order (n) *[for goods]*

orderbehandeling (vr) order processing

orderboek (o) order book

orderbriefje (o) note of hand *or* promissory note

ordernummer (o) order number

orderpikken (o) order picking

orderpikkenlijst (vr) picking list

orderuitvoering (vr) order fulfilment

orderverwerking (vr) order processing

organisatie (vr) *[bedrijf]* setup *[company]*

organisatie (vr) *[instelling]* organization *[institution]*

organisatie (vr) van petroleum exporterende landen (o mv) (OPEC) Organization of Petroleum Exporting Countries (OPEC)

organisatie (vr) organization *[way of arranging]*

organisatieadviseur (m) management consultant

organisatieonderzoek (o) en -advieswerk (o) organization and methods

organisatieschema (o) organization chart

organisatorisch organizational

organiseren organize *or* stage (v) *or* structure (v) *or* arrange

organogram (o) organization chart

origineel (o) original (n)

origineel original (adj)

oud old *or* long-standing

ouderwets old-fashioned *or* out of date *or* dated

output (m) leveren output (v) *[computer]*

output (m) output (n) *[computer]*

overbesteden overspend

overbetaling (vr) overpayment

overbezetting (vr) overmanning

overblijven remain *[be left]*

overboeken *[geld]* remit (v)

overboeken *[te veel reserveringen maken]* overbook

overboeking (vr) *[te veel reserveringen maken]* overbooking

overboeking (vr) transfer *or* transfer of funds *or* remittance

overcapaciteit (vr) excess capacity *or* overcapacity

overdraagbaar transferable

overdracht (m/vr) *[mbt plichten or bevoegdheden]* delegation *[action]*

overdracht (vr) *[mbt eigendom]* conveyance *or* conveyancing *or* transfer (n)

overdracht (vr) *[mbt geld]* transfer of funds

overdracht *[aflevering]* delivery *[bill of exchange]*

overdrachtsakte (vr) deed of transfer

overdragen transfer *or* hand over

overdrager (m) assignor

overdreven publiciteit (vr) hype (n)

overeengekomen prijs (m) agreed price

overeengekomen agreed

overeenkomen met iets *[overeenstemmen]* correspond with something

overeenkomst (vr) *[afspraak]* agreement *or* deal (n) *or* understanding

overeenkomst (vr) *[compromis]* arrangement

overeenkomst (vr) beëindigen terminate an agreement

overeenkomst (vr) bereiken reach an agreement

overeenkomst (vr) medeondertekenen witness an agreement *or* countersign an agreement

overeenkomst (vr) naar eer (m/vr) en geweten (o) gentleman's agreement

overeenkomst (vr) niet erkennen repudiate an agreement

overeenkomst (vr) uitvoeren implement an agreement

overeenkomst (vr) verbreken break an agreement

overeenstemmen agree with *or* correspond with

overgewicht hebben overweight

overhandigen hand over

overheadbudget (o) overhead budget

overheadkosten (m mv) overhead costs *or* overheads

overheid (vr) government (n)

overheids- government (adj)

overheidsfinanciën (vr mv) public finance

overheidsgelden (o mv) public funds

overheidsobligaties (vr mv) government stock

overheidssector (m) public sector

overheidstoezicht (o) government-controlled

overhevelen hive off

overleden dead (adj) *[person]*

overleg (o) counsel

overleggen (o) production *[showing]*

overleggen produce (v) *[bring out]*

overliggeld (o) demurrage

overlijdensrisicoverzekering (vr) term insurance *or* whole-life insurance

overmacht (vr) act of God *or* force majeure

overmaking (vr) transfer *or* transfer of funds

overname (vr) takeover

overname gefinancierd met vreemd vermogen leveraged buyout (LBO)

overnamebod (o) intrekken withdraw a takeover bid

overnamebod (o) takeover bid

overnameobject (o) takeover target

overnemen (van iemand anders) take over *[from someone else]*

overplaatsen transfer (v) *[move to new place]*

overproduceren overproduce

overproductie (vr) overproduction

overschakelen op switch over to

overschatten overestimate (v)

overschieten remain *[be left]*

overschot (o) glut (n) *or* surplus *or* excess

overschrijden *[betalingsverkeer]* overdraw

overschrijden *[te boven gaan]* exceed

overschrijving (vr) remittance

overschrijving van fondsen (o mv) transfer of funds

overstap (m) transfer (n)

overstijgen top (v) *[go higher than]*

overtollig redundant

overtolligheid (vr) redundancy

overtreffen top (v) *[go higher than]* or exceed

overtrekken overdraw

overtrekking (vr) overdraft

overtrekkingsfaciliteit (vr) overdraft facility

overtrokken rekening (vr) overdrawn account

overuren (o mv) overtime

overvloed (m) excess *or* glut (n)

overvoeren glut (v)

overvoering (vr) glut (n)

overvracht (vr) excess baggage

overvragen overcharge (v)

overvraging (vr) overcharge (n)

overwaarderen overvalue

overwegen consider

overwerk (o) overtime

overwerkbetaling (vr) overtime pay

overwerkverbod (o) overtime ban

overwerkvergoeding (vr) in geld (o) overtime pay

overwinsten (vr mv) excess profits

overzees overseas (adj)

overzeese handel (m) overseas trade

overzeese markten (vr mv) overseas markets

overzicht (o) *[boekhouden]* statement

overzicht (o) *[samenvatting]* survey (n)

overzicht (o) van de kasstroom (m) cash flow statement

Pp

pacht (vr) rent (n)

pachtcontract (o) lease (n)

pachten *[door huurder]* lease (v) *[by tenant]*

pachter (m) lessee

pachtsom (m/vr) rent (n)

pachtvrij rent-free

pak (o) enveloppen (m/vr mv) pack of envelopes

pak (o) pack (n) *or* package *[of goods]* *or* carton *[box]*

pakbrief (m) advice note

pakhuis (o) warehouse (n) *or* store (n) *[place where goods are kept]*

pakje (o) sigaretten (vr mv) packet of cigarettes

pakje (o) packet

pakket (o) *[aandelen]* block (n) *[of shares]*

pakket (o) *[diensten]* package *[of services]*

pakket (o) package *[of goods]* or parcel (n)

pakketovereenkomst (vr) package deal

pakketpost (vr) parcel post

pakkist (vr) packing case

paklijst (vr) packing list

pakpapier (o) brown paper

pallet (m) pallet

palletiseren palletize

pallets: op pallets stapellen palletize

pand (o) inlossen redeem a pledge

pand (o) premises

pandrecht (o) lien

paneel (o) panel

paniekaankoop (m) panic buying

paperclip (m) paperclip

papier (o): op papier zetten put in writing

papieren (o mv) papers

papieren winst (vr) paper profit

papieren zak (m) paper bag

papierklem (m/vr) paperclip

papiertoevoer (m) paper feed

paraferen initial (v)

pari (o) par

pariteit (vr) parity

pariwaarde (vr) par value

participatie-bewijs (o) unit *[in unit trust]*

particulier initiatief (o) private enterprise

particulier sector (m) private sector

particulier private

particuliere onderneming (vr) private enterprise

partij (vr) *[goederen]* batch (n) *[of products]* or lot *[of items]*

partij (vr) *[personen]* party

partijdig one-sided

partijnummer (o) batch number

partner (m) associate (n) or partner (n)

partnership (o) partnership

part-time werk (o) part-time work or part-time employment

part-time part-time

part-timer (m) part-timer

passagierslijst (vr) manifest

passend appropriate or convenient

passiva (mv) liabilities

patent (o) patent

patentbrief (m) letters patent

patstelling (vr) deadlock (n)

pauze (vr) break (n)

PC (= personal computer (m)) PC (= personal computer)

peil (o) standard (n)

pendelen commute *[travel]*

pensioen (o): met pensioen gaan retire *[from one's job]*

pensioen (o) pension

pensioenfonds (o) pension fund

pensioenleeftijd (m) retirement age

pensioenplan (o) pension scheme

pensioenregeling (vr) pension scheme

pension- retiring (adj)

pensionering (vr) retirement

per adres (o) care of (c/o)

per dag (m) per day

per expresse (vr) versturen express (v) *[send fast]*

per hoofd (o) per capita or per head

per jaar (o) per annum

per kwartaal (o) quarterly (adv)

per luchtpost (vr) verzenden airmail (v)

per uur (o) betaalde werknemers (m mv) hourly-paid workers

per uur (o) per hour

per vliegtuig (o) verzenden airfreight (v)

per week (vr) per week

per per

percentage (o) percentage

percentage (o) rate (n) *[amount]*

periode (vr) period

periodiek periodic

periodiek recurrent

periodieke betalingsopdracht (m/vr) standing order

periodieke verhoging (vr) increment

perron (o) platform *[railway station]*

pers (vr) press

persagentschap (o) news agency

persbericht (o) press release

persbureau (o) news agency

perschef (m) public relations man or public relations officer

persconferentie (vr) press conference

personal computer (m) (PC) personal computer (PC)

personeel (o) aannemen hire staff or staff (v)

personeel (o) in sleutelposities (vr mv) key personnel

personeel (o) personnel or manpower or staff (n) or workforce

personeelsbeleid (o) personnel management

personeelsbestand (o) workforce

personeelsbestand prognose (vr) manpower forecasting

personeelsblad (o) house magazine

personeelschef (m) personnel manager

personeelsdirecteur (m) personnel manager

personeelsplanning (vr) manpower planning

personeelstekort (o) manpower shortage

personeelsvergadering (vr) staff meeting

persoon (m) person

persoonlijk inkomen (o) personal income

persoonlijk personal

persoonlijke bezittingen (vr mv) personal assets

peseta (vr) peseta *[Spanish currency]*

petroleum (m) oil *[petroleum]*

piek (vr) peak (n) *or* top (n) *[highest point]*

piekperiode (vr) peak period

piekuur (o) rush hour

piloot (m) pilot (n) *[person]*

pilot- pilot (adj)

pinpas (m) cash card

pionier (m) pioneer (n)

pionieren pioneer (v)

plaats (vr) *[in een wedstrijd]* place (n) *[in a competition]*

plaats (vr) *[locatie]* spot *or* place *or* venue

plaats (vr) reserveren reserve a seat

plaatsbespreking (vr) reservation

plaatselijk local

plaatselijke arbeidskrachten (vr mv) local labour

plaatselijke overheden (vr mv) local government

plaatsen place (v) *or* put (v)

plaatsingsbureau (o) employment agency *or* employment bureau

plaatskaartenbureau (o) booking office

plaatsvervangend beheerder (m) deputy manager

plaatsvervanger (m) deputy

plaatsvinden take place

plafond (o) ceiling

plan (o) *[tekening or project]* plan (n)

plan (o) realiseren realize a plan

plank (vr) shelf

planken (v mv) shelving *or* shelves

plannen plan (v)

planner (m) planner

planning (vr) op lange termijn (m) long-term planning

planning (vr) planning

plattegrond (m) floor plan *or* plan (n) *[drawing]*

platteland (o) country *[not town]*

platzak broke (informal)

plegen commit *[crime]*

plek (vr) *[plaats]* spot *[place]*

plicht (m/vr) obligation *or* duty

plichtsverzuim (o) nonfeasance

ploeg (vr) shift (n) *[team of workers]*

ploegendienst (m) shift work

pluggen plug (v) *[publicize]*

plus plus

pluspunt (o) plus factor

pogen en falen trial and error

polis (vr) afkopen surrender a policy

polis (vr) afsluiten take out a policy

pond (o) *[geld]* pound *[money]*

pond (o) *[gewicht]* pound *[weight: 0.45kg]*

pond (o) sterling pound sterling

poort (vr) *[computer]* port

populair popular

port (o/m) betaald postpaid

port (o/m) en verpakking (vr) postage and packing (p & p)

port (o/m) postage

portefeuille (m) portfolio

portefeuillebeheer (o) portfolio management

portemonnee (m): uit eigen portemonnee (m) out of pocket

portokosten (m mv) postage

portvrij post free *or* postage paid

POS promotiemateriaal (o) POS material *or* point of sale material

positie (vr) *[functie]* place (n) *or* job *or* position

positie (vr) *[in een wedstrijd]* place

positie (vr) *[stand van zaken]* position (n)

positief saldo (o) profit

positief affirmative *or* positive

positieve handelsbalans (vr) favourable balance of trade

positieve kasstroom (m) positive cash flow

post (m) *[informatie]* item *[information]*

post (m) boeken post an entry

post (m) storneren contra an entry

post (m) tegenboeken contra an entry

post (vr) *[brieven]* post (n) *[letters]*

post (vr) *[PTT]* mail (n) *[postal system]*

post- postal

postbewijs (o) postal order

postbusnummer (o) PO box number *or* Post Office box number

postcode (m) postcode *[UK]* or zip code *[US]*

postdateren postdate

poste restante poste restante

posten post (v)

postgirorekening (vr) giro account

postgirorekeningnummer (o) giro account number

postgirosysteem (o) giro system

postorder (m/vr) mail-order

postorderbedrijf (o) mail-order business

postordercatalogus (m) mail-order catalogue

postreclame (vr) mail shot *or* mailing *or* mailing shot

posttarieven (o mv) postal charges

postverzending (vr) mail (n) *[letters sent]*

postvrij postpaid

postwissel (m) money order *or* postal order

postzegel (m) stamp (n) *or* postage stamp

potentieel (o) potential (n)

potentieel potential (adj)

potentiële klanten (m mv) potential customers

potentiële markt (vr) potential market

PR (= public relations) PR (= public relations)

precies op tijd on time

precies exact (adj)

precies exactly (adv)

preferent schuldeiser (m) preferential creditor *or* preferred creditor

preferent preferential

preferente aandelen (o mv) preference shares

preferente crediteur (m) preferential creditor *or* preferred creditor

preferente invoerrecht (o) preferential duty *or* preferential tariff

preferente schuldeiser/crediteur (m) secured creditor

preferentie (vr) preference

preferentieel preferential

prefereren prefer

premie (vr) premium *[extra charge]* *or* bonus

present present (adj) *[being there]*

presentatie (vr) production *[showing]* *or* presentation *[exhibition]*

presentatieverpakking (vr) display pack

presenteren present (v) *[show a document]*

president (m) chairman *[of company]*

president-directeur (m) chief executive *or* chief executive officer (CEO) *or* chairman and managing director

prestatie (vr) performance

prestatiebeloning (vr) payment by results

prestatiebeoordeling (vr) performance rating

prestatiebonus (m) incentive bonus

prestatieloon (o) incentive payments *or* payment by results

prestatietoeslag (m) incentive payments

prestatietoeslag (m) merit award

prestige (o) prestige

preventie (vr) prevention

preventief preventive

prijs (m) af fabriek (vr) price ex works *or* price ex factory

prijs (m) af kade (vr) price ex quay

prijs (m) af magazijn (o) price ex warehouse

prijs (m) bij contante betaling (vr) cash terms

prijs (m) per eenheid (vr) unit price

prijs (m) verminderen reduce a price

prijs (m): in prijs doen stijgen increase (v) in price

prijs (m): in prijs verhogen increase (v) in price

prijs (m) price *or* rate *[tarief]*

prijs bij contante betaling cash price

prijs naar korting (vr) discount price

prijs: op prijs stellen appreciate *[how good something is]*

prijsbeheersing (vr) price control

prijsbeleid (o) pricing policy

prijscontroles (vr mv) price controls

prijsdifferentiaal (vr) price differential

prijsetiket (o) price label

prijsgevoelig product (o) price-sensitive product

prijsindex (m) van de gezinsconsumptie (vr) cost-of-living index

prijskaartje (o) price label *or* price tag *or* price ticket

prijsklasse (vr) price range

prijslijst (m/vr) *[in restaurant]* bill (n) *[in a restaurant]*

prijslijst (vr) *[goederen]* price list

prijslimiet (vr) price ceiling

prijsopgave (vr) doen quote (v) *[estimate costs]*

prijsopgave (vr) quotation *or* quote *or* estimate of cost

prijsplafond (o) price ceiling

prijsstabiliteit (vr) price stability

prijsstelling (vr) pricing

prijsvaststelling (vr) pricing

prijsverhoging (vr) mark-up *[action]*

prijsverlaging (vr) mark-down *or* decrease in price

prijsvermindering (vr) price reductions

prijsverschillen (o mv) differences in price

prijzen (m mv) doen dalen force prices down

prijzen (m mv) drukken force prices down

prijzen (m mv) opdrijven force prices up

prijzen (m mv) opjagen force prices up

prijzen (m mv) stabiliseren peg prices

prijzen (m mv) verlagen lower prices

prijzen (m mv) slash prices *or* credit terms

prijzen price (v)

prijzenoorlog (m) price war *or* price-cutting war

prikkel (m) incentive *or* stimulus

prima kwaliteit (vr) premium quality

prima first-class

prima prime

primair primary

primaire sector (m) primary industry

primaire prime

principe (o) principle

printen print out (v)

printer (m) computer printer

printer (m) printer *[machine]*

print-out (m) printout

privatiseren privatize

privatisering (vr) privatization

privé private *or* personal

privé-adres (o) home address

privé-bezit (o) private property

privé-eigendom (m) private ownership

privé-eigendom (o) private property

privé-sector (m) private sector

pro forma (factuur (vr)) pro forma (invoice)

pro rata pro rata

probleem (o) oplossen solve a problem

probleem (o) matter (n) *or* problem

probleemgebied (o) problem area

probleemoplosser (m) problem solver *or* troubleshooter

probleemoplossing (vr) problem solving

procedure (vr) procedure

procent (o) percentage point *or* per cent

procentuele korting (vr) percentage discount

procentuele toename (m/vr) percentage increase

proces (o) *[mbt strafrecht]* trial *or* court case

proces (o) *[ontwikkelingsgang]* process (n)

proces (o) *[recht]* action *or* lawsuit *or* legal proceedings

procuratie (vr) power of attorney

procureur (m) attorney

producent (m) producer *or* manufacturer

produceren manufacture (v) *or* produce (v) *or* make (v)

product (o) *[agrarisch]* produce (n) *[food]*

product (o) *[artikel]* article *or* item

product (o) op de markt brengen merchandize a product

product (o) product

productcyclus (m) product cycle

productie (vr) *[goederen]* output (n) *[goods]*

productie (vr) *[vervaardiging]* production *[making]*

productieafdeling (vr) production department

productiecapaciteit (vr) manufacturing capacity

productiedoelstellingen (vr mv) production targets

productie-eenheid (vr) production unit

productief productive

productiefactoren (m mv) factors of production

productie-ingenieur (m) product engineer

productiekosten (m mv) manufacturing costs *or* production cost

productieleider (m) production manager

productielijn (m/vr) production line

productienormen (vr mv) production standards

productieprocessen (o mv) industrial processes

productietempo (o) rate of production

productieve gesprekken (o mv) productive discussions

productiviteit (vr) productivity

productiviteitsafspraken (m/vr mv) productivity agreement

productiviteitsovereenkomst (vr) productivity agreement

productiviteitspremie (vr) productivity bonus

productiviteitstoeslag (m) productivity bonus

productlijn (m/vr) product line

productmix (o) product mix

productontwerp (o) product design

productontwikkeling (vr) product development

productpromotie (vr) promotion of a product

productreclame (m/vr) product advertising

productvormgeving (vr) product design

proef (vr): **op proef** on approval

proef (vr) trial or test

proef- pilot (adj) or probationary or trial

proefbalans (vr) trial balance

proefmodel (o) mock-up

proefmonster (o) trial sample

proefneming (vr) trial [test of product]

proefnummer (o) dummy

proefperiode (vr) trial period

proefproject (o) pilot scheme

proeftijd (m) probation or trial period

profiteren van benefit from (v) or capitalize on

prognose (vr) forecast (n) or forecasting

prognosticeren forecast (v)

programma (o) programme

programmatuur (vr) software

programmeertaal (vr) computer language or programming language

programmeren (o) **van de computer** (m) computer programming

progressieve belasting (vr) graded tax or progressive taxation

progressieve inkomstenbelasting (vr) graduated income tax

prohibitief prohibitive

project (o) **realiseren** realize a project

project (o) project [plan]

projectanalyse (vr) project analysis

projectleider (m) project manager

projectontwerp (o) draft project

prolongatie (vr) **van een wissel** (m) renewal of a lease

promesse (vr) note of hand or promissory note

promoten promote or advertise

promotie (vr) [marketing] promotion or publicity

promotie (vr) [mbt loopbaan] promotion [to better job]

promotie (vr) **geven** promote [give better job]

promotie- promotional

promotiebudget (o) promotion budget or promotional budget

promotioneel promotional

prompt prompt

prompte betaling (vr) prompt payment

proportioneel verminderen/verlagen scale down or scale up

proportioneel proportional

prospect (m) [koper] prospective buyer

prospectief prospective

prospectus (o/m) prospectus

protest (o) protest (n) [against something]

protesteren protest (v) [against something]

proteststaking (vr) protest strike

provisie (vr) commission [money]

provisorisch provisional

public relations (PR) public relations (PR)

publicatie (vr) issue (n) [magazine]

publiciteit (vr) **in de media** (vr) media coverage

publiciteit (vr) exposure or publicity

public-relationsafdeling (vr) public relations department

publiek image (o) public image

publiek public (adj)

publieke opinie (vr) public opinion

publieke telefooncel (vr) pay phone

punctueel duly [in time]

punt (o) point

punt (o) [agenda] item [on agenda]

Qq

quorum (o) quorum

quota (vr) quota

Rr

R&D (= research and development)(= onderzoek en ontwikkeling) R&D (= research and development)

raad (m) *[advies]* tip (n) *[advice]*

raad (m) *[adviserend college or bestuurscollege]* board (n) *or* counsel

raad (m) **van beheer** (o) *or* **raad** (m) **van bestuur** (o) *or* **directie** (vr) board of directors

raadplegen consult

raakvlak (o) interface (n)

raam (o) window

rabat (o) rebate *or* price reduction

ramen estimate (v)

raming (vr) estimate (n) *or* estimation

rampenfonds (o) contingency fund

rampenplan (o) contingency plan

randapparatuur (vr) peripherals

rangschikken arrange *[set out]*

rapport (o) record (n) *[of what has happened]* or report (n)

rapporteren report (v)

ratificatie (vr) ratification

ratificeren ratify

ratio (vr) ratio

rationalisatie (vr) rationalization

rationaliseren rationalize

rationalisering (vr) rationalization

rato: naar rato pro rata

rayonleider (m) area manager

rayonmanager (m) area manager

reactie (vr) response

realisatie (vr) **van activa** (mv) realization of assets

realiseerbare activa (mv) realizable assets

realiseren realize

real-timesysteem (o) real-time system

recepis (o) scrip

receptie (vr) reception *or* reception desk

receptionist(e) (m/vr) receptionist *or* reception clerk

recessie (vr) recession

recht (o) *[studierichting]* law

recht (o) **aan iemand toekennen** assign a right to someone

recht (o) **geven** entitle

recht (o) **hebben op** claim (v) *[right]*

recht (o) **op** entitlement

recht (o) **van overpad** (o) right of way

recht (o) right (n) *[legal title]*

rechtbank (vr) court *or* law courts

rechte: in rechte aanspreken sue

rechtelijke beslissing (vr) rule (n)

rechter (m) judge (n)

rechter: iemand voor de rechter (m) **brengen** take someone to court

rechterhand (vr) right-hand man

rechthebbende (m/vr) claimant *or* rightful claimant

rechtmatig rightful *or* lawful

rechtmatige eigenaar (m) rightful owner

rechtmatige eiser(es) (m/vr) rightful claimant

rechtmatige reclamant (m) rightful claimant

rechts right (adj) *[not left]*

rechtsbevoegdheid (vr) jurisdiction

rechtsgebied (o) jurisdiction

rechtsgeding (o) lawsuit

rechtsgeldig legal *[according to law]*

rechtskundig advies (o) legal advice

rechtskundig adviseur (m) legal adviser *or* solicitor

rechtskundig legal *[referring to law]*

rechtspositie (vr) legal status

rechtstreeks direct (adj)

rechtstreeks direct (adv)

rechtstreekse verkoop (m) direct selling

rechtsvordering (vr) action *or* lawsuit

rechtszaak (vr) *[mbt strafwet]* trial *or* court case

rechtszaak (vr) lawsuit

rechtvaardigen warrant (v) *or* justify (v)

rechtzetten rectify

reciprociteit (vr) reciprocity

reclamant (m) claimant

reclame (vr) maken voor een nieuw product (o) advertise a new product

reclame (vr) maken publicize *or* plug *or* promote *or* advertise

reclame (vr) advertising *or* promotion *or* publicity

reclame (vr) publicity

reclame geschenk (o) premium offer

reclameafdeling (vr) publicity department

reclamebord (o) hoarding *[for posters]*

reclamebudget (o) publicity budget *or* advertising budget

reclamebureau (o) advertising agency

reclamecampagne (vr) advertising campaign *or* publicity campaign

reclamechef (m) advertising manager *or* publicity manager

reclamedrukwerk (o) per post mailing piece

reclamespot (m) commercial (n) *[TV]*

reclame-uitgaven (vr mv) publicity expenditure

record (o) record (n) *[better than before]*

recordafzet (m) record sales

recordproductie (vr) peak output

recordverbeterend record-breaking

recordverlies (o) record losses

recordwinst (vr) record profits

rectificatie (vr) rectification

rectificeren rectify

recyclen recycle

redden salvage (v)

redden: zich redden get along

redder (m) in de nood (m) white knight

redding (vr) salvage (n) *[action]*

redelijke prijs (m) fair price

rederij (vr) shipping company

reduceren reduce price *or* knock off

reductie (vr) discount (n) *or* reduction (n)

reëel inkomen (o) real income *or* real wages

reëel loon (o) real income

refactie (vr) rebate *[money back]*

referent (m) reference *[person who reports]*

referentie (vr) reference

referentiebrief (m) letter of reference

referentienummer (o) reference number

referentiepunt (o) benchmark

refereren refer

regel (m) *[lijn]* line (n)

regel (m) *[voorschrift]* rule (n)

regelen *[bepalen or vaststellen]* regulate *or* adjust *or* fix

regelen *[organiseren]* arrange *or* settle

regeling (vr) *[bepaling]* regulation

regeling (vr) *[schikking]* arrangement *or* compromise *or* settlement

regelmatig inkomen (o) regular income

regelmatig regular *[always at same time]*

regelprinter (m) line printer

regering (vr) government (n)

regerings- government (adj)

regeringssteun (m): met regeringssteun government-backed

regionaal regional

register (o) *[alfabetisch]* index (n)

register (o) *[groot boek]* register (n)

register (o) *[instelling]* registry

register (o) *[lijst]* register (n)

registratie (vr) registration *or* registry *or* entering

registratieformulier (o) registration form

registratiekantoor (o) registry office

registratiekosten (m mv) registration fee

registratienummer (o) registration number

registrator (m) registrar

registreren *[computer]* log (v)

registreren *[in hotel]* check in (v) *or* register

registreren *[in register schrijven]* register (v)

registreren *[waarnemen]* record (v)

reglement (o) regulations

reglementeren regulate *[by law]*

reglementering (vr) regulation

reguleren regulate *[by law]*

regulering (vr) regulation

reikwijdte (vr) range (n) *[variation]*

reisgids (m) courier *[guide]*

reisplan (o) itinerary

reisroute (vr) itinerary

rekenblad (o) spreadsheet *[computer]*

rekenen op depend on

rekenfout (m/vr) miscalculation

rekening (vr) *[bij een winkel]* credit account

rekening (vr) *[factuur]* bill (n) *[list of charges]*

rekening (vr) *[restaurant]* bill (n) *[in a restaurant]*

rekening (vr) afsluiten close an account

rekening (vr) betalen pay a bill *or* settle an account

rekening (vr) blokkeren stop an account

rekening (vr) debiteren debit an account

rekening (vr) houden met allow for *or* provide for

rekening (vr) met positief saldo (o) *or* **batig rekeningsaldo (o)** account in credit

rekening (vr) openen open an account

rekening (vr) vereffenen settle an account

rekening (vr) voorleggen render an account

rekening (vr): in rekening brengen bill (v) *or* charge (v)

rekening (vr): in rekening te brengen chargeable

rekening (vr): op rekening on account

rekening (vr): te veel in rekening brengen overcharge (v)

rekening (vr) account

rekeningafschrift (o) *or* **rekeningoverzicht (o)** statement of account

rekening-courant (vr) cheque account *or* current account

rekenmachine (vr) calculator

rekken (o mv) shelving *or* shelves

relatie (vr) client *or* business contact

relatiebeheerder (m) account executive

relaties (vr mv) relations

relevant relevant

rem (vr) check (n) *[stop]*

rembours (o) c.o.d. *or* cash on delivery

rendabel cost-effective *or* economic *or* profitable

rendabiliteit (vr) profitability

rendement (o) return *[profit]* *or* yield *[on investments]* *or* earnings per share

rendementspercentage (o) rate of return

renouvellerend krediet (o) revolving credit

renovatie (vr) redevelopment

renoveren redevelop

rentabiliteit (vr) earning capacity *or* profitability *[making a profit]*

rentabiliteitsmeting (vr) measurement of profitability

rentabiliteitsverhouding (vr) profitability *[ratio of profit to cost]*

rente (m/vr) interest (n) *[paid on investment]*

rente (m/vr) betalen pay interest

rente op een schuld (vr) betalen service a debt

rentedragende deposito's (o mv) interest-bearing deposits

rentekoers (m) interest rate

rentekosten (m mv) interest charges

rentelasten (m mv) interest charges

renteloos krediet (o) interest-free credit

rentetarieven (o mv) interest rates *or* money rates

rentevoet (m) interest rate

reorganisatie (vr) reorganization

reorganiseren reorganize

reparatie (vr) repair (n) *or*

repareren repair (v) *or* fix (v) *or* mend (v)

representatief representative (adj)

reputatie (vr) standing

reserve (vr) *[computer bestand]* back up *[computer file]*

reserve (vr) *[geld]* reserve (n) *[money]*

reserve (vr) *[voorraad]* reserve (n) *[supplies]*

reserve *[computer]* backup (adj) *[computer]*

reservekopie (vr) backup copy

reserveonderdeel (o) spare part

reserveren reserve (v) *or* book (v)

reservering (vr) bevestigen confirm a booking

reservering (vr) voor een groep (m/vr) or **groepsreservering (vr)** block booking

reservering (vr) advance booking or booking

reservering (vr) reservation

reserveringsloket (o) booking office

reserves (vr mv) reserves

reservevaluta (vr) reserve currency

resolutie (vr) resolution

respecteren respect (v)

rest (vr) remainder *[things left]*

restant (o) remainder *[things left]*

restitueerbaar refundable

restitueren refund (v)

restitutie (vr) refund (n) or reimbursement

restrictie (vr) restriction

restrictief restrictive

resultaat (o) *[bij batig saldo]* profit

resultaat (o) *[gevolg]* effect (n)

resultaat (o) *[uitslag]* result

resultaten (o mv) results *[company's profit or loss]*

resultatencentrum (o) profit centre

retentierecht (o) lien

retour (o) return (n) *[going back]*

retour zenden return (v) *[send back]*

retouradres (o) return address

retourgoederen (o mv) returns *[unsold goods]*

retourneerbaar returnable

retourneren: te retourneren returnable

retourneren return (v) *[send back]*

retourvracht (vr) homeward freight

retroactief retroactive

revaluatie (vr) revaluation

revalueren revalue

reviseren revise

richten op target (v)

richten: zich richten op cater for

richten aim (v)

richting (v): in een bepaalde richting (vr) sturen channel (v)

richtlijn (vr) *[EU]* directive

richtlijn (vr) guideline

ridder (m) op het witte paard (o) white knight

rijden *[auto]* drive (v)

rijden *[bus- en treindiensten]* run (v)

risico (o) risk (n)

risico (o): op risico van de koper (m) caveat emptor or at the purchaser's risk

risico (o) dekken cover a risk

risico (o) lopen run a risk

risico (o) nemen risk (v) *[money]*

risico (o) nemen take a risk

risico (o) spreiden spread a risk

risicokapitaal (o) risk capital or venture capital

risicoloze investering (vr) risk-free investment

risicopremie (vr) risk premium

riskant risky

riskeren risk (v) *[money]* or venture (v)

ritprijs (m) fare

rollend plan (o) rolling plan

roll-on/roll-off-ferryboot (m/vr) roll on/roll off ferry

rondschrijven (o) circular (n) or circular letter

rooster (o) grid

rooster maken (o) scheduling

roosterstructuur (vr) grid structure

ro-ro-veerboot (m/vr) roll on/roll off ferry

route (vr) run (n) *[regular route]*

routebeschrijving (vr) itinerary

routine (vr) routine (n)

routine- routine (adj)

routinebezoek (o) routine call

routinematig routine (adj)

routinewerk (o) routine work

royalty (m/vr) royalty

rubriekadvertenties (vr mv) classified ads or classified advertisements

ruil (m) exchange (n) or swap (n)

ruilbaar exchangeable

ruilen exchange (v) *[one thing for another]* or swap (v) or swop (v)

ruilhandel (m) drijven barter (v)

ruilhandel (m) barter (n) or bartering

ruilvoet (m) trade terms

ruim plus

ruimte (vr) room or space

ruïneren spoil (v) or wreck (v) *[ruin]*

ruw rough

ruwe berekening (vr) rough calculation

ruwe schatting (vr) rough estimate

ruzie (vr) argument

Ss

safe-inrichting (vr) safe deposit

safeloket (o) safe (n)

salaris (o) pay (n) *or* salary *or* wage

salarischeque (m) pay cheque *or* salary cheque

salarisherziening (vr) salary review

salarisstrookje (o) pay slip

salarisverhoging (vr) pay rise

saldo (o) transporteren carry over a balance

saldo (o) balance (n)

samengestelde rente (vr) compound interest

samenkomen meet *[someone]*

samenleving (vr) society *[general]*

samenstelling (vr) van een order (vr/o) order picking

samenstelling (vr) structure (n)

samenvoegen join

samenvoeging (vr) consolidation

samenwerken collaborate *or* co-operate

samenwerking (vr) collaboration *or* co-operation

samenwerkingsverband (o) joint venture

saneren redevelop

sanering (vr) redevelopment

satisfactie (vr) satisfaction

scale (o/m/vr) range (n) *[variation]*

schaal (vr) scale *[system]*

schaal: op grote schaal (vr) wholesale (adv)

schaalmodel (o) mock-up *or* model (n) *[small copy]*

schaalvoordelen (o mv) economies of scale

schaarste aan geld (o) tight money

schade (m/vr) damage and/or loss

schade (vr) lijden suffer damage

schade (vr) opnemen *or* **schatten** *or* **taxeren** *or* **vaststellen** assess damages

schadeclaim (m) afhandelen settle a claim

schadeclaim (m) insurance claim

schade-expertise (vr) assessment of damages

schadeloosstellen indemnify

schadeloosstelling (vr) indemnification *or* indemnity *or* damages *or* compensation

schaden damage (v)

schadeopneming (vr) assessment of damages

schadetaxatie (vr) assessment of damages

schadevaststelling (vr) assessment of damages

schadevergoeding (vr) damages *or* compensation *or* indemnification *or* indemnity

schakelbord (o) switchboard

schap (o/vr) shelf

schatkist (vr) treasury

schatten assess *or* estimate (v) *or* value (v)

schatter (m) valuer

schatting (vr) van de verkopen (m mv) estimated sales

schatting (vr) estimate (n) *[calculation]* *or* estimation *or* valuation

scheepsmakelaar (m) ship broker

scheepsruim (o) hold (n) *[ship]*

scheepvaart- maritime

scheepvaartlijn (vr) shipping line

scheepvaartmaatschappij (vr) shipping company *or* shipping line

scheiden separate (v)

scheidsrechter (m) arbitrator *or* adjudicator

schenden infringe

schenken give *[as gift]* *or* present (v)

schenkingsbelofte (vr) vastleggen covenant (v)

schenkingsbelofte (vr) covenant (n)

scherp fine (adv) *[very small]*

scherpe concurrentie (vr) keen competition

scherpe prijs (m) competitive price

scherper controleren tighten up on

schets (vr) draft (n) *[rough plan]*

schetsmatig rough

schijfeenheid (vr) disk drive

schikken compromise (v) *or* settle *or* arrange things

schikking (vr) *[faillissement]* composition *[with creditors]*

schikking (vr) *[overeenkomst]* arrangement *or* compromise *or* settlement

schip (o) ship (n)

schip laden load a ship

schipbreuk (vr) wreck (n) *[ship]*

schitterend fine (adv) *or* very good

scholing (vr) training

scholingsbijdrage (m/vr) training levy

schommelen fluctuate

schommelend fluctuating

schommeling (vr) fluctuation

schoorsteenwissel (m) accommodation bill

schorsen suspend

schorsing (vr) suspension

schrappen cross off

schrappen delete

schrift (o) writing

schriftelijk aanvragen apply in writing

schriftelijk vastleggen put in writing

schriftelijke klacht (vr) letter of complaint

schriftelijke overeenkomst (vr) written agreement

schrijffout (vr) clerical error

schrijfwerk (o) paperwork

schrijven (mv) *[brief]* letter

schrijven (o) writing

schrijven write (v)

schuilplaats (vr) shelter

schuld (vr) *[geldelijke verplichting]* debt *or* liability

schuld (vr) *[tekortkoming]* fault *or* blame

schuld (vr) **afbetalen** discharge a debt *or* to discharge one's liabilities

schuld (vr) **aflossen** redeem a debt

schuld (vr) **incasseren** collect a debt

schuld (vr) **vereffenen** clear a debt

schuld oversluiten roll over credit

schuldbekentenis (vr) IOU (= I owe you)

schuldeiser (m) creditor

schulden (vr mv) **en tegoeden** (o mv) debits and credits

schulden (vr mv) **maken** get into debt *or* run into debt

schulden (vr mv) **maken** incur debts

schulden (vr mv): **in de schulden raken** run into debt

schuldenlast (m) indebtedness

schuldig *[verplicht te voldoen]* due *or* owing *or* indebted

schuldige nalatigheid (vr) nonfeasance

schuldinvordering (vr) debt collection

secretaresse (vr) secretary

secretaresse-opleiding (vr) secretarial college

secretaris (m) *[van een bedrijf]* secretary

secretaris (m) **van de vennootschap** (vr) company secretary

sector (m) sector

secundaire sector (m) secondary industry

seizoen (o) season

seizoen- seasonal

seizoenbewegingen (vr mv) seasonal variations

seizoencorrecties (vr mv) seasonal adjustments

seizoengecorrigeerde cijfers (o mv) seasonally adjusted figures

seizoenopruiming (vr) end of season sale

seizoenschommelingen (v mv) seasonal variations

seizoenuitverkoop (m) end of season sale

seizoenvraag (vr) seasonal demand

sekwester (m) sequestrator

sekwestratie (vr) sequestration

sekwestreren sequester

selecteren shortlist (v)

selectie (vr) selection

selectielijst (vr) shortlist (n)

selectieprocedure (vr) selection procedure

semester (o) term *[part of academic year]*

senior firmant (m) senior partner

senior manager (m) senior manager *or* senior executive

senior vennoot (m) senior partner

senior senior

serie (vr) *[aantal loten]* series *or* batch (n)

serie (vr) *[groot aantal]* range (n) *or* series of items

serienummer (o) serial number

serieuze koper (m) genuine purchaser

servicecentrum (o) service centre

shifttoets (m) shift key

showen model (v) *[clothes]*

showroom (m) showroom

sitdownstaking (vr) sit-down protest *or* sit-down strike

situatie (vr) position *or* situation

slagen in manage to

slagen: niet geslaagd unsuccessful

slagen: niet slagen fail *[not to succeed]*

slagen succeed *[do as planned]*

slap slack

slechte aankoop (m) bad buy

slechte dienstverlening (vr) poor service

sleutel (m) key *[to door]*

sleutel- *[belangrijk]* key (adj) *[important]*

sleutelfunctie (vr) key post

sleutelgeld (o) *[huurovereenkomst]* premium *[on lease]*

sleutelindustrie (vr) key industry

sleutelpersoneel (o) key personnel *or* key staff

slijtage (vr) wear and tear

slot (o) *[eind]* close (n) *or* end *or* closing (n)

slot (o) *[sluittoestel]* lock (n)

slotdividend (o) final dividend

slotkoers (m) closing price

sluitbriefje (o) cover note

sluiten *[dichtgaan]* shut (v) *or* close

sluiten *[envelop]* seal (v)

sluiten *[transactie]* clinch

sluiten *[voorgoed ophouden]* close down

sluiten met *[effecten]* show (v)

sluiten met een winst (vr) show a profit

sluitend maken *[boeken]* balance (v)

sluiting (vr) closing (n)

sluitings- closing (adj)

sluitingsdatum (m) closing date

sluitingstijd (m) closing time

sluitnota (vr) cover note

smeergeld (o) backhander

smeergeld (o) bribe (n)

snel dalen slump (v)

snel stijgen take off *or* rise fast

snel express (adj) *or* fast (adj) *or* prompt

snel fast (adv)

snelheid (vr) rate (n)

snelle bediening (vr) prompt service

snelle service (m) prompt service

sociaal social

sociale lasten (m mv) social security

sociale verzekeringen (vr) social security

socio-economische groepen (vr mv) socio-economic groups

soepel flexible

soepelheid (vr) flexibility

software (m) software

solidariteitsstaking (vr) sympathy strike

solide effecten (o mv) gilt-edged securities

solide waardepapieren (o mv) gilts

sollicitant (m) *or* **sollicitante** (vr) applicant for a job

sollicitatie (vr) application for a job *or* job application

sollicitatiebrief (m) letter of application

sollicitatieformulier (o) application form *[job]*

sollicitatiegesprek (o) **houden** interview (v) *[for a job]*

sollicitatiegesprek (o) interview (n) *[for a job]*

solliciteren voor een baan (vr) apply for a job

solvabel solvent (adj)

solvabiliteit (vr) solvency

solvent solvent (adj)

solventie (vr) solvency

som (vr) sum

souvenirwinkel (m) gift shop

spaargeld (o) savings

spaarrekening (vr) savings account

sparen save (v) *[money]* *or* save up

speciaal special

speciale aanbieding (vr) special offer

specialisatie (vr) specialization

specialiseren: zich specialiseren specialize

specialisering (vr) specialization

specialist (m) specialist

specificatie (vr) specification *or* breakdown (n) *[items]*

specificeren detail (v) *or* specify *or* break down (v) *or* itemize

speculeren venture (v) *[risk]*

spits (m/vr) *[spitsuur]* rush hour (n)

spits (vr) *[piek]* top (n) *[highest point]*

spitsuur (o) rush hour

splinternieuw brand new

spoed (m): **met spoed behandelen** rush (v)

spoed (m) rush (n)

spoedbestelling (vr) express delivery *or* rush order

spoedkarwei (o) rush job

spoedopdracht (o) rush order

sponsor (m) backer *or* sponsor (n)

sponsoren sponsor (v)

sponsorschap (o) sponsorship

spoor (o) rail

spoorwegen (m mv) railroad *[US]* or railway *[GB]*

spoorwegstation (o) railway station

spotprijs (m) bargain price

spotprijzen (m mv) knockdown prices

sprake: ter sprake brengen raise (v) *[a question]*

spreiden stagger

staafdiagram (o) bar chart

staal (o) check sample *or* swatch

staangeld (o) demurrage

staat (m) *[land]* state (n) *[country]*

staat (m) condition (n) *or* state (n)

staat: door de staat (m) **begunstigd** government-sponsored

staat: door de staat (m) **gesteund** government-backed

staat: in staat zijn tot capable of *or* manage to

staatsfondsen (o mv) government stock

staatsobligaties (vr mv) government bonds

stabiel firm (adj) *or* stable

stabiele economie (vr) stable economy

stabiele prijzen (m mv) stable prices

stabiele valuta (vr) stable currency

stabiele wisselkoers (m) stable exchange rate

stabilisatie (vr) stabilization

stabiliseren stabilize *or* firm (v)

stabiliteit (vr) stability *or* steadiness

stadium (o) stage (n)

stadscentrum (o) downtown *[US]* or city centre

stadsplattegrond (m) street directory

staf (m) staff *or* personnel

stafvergadering (vr) staff meeting

stage (vr) traineeship

stageplaats (m/vr) traineeship

stagiair (m) *or* **stagiaire** (vr) trainee

stagnatie (vr) stagnation

stagnerend stagnant

staken *[bedrijf]* discontinue *or* stop

staken *[betalingen]* suspend *or* stop

staken *[werk neerleggen]* strike (v)

staker (m) striker

staking (vr) *[betalingen]* suspension *or* stoppage

staking (vr) *[werk neerleggen]* strike (n)

staking (vr) **van betalingen** (vr mv) suspension of payments *or* stoppage of payments

stakingsverbodclausule (m/vr) no-strike agreement

stakingsverbodovereenkomst (vr) no-strike agreement *or* no-strike clause

stand (m) *[tentoonstelling* or *beurs]* stand (n)

stand van de techniek (vr) state-of-the-art

stand: tot stand brengen effect (v)

standaard (m) standard (n)

standaard maat (m/vr) regular size *or* stock size

standaard regular *[ordinary]*

standaard- standard (adj)

standaard- stock (adj) *[normal]*

standaardbrief (m) standard letter

standaardiseren standardize

standaardisering (vr) standardization

stand-by krediet (o) standby credit

stand-by regelingen (vr mv) standby arrangements

stand-by ticket (o) standby ticket

standplaatstoelage (vr) weighting

standvastig firm (adj) *or* stable

stappen doen take action

start (m) start (n)

starten start (v) *or* open (v) *[nieuwe onderneming starten]*

startend starting (adj)

startkapitaal (o) initial capital

station (o) station *[train]*

statisticus (m) statistician

statistiek (vr) statistics

statistieken (vr mv) statistics

statistisch statistical

statistische analyse (vr) statistical analysis

statistische bewerkingen (vr mv) processing of information

status (m) status

statussymbool (o) status symbol

statutaire zetel (m) registered office

statuten (o mv) articles of association *or* articles of incorporation

steekkaart (vr) index card

steekpenning (vr) bribe (n)

steekproef (m/vr) nemen sample (v) *[test]*

steekproef (m/vr) random check *or* sample

steekproefcontrole (m/vr) sampling *[testing]*

steekproefneming (vr) sampling *[statistics]*

steekproefonderzoek (o) uitvoeren sample (v) *[ask questions]*

steekproeftrekking (vr) sampling *[statistics]*

stekker (m) plug (n) *[electric]*

stel (o) set (n)

stellen set (v)

stelsel (o) system

stem: bij volmacht (vr) uitgebrachte stem (m/vr) proxy vote

stemmen (vr mv) werven canvass

stemmenwerver (m) canvasser

stemmenwerving (vr) canvassing

stempel (m) seal (n) *or* stamp (n) *[device]*

stempelen seal (v) *[attach a seal] or* stamp (v) *[mark]*

sterk afprijzen knock down (v) *[price]*

sterk gestegen prijzen (m mv) inflated prices

sterk toenemen boom (v)

sterk verlagen knock down (v) *[price]*

sterk strong

sterke concurrentie (vr) stiff competition

sterke daling (vr) van de verkoop (m) slump in sales

sterke pond (o) sterling strong pound

sterke stijging (vr) boost (n)

sterrenhotel (o) graded hotel

steunen back up (v) *or* support (v)

steunprijs (m) support price

steviger worden firm (v)

sticker (m) 'per luchtpost' (vr) airmail sticker

stijgen *[groter worden]* gain (v)

stijgen *[kosten]* mount up

stijgen *[omhooglopen]* rise (v)

stijgen *[prijzen]* escalate

stijgen *[toenemen]* advance (v) *or* increase (v)

stijgen *[waarde]* appreciate *or* increase in value

stijgend increasing *or* mounting *or* on the increase *or* incremental

stijgende markt (vr) bull market

stijgende winsten (vr mv) increasing profits

stijging (vr) *[effecten]* advance (n) *or* gain (n)

stijging (vr) in procenten (o mv) percentage increase

stijging (vr) increase (n) *or* rise (n)

stil slack

stille reserves (vr mv) hidden reserves

stille vennoot (m) non-executive director *or* sleeping partner

stilstaand stagnant

stilstand (m) stagnation *or* stoppage

stilzwijgende instemming (vr) tacit approval

stimulans (m) boost (n) *or* incentive

stimuleren boost (v)

stimulus (m) stimulus

stipt duly *[in time]*

stipte betaling (vr) prompt payment

stiptheidsactie (vr) work-to-rule

stipulatie (vr) stipulation

stop (m) check (n) *[stop]*

stoppen (o) stop (n) *or* discontinue

stoppen met werken knock off *or* stop work

stopzetten cut (v)

stopzetting (vr) stoppage *or* stoppage of payments

stormschade (vr) storm damage

stortbak (m) dump bin

storten deposit (v)

storting (vr) deposit (n) *[in bank]*

stortingsbewijs (o) deposit slip

stortingsbewijs (o) paying-in slip

straat (vr) road

straf (vr) penalty

strategie (vr) strategy

strategisch strategic

strategische planning (vr) strategic planning

streek (vr) area *[region]*

streepjescode (m) bar code

streven naar target (v)

stromen flow (v)

strookje (o) slip (n) *[piece of paper]*

stroom (m) flow (n)

stroom (m) *[groot hoeveelheid]* flood (n)

stroomdiagram (o) flow chart *or* flow diagram

structureel structural

structurele aanpassing (vr) structural adjustment

structurele werkloosheid (vr) structural unemployment

structureren structure (v) *[arrange]*

structuur (vr) structure (n)

studie (vr) study (n)

stuk (o) piece

stukkenhuur (m/vr) backwardation

stukloon tarief (o) piece rate

stukwerk (o) piecework

sturen send *or* dispatch (v)

stuwadoor (m) stevedore

sub judice sub judice

subsidiair subsidiary (adj)

subsidie (vr) grant (n) *or* subsidy

subsidiëren subsidize

subtotaal (o) subtotal

succes (o) hebben succeed *or* do well

succes (o) success

succesvol successful

succesvol: niet succesvol unsuccessful

succesvol bieder (m) successful bidder

superieur (m/vr) *[person]* superior (n)

superieur *[kwaliteit]* superior (adj)

supermarkt (vr) supermarket

superviseren supervise

supervisie (vr) supervision

supervisor (m) supervisor

supplement (o) supplement

supplementair supplementary

suppletie (vr) supplement

surplus (o) excess *or* surplus

surplus capaciteit (vr) excess capacity

surplus voorraad (m) afstoten dispose of excess stock

surseance van betaling (vr) suspension of payments

symbolisch huurbedrag (o) nominal rent

symbolische betaling (vr) token payment

symbolische bijdrage (vr) token charge

symbool (o) token

syndiciren underwrite *[guarantee]*

synergie (vr) synergy

systeem (o) system

systeemanalist (m) systems analyst

systeemanalyse (vr) systems analysis

systeemkaart (m/vr) filing card *or* index card

Tt

T.I.R. TIR (= Transports Internationaux Routiers)

T/ customs clearance *or* clearance certificate

taak (m/vr) job *[piece of work]*

taakanalyse (vr) job analysis

taakomschrijving (vr) job specification

tabellariseren tabulate

tabulatie (vr) tabulation

tabulator (m) tabulator

tachograaf (m) tachograph

tafel (vr) reserveren *[in restaurant]* reserve a table

tanker (m) tanker

target (m/vr) *or* doel (o) target (n)

targets (m/vr mv) stellen set targets

tarief (o) rate (n) *or* price *or* tariff

tarieflijst (m/vr) scale of charges

tariefmuren (m mv) tariff barriers

tariefmuur (m) customs barrier

tarra (vr) tare

tas (vr) bag

tastbaar tangible

taxateur (m) valuer

taxatie (vr) valuation

taxeren assess *or* value (v)

tegemoet komen (aan) meet *or* be satisfactory

tegen een lagere prijs (m) verkopen undersell

tegenbod (o) counter-offer *or* counterbid

tegenboeking (vr) contra entry

tegeneis (m) inbrengen (tegen) counter-claim (v)

tegeneis (m) counter-claim (n)

tegengesteld contrary

tegenofferte (vr) counter-offer

tegenovergesteld reverse (adj)

tegenoverstellen set against

tegenrekening (vr) contra account

tegenslag (m) setback

tegenstrijdig belangen (o mv) conflict of interest

tegenstrijdigheid (vr) discrepancy

tegenvordering (vr) counter-claim (n)

tegenwoordig present (adj) *[now]*

tegoed (o) balance (n)

teken (o) mark (n) *or* sign (n) *or* token

tekening (vr) diagram

tekenmunt (m/vr) token

tekort (o) aan short of

tekort (o) op de handelsbalans (vr) trade deficit

tekort (o) deficit *or* shortage *or* shortfall

tekortfinanciering (vr) deficit financing

tekst (m) wording

tekstverwerking (vr) word-processing

telefoneren phone (v) *or* telephone (v) *or* call (v)

telefonische antwoorddienst (m) answering service

telefonist (m) *or* **telefoniste (vr)** operator *or* telephonist

telefoon (m) telephone (n) *or* phone (n)

telefoonabonnee (m) telephone subscriber

telefooncel (vr) call box

telefooncentrale (m/vr) *[in bedrijf]* (telephone) switchboard

telefooncentrale (vr) telephone exchange

telefoongesprek (o) beantwoorden take a call

telefoongesprek (o) telephone call *or* phone call *or* call

telefoongesprekken (o mv) registreren log calls

telefoongids (m) telephone directory *or* telephone book *[US]*

telefoonkaart (m/vr) phone card

telefoonlijn (vr) telephone line

telefoonnummer (o) phone number *or* telephone number

telefoonschakelbord (o) telephone switchboard

telefoontje (o) telephone call

telefoontoestel (o) telephone (n)

telegramadres (o) cable address

televerkoop (m) telesales

telex (m) telex (n)

telexapparaat (o) telex (n)

telexbericht (o) telex (n)

telexen telex (v)

tellen *[meetellen]* count (v) *[include]*

tellen *[rekenen tot]* number (v) *or* count (v)

tendens (vr) trend

tentamen (o) examination *or* test

tentoonstellen exhibit (v)

tentoonstelling (vr) display (n) *or* exhibition *or* show (n)

tentoonstellingszaal (vr) exhibition hall

termijn (m): op korte termijn on a short-term basis

termijn (m): op termijn kopen (o) forward buying *or* buying forward

termijn (m): op termijn kopen buy forward (v)

termijn (m): op termijn verkopen sell forward

termijn (m) term *[time of validity]*

termijn- forward

termijnbetaling (vr) achterraken miss an instalment

termijnbetaling instalment

termijnbetalingen (vr mv) naarmate het werk (o) vordert progress payments

termijncontract (o) forward contract

termijndeposito (o) fixed deposit *or* time deposit

termijnen (m mv): in termijn betalen pay in instalments

termijnkoop (m) forward buying

termijnmarkt (vr) forward market

termijntarief (o) forward rate

termijnverkopen (m mv) forward sales

terminaal terminal (adj) *[at the end]*

terrein (o) site

tertiaire sector (m) tertiary sector

terugbellen phone back

terugbetaalbaar refundable

terugbetaalbare waarborgsom (vr) refundable deposit

terugbetalen refund (v) *or* repay *or* pay back

terugbetaling (vr): om terugbetaling vragen *or* **verlangen** ask for a refund

terugbetaling (vr) refund (n) *or* reimbursement *or* repayment *or* payback

terugbetalingsclausule (vr) payback clause

teruggang (m) *[achteruitgang]* decline *or* drop *or* fall

teruggang (m) *[terugkeer]* downturn *or* recession

teruggave (m/vr) rebate *[money back]*

teruggezonden goederen (o mv) returns *[unsold goods]*

terughuur (m) lease-back

terugkeer (m) return (n) *[going back]*

terugkerend recurrent

terugkomend recurrent

terugkomst (vr) return (n) *[going back]*

terugkopen buy back

terugkoppeling (vr) feedback

terugkrijgen (o) recovery

terugkrijgen recover (v) *or* get back

teruglopen decline (v) *or* drop *or* fall gradually

terugreis (vr) homeward journey *or* return (n) *[going back]*

terugtrekken: zich terugtrekken stand down

terugtrekken withdraw *[an offer]*

terugval (m) *[verminderen]* decline (n) *or* drop (n)

terugval (m) setback

terugvallen *[achteruitgaan]* fall behind

terugvallen *[verminderen]* drop (v) *or* decline (v)

terugverdientijd (m) payback period

terugvordering (vr) clawback

terugwerkend retroactive

terugwinnen recover *[get something back]* *or* retrieve

terugzenden return (v) *[send back]*

terugzending (vr) return (n) *[sending back]*

terugzoeken (o) retrieval

terugzoeksysteem (o) retrieval system

terzake relevant

test (m) test (n)

testen test (v)

teststaal (o) trial sample

tevredenheid (vr) satisfaction

tevredenstellen satisfy *[customer]*

thesaurier (m) controller *[US]*

thuisadres (o) home address

thuishaven (vr) port of registry

thuiswerker (m) *or* **thuiswerkster (vr)** homeworker

tijd (o) season *[time for something]*

tijd: op tijd on time

tijdelijk overplaatsen second (v) *[member of staff]*

tijdelijk personeel (o) temporary staff

tijdelijk werk (o) casual work *or* temporary employment

tijdelijk provisional

tijdelijke medewerk(st)er (m/vr) casual worker

tijdelijke werkkracht (vr) temp (n)

tijdloon (o) time rate

tijdsbeperking (vr) time limitation

tijdschaal (vr) time scale

tijdschema (o) opstellen timetable (v)

tijdschema (o) timetable (n) *[appointments]*

tijdschrift (o) magazine *or* journal *or* periodical

tijdslimiet (m/vr) deadline *or* time limit

tijdtarief (o) time rate

tikfout (vr) clerical error

timing (vr) timing

tip (m) *[advies]* tip (n) *[advice]*

tip (m) *[fooi]* tip (n)

tip geven tip (v) *[say what might happen]*

tippen tip (v) *[say what might happen]*

toebehoren aan *or* **eigendom zijn van** belong to

toegang (m) admission

toegangsgeld (o) fee *[admission]*

toegangsprijs (m) admission charge

toegeven admit *[confess]*

toegevoegde clausule (vr) rider

toekennen award (v) *or* grant (v) *or* allow *[give]*

toekomstig prospective

toelage (m/vr) grant (n)

toelaten permit (v) *or* admit *[let in]*

toelating (vr) admission

toeleverancier (m) supplier

toelichting (vr) explanation

toeloop (m) rush (n)

toename (m) accrual *or* gain (n) *[getting bigger]* or increase (n) *or* rise

toename (vr) van rente (vr) accrual of interest

toenemen increase (v) *or* accrue *or* gain (v) *[become bigger]* or rise (v)

toenemend increasing *or* on the increase

toepasselijk zijn apply to

toepasselijk relevant

toepassen implement (v)

toeristenklasse (vr) economy class

toeslag (m) surcharge *or* premium *[extra charge]*

toespreken address (v)

toestaan permit (v) *or* allow

toestand (m) situation *or* position *[state of affairs]* or state (n) *[condition]*

toestel (o) set (n) (telephone) *or* device

toestelnummer (o) extension *[telephone]*

toestemming (vr) permission

toets (m) key *[on keyboard]*

toetsen test (v)

toetsenbord (o) keyboard (n)

toetsenbordwerk (o) keyboarding

toetsing (vr) test (n)

toevalsfout (vr) random error

toevertrouwen entrust

toevloed (m) flow (n)

toevoegen add

toevoeging (vr) addition *[thing added]*

toewijzen allocate

toezegging (vr) undertaking *or* promise

toezicht (o) houden supervise

toezicht (o) supervision

toezicht houden op monitor (v)

toezicht houdend supervisory

toezien supervise

toeziend supervisory

tol (m) toll

tolgeld (o) toll

tolk (m) interpreter

tolken (talen) interpret

ton (m/vr) waterverplaatsing (vr) deadweight tonnage

ton (vr) ton *or* tonne

tonen (o) production *[showing]*

tonen produce (v) *[bring out]* or show (v)

tonnage (vr) tonnage

toonbank (vr) counter

toonbankverkoopsters (vr mv) *or* **toonbankverkopers (m mv)** counter staff

toonder (m) bearer

toonzaal (vr) showroom

top (m) top (n) *[highest point]*

top kwaliteit (vr) top quality

top- top (adj)

topleiding (vr) top management

topmanagement (m) top management

toppunt (o) peak (n)

tot aan up to

tot en met up to

totaal (o) total (n) *or* sum

totaal activa (mv) total assets

totaal bedrag (o) total amount

totaal van de activa (mv) total assets

totaal van de kosten (m mv) total cost

totaal verlies (o) dead loss

totaal- overall

totaal total (adj)

totaalbedrag (o) inclusive charge

totaalkosten (m mv) total cost

totaalplan (o) overall plan

totale bedrijfsactiva (mv) total assets

totale factuurwaarde (vr) total invoice value

totale inkomen (o) total income

totale kosten (m mv) total cost

totale opbrengst (vr) total revenue

totale productie (vr) total output

totale uitgave (vr) total expenditure

traag slow

trachten aim (v)

trage betaler (m) slow payer

training (vr) training

training in de praktijk (m/vr) on-the-job training

training volgen follow a training course *or* train (v)

traite (m/vr) draft (n) *[money]*

traject (o) run (n) *[regular route]*

transactie (vr) annuleren call off a deal

transactie (vr) deal *or* transaction

transit (m) transit

transithal (vr) transit lounge

transport (o) *[vervoer]* haulage *or* transport (n)

transport (o) *[boekhouding]* balance brought down/forward *or* balance carrried forward

transport (o) per spoor (o) rail transport

transporteren *[boekhouding]* carry forward

transporteren *[vervoer]* carry *or* transport

transporteur (m) haulage contractor *or* carrier *[company]*

transportfaciliteiten (vr mv) transport facilities

transportkosten (m mv) haulage *or* haulage costs

transportmiddel (o) (means of) transport (n)

trassaat (m) drawee

trassant (m) drawer

trein (m) train (n)

trekker (m) drawer

trekking (vr) drawing

trend (m) trend *or* upward trend

trimester (o) term *[part of academic year]*

truck (m) met aangekoppelde oplegger (m) articulated lorry *or* articulated vehicle

trustmaatschappij (vr) trust company

turnkey transactie (vr) turnkey operation

turnkeybedrijf (o) turnkey operator

tussenkomst (vr) mediation

tussenpersoon (m) middleman *or* intermediary *or* mediator

tussentijds rapport (o) interim report

tussentijdse betaling (vr) interim payment

tweede kwaliteitsgoederen (o mv) seconds

tweede second (adj)

tweedehands secondhand

tweedeklas- second-class

tweevoud (o) duplicate (n)

type (o) model (n) *[style of product]*

Uu

uitbetalen *[schade]* settle a claim

uitbetalen disburse *or* pay out *or* pay

uitbetaling (vr) payment *or* disbursement

uitbreiden expand

uitbreiding (vr) expansion

uitbrengen bring out *or* release (v) *[put on the market]*

uitbuiten capitalize on

uitdraai (m) printout

uitdrukkelijk express (adj) *[stated clearly]*

uitdrukken express (v) *[state]*

uiteenlopen range (v)

uiteenlopend mixed *[neither good nor bad]*

uiteenzetting (vr) exposure

uiten express (v) *[state]*

uiterste datum (m) deadline

uitgaand outgoing

uitgaande post (vr) outgoing mail

uitgangspunt (o) base (n) *[initial position]* or starting point

uitgave (m/vr) *[uitgeven van geld]* disbursement *or* expense *or* cost *or* expenditure

uitgave (vr) *[druk]* issue (n) *[magazine]*

uitgaven (vr mv) beperken cut down on expenses

uitgaven (vr mv) onder de streep (m/vr) *or* **uitzonderlijke kosten (m mv)** below-the-line expenditure

uitgaven (vr mv) verminderen reduce expenditure

uitgaven (vr mv) expenses *or* expenditure *or* outgoings *or* outlay

uitgebreid comprehensive

uitgebreide verzekering (vr) comprehensive insurance

uitgelezen choice (adj)

uitgesteld deferred

uitgestelde betaling (vr) deferred payment

uitgestelde crediteur (m) deferred creditor

uitgeven *[aandelen]* issue (v)

uitgeven *[geld]* spend *or* disburse

uitgevoerde order (m/vr/o): niet uitgevoerde order unfulfilled order

uitgezonderd except

uitgifte (vr) *[aandelen]* issue (n) *[of shares]*

uitgifte (vr) van bonusaandelen (o mv) bonus issue *or* scrip issue

uithangbord (o) sign (n)

uitkeerbare winst (vr) distributable profit

uitkeren *[aandelen]* distribute *[share]*

uitkering (vr) *[aandelen]* distribution

uitkering (vr) benefit (n)

uitkomst (vr) result *[general]*

uitkomsten (vr mv) results *[company's profit or loss]*

uitladen unload *[goods]*

uitleggen explain

uitlenen lend *or* loan *[US]*

uitnodigen invite

uitnodiging (vr) invitation

uitoefenen run (v) *[manage]* or exercise (v)

uitoefening (vr) van een optie (vr) exercise of an option

uitoefening (vr) exercise (n)

uitrusten provide *or* tool up *or* equip

uitrusting (vr) equipment

uitschrijven: zich uitschrijven *[van hotel]* check out *[of hotel]*

uitschrijven draw *[a cheque]* or write out *or* make out *[invoice]*

uitsluiten exclude

uitsluiting (vr): met uitsluiting van exclusive of

uitsluiting (vr) exclusion

uitsluitingsclausule (vr) exclusion clause

uitspraak (m) judgement *or* judgment *or* ruling

uitspraak (vr) doen in een geschil (o) adjudicate in a dispute

uitstaand outstanding (unpaid)

uitstaande rekeningen (vr mv) accounts receivable

uitstaande schulden (vr mv) outstanding debts

uitstalkast (m/vr) display case

uitstallen display (v)

uitstalling (vr) display (n)

uitstekend excellent *or* outstanding (exceptional)

uitstekende kwaliteit (vr) choice (adj)

uitstel (o) van betaling (vr) deferment of payment

uitstel (o) van executie (vr) stay of execution

uitstel (o) deferment *or* delay (n)

uitstel (o) postponement *or* suspension

uitstel van betaling (vr) moratorium

uitstelkast (m/vr) showcase

uitstellen (o) shelving *[postponing]*

uitstellen postpone *or* put back *[later]* or shelve *or* defer *or* delay (v) *or* hold over *or* stay (v)

uittredend outgoing *or* retiring (adj)

uittreding (vr) retirement

uitverkocht raken sell out *[all stock]*

uitverkocht out of stock

uitverkoop (m) met 50% korting half-price sale

uitverkoop (m) tegen halve prijs (m) half-price sale

uitverkoop (m) bargain offer

uitverkoop (m) sale (n) *[at a low price]* or sales

uitverkopen sell out *[all stock]* or sell off

uitvinding (vr) octrooieren patent an invention

uitvoer (m) *[computer]* output (n) *[computer]*

uitvoer (m) export (n)

uitvoerbaar viable

uitvoerbaarheid (vr) feasibility

uitvoerbelasting (vr) export duty

uitvoeren execute *or* implement (v) *or* export (v)

uitvoeren *[computer]* output (v) *[computer]*

uitvoerhandel (m) export trade

uitvoering (vr) *[wet]* enforcement *or* execution

uitvoering (vr) execution *or* implementation

uitvoerrecht (o) export duty

uitvoerrechten (o mv) customs duty

uitvoervergunning (vr) export licence

uitwisselen exchange (v) *[one thing for another]*

uitzendbureau (o) employment agency *or* employment bureau *or* temp agency

uitzendkracht (vr) temp (n)

uitzendwerk (o) doen temp (v)

uitzetting (vr) expansion

uitzonderlijk exceptional

uitzonderlijke posten (m mv) exceptional items

ultimo year end

ultramodern state-of-the-art

unie (vr) union

uniek verkoopargument (o) unique selling point *or* USP (= unique selling proposition)

unieke pluspunt (m) unique selling point *or* proposition (USP)

uniform tarief (o) flat rate

unilateraal unilateral *or* one-sided

unilaterale handel (m) one-way trade

unilaterale overeenkomst (vr) one-sided agreement

updating (m/vr) update (n)

up-to-date maken update (v)

urgent urgent

uur (o) hour

uurloon (o) hourly wage

uurtarief (o) hourly rate

Vv

vaardigheid (vr) skill

vaartuig (o) ship (n)

vacant maken vacate

vacant vacant

vacature (vr) bekendmaken advertise a vacancy

vacature (vr) opening (n) *or* vacancy *[for job]*

vacatures (vr mv) appointments vacant *or* situations vacant

vak (o) trade (n) *[business]*

vakantie (vr) holiday *or* leave (n) *or* leave of absence

vakantiegeld (o) holiday pay

vakbekwaamheden (vr mv) professional qualifications

vakbeurs (vr) trade fair

vakblad (o) trade journal *or* trade magazine

vakbond (m) erkennen recognize a union

vakbond (m) union *or* trade union

vakbondslid (m) trade unionist

vakkenvuller (m/vr) shelf filler

vakkundig professional (adj) *[expert]* or skilled

vakkundigheid (vr) expertise

vakman (m) professional (n) *[expert]*

vakorganisatie (vr) trade association

val (m) fall (n)

vallen en opstaan trial and error

vallen fall (v)

vals false

valse voorwendsels (o mv) false pretences

valuta (vr) currency *or* exchange (n)

valuta wisselen (o) foreign exchange *[changing money]*

valutamakelaar (m) foreign exchange broker

valutamarkt (vr) foreign exchange market

valutaomrekening (vr) currency conversion

valutareserves (vr mv) currency reserves

vanouds bestaand old-established

variabel variable *or* flexible

variabele kosten (m mv) variable costs

variantie (vr) variance

variatie (vr) variation

variëren vary *or* range (v)

vast inkomen (o) fixed income *or* regular income

vast personeel (o) regular staff

vast salaris (o) salaried

vast firm (adj) *or* fixed *or* set (adj) *or* flat (adj)

vaste activa (mv) fixed assets

vaste baan (vr) secure job

vaste kosten (m mv) fixed costs

vaste klant (m) regular customer

vaste lening (vr) term loan

vaste prijs (m) set price

vaste prijsafspraak (m/vr) fixed-price agreement

vaste rente (m/vr) fixed interest

vaste tarieven (o mv) fixed scale of charges

vaste wisselkoers (m) fixed exchange rate

vastgesteld set (adj)

vastheid (vr) steadiness

vasthouden hold *[keep]*

vastleggen fix *[arrange]* or record (v)

vastnieten staple (v)

vastrentende investeringen (vr mv) fixed-interest investments

vaststellen determine or assess or set or stipulate

vaststelling (vr) fixing

veel voorkomend common *[frequent]*

veelomvattend comprehensive

veelvuldig frequent

veerboot (m/vr) ferry

veilen auction (v)

veilig safe (adj)

veilige belegging (vr) safe investment or secure investment

veiligheid (vr) safety or security *[being safe]*

veiligheidsmaatregelen (m mv) safety measures

veiligheidsvoorschriften (o mv) safety regulations

veiligheidsvoorzieningen (vr mv) safety precautions

veiling (vr) auction (n)

veilingzaal (vr) auction rooms

vel (o) sheet of paper

veld (o) field

veldwerk (o) field work

vennoot (m) partner

vennootschap (o) ontbinden dissolve a company or a partnership

vennootschap (vr) inschrijven in het handelsregister (o) register a company

vennootschap (vr) met veel vreemd vermogen (o) highly-geared company

vennootschap (vr) company

vennootschapsakte (vr) deed of partnership

vennootschapsbelasting (vr) corporation tax

vennootschapsdirecteur (m) company director

vennootschapsrecht (o) company law

venster (o) window

veranderen alter or change (v) *[become different]*

verandering (vr) change or variation or alteration

verantwoordelijk voor responsible for or liable for

verantwoordelijkheden (vr mv) responsibilities

verantwoordelijkheid (vr) responsibility

verantwoorden account for

verantwoording verschuldigd zijn aan iemand report to someone or responsible to someone

verbaal verbal

verberging (vr) van activa (mv) concealment of assets

verbeteren amend or correct (v)

verbetering (vr) correction

verbeurde (o) forfeit (n)

verbeurdverklaring (vr) forfeiture

verbeuren forfeit (v)

verbieden ban (v) or forbid

verbinden connect

verbinding (vr) connection

verbindingen (vr mv) communications

verbintenis (vr) obligation *[duty]*

verbintenis (vr) undertaking *[promise]*

verbintenissenrecht (o) contract law

verbleekt shop-soiled

verblijf (o) stay (n) *[time]*

verblijfplaats (vr) residence

verblijfsvergunning (vr) residence permit

verblijven stay (v)

verbod (o) ban (n)

verbond (o) union

verbonden associate (adj)

verbruik (o) use (n) or consumption

verbruiker (m) user

vercommercialiseren commercialize

vercommercialisering (vr) commercialization

verdagen adjourn or hold over

verdedigen: zich verdedigen tegen een rechtszaak (vr) defend a lawsuit

verdedigen defend

verdediger (m) defence counsel

verdediging (vr) defence *or* defense

verdeeld mixed *[neither good nor bad]*

verdelen allocate *or* share (v) *[divide among]*

verder gaan proceed

verdienen earn *[money]* *or* take (v) *[receive money]*

verdienste (vr) merit

verdiensten (vr mv) earnings *[salary]*

verdieping (vr) floor *[level]*

verdisconteerbaar (waarde)papier (o) bankable paper

verdisconteren (wissel) discount (v)

verdrag (o) ter voorkomen van dubbele belasting (vr) double taxation agreement

verdrievoudigen treble (v) *or* triple (v)

verdubbelen double (v)

verduisteraar (m) embezzler

verduisteren embezzle

verduisteren misappropriate

verduistering (vr) van fondsen (o mv) conversion of funds

verduistering (vr) van gelden (o mv) conversion of funds

verduistering (vr) embezzlement

verduistering (vr) misappropriation

vereffenaar (m) liquidator

vereffenen discharge a debt

vereffening (vr) liquidation

vereisen take (v) *[need]* *or* require *[demand]*

vereisten requirements

vereniging (vr) association *or* guild *or* society *[club]* *or* union

vergadering (vr) (af)sluiten close a meeting

vergadering (vr) afspreken voor 15 uur fix a meeting for 3 p.m.

vergadering (vr) houden hold a meeting *or* a discussion

vergadering (vr) openen open a meeting

vergadering (vr) van de verkoopafdeling (vr) sales conference

vergadering (vr) verdagen adjourn a meeting

vergadering (vr) meeting *or* assembly *or* conference *[small]*

vergaderplaats (vr) meeting place

vergaderzaal (vr) conference room

vergelijkbaar comparable

vergelijkbaarheid (vr) comparability

vergelijken compare (v)

vergelijken met compare with

vergelijking (vr) comparison

vergen take (v) *[need]*

vergissing (vr) mistake *or* error

vergissingen (vr mv) voorbehouden errors and omissions excepted (e. & o.e.)

vergoed paid *[for work]*

vergoeden remunerate *or* compensate *or* make up for

vergoeding (vr) reimbursement *or* compensation *or* remuneration

vergunnen permit (v)

vergunning (vr) verlenen license

vergunning (vr) concession *[right]* *or* licence

vergunning (vr) licensing *or* permit (n)

vergunninghouder (m) licensee

verhaal (o) recovery *[getting something back]*

verhaalbaar recoverable

verhalen op recover *[get something back]*

verhandelbaar waardepapier (o) negotiable instrument

verhandelbaar negotiable *or* transferable

verhandeld worden change hands

verhandelen market (v) *or* handle (v) *[sell]* *or* trade in *[buy and sell]*

verhevigen escalate

verhinderen prevent

verhogen mark up *or* raise (v) *or* increase

verhoging (vr) increase (n)

verhouding (vr) ratio *or* relationship

verhoudingen (vr mv) relations

verhoudingsgetal (o) ratio

verhuizen move *[house]* *or* remove

verhuizing (vr) removal *[to new house]*

verhuren *[door verhurder]* lease (v) *[by landlord]*

verhuren let (v)

verhuur (m/vr) hire (n)

verhuurder (m) landlord

verhuurder (m) lessor

verhuurkantoor (o) letting agency

verhuurperiode (vr) let (n)

verhypothekeren mortgage (v)

verificatie (vr) verification

verifiëren verify

verjaringswet (m/vr) statute of limitations

verkeerd beheren mismanage

verkeerd besturen mismanage

verkeerd wrong

verkennen explore

verkiezen prefer

verkiezing (vr) election

verklaard declared (adj)

verklaren explain *or* state (v) *or* declare

verklaring (vr) declaration *or* explanation *or* statement

verklaring van erfrecht (o) letters of administration

verkoop (m) bij opbod (o) sale by auction

verkoop (m) of retournering (vr) sale or return

verkoop (m) tegen contante betaling (vr) cash sale

verkoop (m) disposal *or* selling (n)

verkoop (m) sale (n) *[selling]*

verkoopafdeling (vr) sales department

verkoopanalyse (vr) sales analysis

verkoopbaar marketable *or* saleable

verkoopbaarheid (vr) saleability

verkoopbegroting (vr) sales budget

verkoopbevordering (vr) sales promotion

verkoopboek (o) sales ledger *or* sales book

verkoopbrochures (vr mv) sales literature

verkoopcampagne (vr) sales campaign

verkoopcijfers (o mv) sales figures

verkoopcurve (vr) sales curve

verkoopdirecteur (m) sales manager

verkoopdoelstelling (vr) sales target

verkoopfolders (m mv) sales literature

verkoopgebied (o) territory *[of salesman]*

verkoopgrafiek (vr) sales chart

verkoopleider (m) sales executive *or* sales manager *or* marketing manager

verkoopmanager (m) sales executive

verkoopmedewerk(st)er (m) sales assistant *or* sales staff

verkoopomzet (m) sales revenue

verkoopopbrenst (vr) sales revenue

verkoopoptie (vr) option to purchase

verkooppersoneel (o) sales force *or* sales people

verkoopplan (o) sales budget

verkooppraatje (o) sales pitch

verkoopprijs (m) selling price

verkoopprognose (vr) sales forecast

verkooppromotie (vr) sales promotion

verkooppunt (o) outlet *or* point of sale (p.o.s)

verkooppunt promotiemateriaal (o) point of sale material (POS material)

verkooppunten (o mv) retail outlets

verkoopster (vr) sales clerk *[US]* *or* shop assistant *[in shop]*

verkoopsters (vr mv) sales people

verkoopsvoorwaarden (vr mv) conditions of sale *or* terms of sale

verkoopteam (o) sales team

verkoopvolume (o) *or* **omzetvolume (o)** volume of sales

verkopen (m mv) sales

verkopen (o) selling (n)

verkopen en terughuren lease back

verkopen tegen detailhandelprijs (m) retail at (v) *[sell for a price]*

verkopen sell *or* market *or* carry *[have in stock]* *or* move

verkoper (m) sales clerk *[US]* *or* salesman *or* *[in shop]* shop assistant

verkoper (m) seller *or* vendor

verkopers (m mv) sales people

verkopersmarkt (vr) seller's market

verkrijgbaar obtainable

verkrijgen gain (v) *or* get *or* obtain

verkrijging (vr) acquisition

verlaagde prijs (m) cut price (n)

verlagd tarief (o) reduced rate

verlagen lower (v) *or* reduce

verlaging (vr) cut (n) *or* lowering *or* decrease (n) *or* reduction

verlangen ask *[someone to do something]* *or* ask for *[ask a price]*

verlegen shop-soiled

verlenen *[krediet]* open a line of credit

verlenen grant (v) *or* extend

verlengen extend *[make longer]* *or* renew

verlenging (vr) van een abonnement (o) renewal of a subscription verlenging (vr) van huurovereenkomst (vr) renewal of a lease

verlenging (vr) extension *[making longer]* or renewal

verlengingsbericht (o) renewal notice

verlengingspremie (vr) renewal premium

verlies (o) goedmaken recoup one's losses

verlies (o) melden report a loss

verlies (o) op papier (o) paper loss

verlies (o) van een bestelling (vr) loss of an order

verlies (o) van klanten (m mv) loss of customers

verlies (o) loss *[not a profit]* or loss *[of something]* or wastage

verliezen lose *[fall to a lower level]* or lose *[money]*

verlof (o) leave (n) or leave of absence

verloop (o) wastage or turnover *[of staff]*

verlopen expire

vermeerderen increase (v) or raise (v)

vermelden state or quote (v) *[a reference]*

vermelding (vr) statement

vermenigvuldigen multiply

vermenigvuldiging (vr) multiplication

vermijden avoid

verminderd met 20% 20% off or reduced by 20%

verminderen reduce or cut (v) or decrease (v) or fall off or lower (v)

vermindering (vr) abatement or reduction or lowering

vermogen (o) capital

vermogensresultaat (o) capital gains

vermogensverlies (o) capital loss

vermogenswaarde (vr) asset value

vermogenswinst (vr) capital gains

vermogenswinstbelasting (vr) capital gains tax

vernieuwen renew

vernieuwend innovative

vernieuwer (m) innovator

vernieuwing (vr) innovation

verontschuldigen: zich verontschuldigen apologize

verontschuldiging (vr) apology

veroorloven: zich veroorloven afford

veroorzaken effect (v)

verouderd obsolete

verouderd out of date

verouderend obsolescent

veroudering (vr) obsolescence

veroveren capture (v)

verpachten lease (v) *[by landlord]*

verpachter (m) lessor

verpakken (o) packaging or packing

verpakken in containers (m mv) containerize or put into containers

verpakken in kisten (vr mv) or kratten (o mv) crate (v)

verpakken pack (v) or wrap (up)

verpakker (m) packer

verpakking (vr) in containers (m mv) containerization *[putting into containers]*

verpakking (vr) pack (n)

verpakking (vr) package *[of goods]*

verpakking (vr) packaging *[material]* or packing *[material]* or wrapper

verpakkingskosten (m mv) packing charges

verpakkingsmateriaal (o) packaging material or wrapping

verplaatsbaar transferable

verplaatsen *[elders plaatsen]* transfer (v) *[move to new place]*

verplaatsen *[voortbewegen]* switch (v) or change (v)

verplaatsing (vr) transfer (n)

verplicht zijn liable to

verplicht compulsory

verplichten: zich verplichten undertake

verplichting (vr) *[schuld]* obligation *[debt]*

verplichting (vr) obligation or liability or duty

verplichtingen (vr mv) commitments

verplichtingen (vr mv) liabilities

verrekenen *[vereffenen]* settle *[an invoice]* or deduct *[an amount]*

verrekening (vr) van een cheque (m) clearance of a cheque

verrekening (vr) clearing *[paying]* or settlement *[payment]*

verschaffen provide

verscheiden miscellaneous

verscheidenheid (vr) range (n) or variation

verschepen ship (v)

verscheper (m) shipper

verscheping (vr) shipping

verschepingsagent (m) shipping agent

verschepingsconnossement (o) shipping note

verschepingsinstructies (vr mv) shipping instructions

verschepingskosten (m mv) shipping charges *or* shipping costs

verscherpen tighten up on

verschijnen *[betalingsverkeer]* fall due

verschijnen *[zich vertonen]* appear

verschil (o) difference

verschillen differ

verschillend different

verschuiving (vr) shift (n) *[change]*

verschuldigd zijn indebtedness

verschuldigd zijn owe

verschuldigd due *or* owing *or* indebted

verschuldigd owing

verschuldigde bedrag (o) amount owing

verschuldigdheid (vr) indebtedness

verslag (o) doen over de voortgang (vr) van het werk (o) report on the progress of the work

verslag (o) doen report (v)

verslag (o) report *or* record (n) *[of what has happened]*

verslaggever (m) correspondent *[journalist]*

verslechteren get worse *or* deteriorate

versnelde afschrijving (vr) accelerated depreciation

verspillen waste (v) *[use too much]*

verspilling (vr) wastage

verstaan understand

verstandhouding (vr) understanding

verstevigen firm (v)

verstrijken expire

verstrijken lapse

versturen send

vertaalbureau (o) translation bureau

vertaalster (vr) *or* **vertaler (m)** translator

vertalen translate

vertaling (vr) translation

vertegenwoordigen represent

vertegenwoordigend bedrijf (o) representative company

vertegenwoordigend representative (adj)

vertegenwoordiger (m) *[persoon or bedrijf]* representative *or* agent

vertegenwoordiger (m) *[persoon]* sales representative *or* salesman *or* commercial traveller *or* sales rep

vertegenwoordiger (m) op provisiebasis (vr) commission rep

verticale communicatie (vr) vertical communication

verticale integratie (vr) vertical integration

vertonen show (v)

vertoning (vr) van de werking (vr) demonstration

vertraagd late

vertragen delay (v) *or* hold up (v) *or* (trager maken) slow down

vertraging (vr) delay (n) *or* hold-up (n) *or* (trager maken) slowdown

vertrek (o) departure *[going away]*

vertrek (o) room *[general]*

vertrekhal (m/vr) departures *or* departure lounge

vertrekken uit check out *[of hotel]*

vertrekken leave (v) *[go away]*

vertrekkend outgoing

vertrouwelijk verslag (o) confidential report

vertrouwelijk confidential

vertrouwelijkheid (vr) confidentiality

vertrouwen op depend on

vervaardigen manufacture (v) *or* produce (v) *or* make

vervaardiging (vr) manufacture (n) *or* production *or* making

vervaldag (m) expiry date

vervaldatum (m) expiry date *or* maturity date

vervallen *[cheque, schuld, wissel]* fall due *or* to become due

vervallen *[effecten]* mature

vervallen *[optie, garantie]* expire

vervalsen (o) forgery *[action]*

vervalsen *[boeken]* falsify

vervalsen *[geld, handtekening]* forge (v)

vervalsen *[geld]* counterfeit

vervalsing (vr) *[boeken]* falsification

vervalsing (vr) *[documenten, schilderij]* forgery

vervalsing (vr) *[geld]* counterfeiting

vervalst *[geld]* counterfeit (adj)

vervalste documenten (o mv) faked documents

vervaltijd (m) expiration

vervangen replace

vervanger (m) replacement *[person]*

vervanging (vr) replacement *[item]*

vervangingswaarde (vr) replacement value

vervangster (vr) replacement *[person]*

vervoer (o) transport (n)

vervoerder (m) haulage contractor

vervoeren per container (m) containerize *[ship in containers]*

vervoeren carry *or* transport

vervoermiddel (o) vehicle

vervoerstarief (o) *[personen]* fare

vervolg (o) continuation

vervolgbrief (m) follow-up letter

vervolgen prosecute *[strafzaken]* or sue *[aanklagen civiele zaken]*

vervrachter charterer

vervroegd aflosbare obligatie (vr) callable bond

verwaarloosbaar negligible

verwaarloosde zaak (vr) neglected business

verwaarlozing (vr) negligence

verwacht due *[awaited]*

verwacht projected

verweer (o) defence

verwerpen reject (v) *or* repudiate

verwerping (vr) van *[nalatenschap]* renunciation *[inheritance]*

verwerping (vr) rejection

verwerven capture (v) *[markt]* or gain *or* get *or* acquire

verwerving (vr) acquisition

verwezenlijken implement (v) *or* effect (v)

verwijderen remove *or* excise (v) *[cut out]*

verwijzen refer *[to item]*

verwijzing (vr) reference

verwisselbaar exchangeable

verwisselen switch (v) *or* change (v)

verwoesten wreck (v) *or* ruin

verzadigen saturate

verzadiging (vr) saturation

verzameling (vr) set (n)

verzegelde inschrijvingen (vr mv) sealed tenders

verzegelen seal (v) *[attach a seal]*

verzekeraar (m) insurer

verzekerbaar insurable

verzekeren: zich verzekeren van fondsen (o mv) secure funds

verzekeren insure *or* underwrite *[guarantee]*

verzekering (vr) insurance

verzekeringsagent (m) insurance agent

verzekeringscontract (o) insurance contract

verzekeringsdekking (vr) insurance cover

verzekeringsmaatschappij (vr) insurance company

verzekeringsmakelaar (m) insurance broker

verzekeringspolis (vr) insurance policy

verzekeringspremie (vr) insurance premium *or* premium

verzekeringsstatistieken (vr mv) actuarial tables

verzekeringstarieven (o mv) insurance rates

verzekeringsvertegenwoordiger (m) insurance salesman

verzelfstandiging (vr) (overname (vr) door bestaande directie (vr)) management buyout (MBO)

verzendadres (o) forwarding address

verzendadvies (o) advice note

verzendbericht (o) dispatch note

verzenden per post (vr) mail (v)

verzenden dispatch (v) *or* send *or* ship (v) *or* consign

verzender (m) shipper

verzending (vr) *[per post]* mailing

verzending (vr) consignment *[things sent]* or dispatch (n) *or* shipment

verzendingsinstructies (vr mv) shipping instructions

verzendingskosten (m mv) shipping charges

verzendinstructies (vr mv) forwarding instructions

verzendlijst (vr) mailing list

verzetten put back *[later]*

verzilverbaar cashable

verzilveren encash

verzilvering (vr) encashment

verzoek (o): op verzoek on request

verzoek (o) request (n)

verzoeken om orders (m/vr mv) solicit orders

verzoeken ask *[someone to do something]* or request (v)

verzoenen reconcile

verzoening (vr) conciliation *or* reconciliation

verzuim (o) *[nalatigheid]* omission

verzuim (o) default (n) *[failure to fulfil obligations]*

verzuimen *[door nalatigheid]* omit

vestigen base (v) *[in a place] or* establish

vestiging (vr) establishment *[business] or* plant (n) *[factory] or* branch *[bank/shop]*

veto (o) uitspreken over een beslissing (vr) veto a decision

vetorecht (o) right of veto

via de detailhandel (m) verkopen retail (v) *[goods]*

via via

vierde kwartaal (o) fourth quarter

vip-ruimte (vr) VIP lounge

visitekaartje (o) business card

visum (o) visa

vitrine (vr) display case *or* showcase

vlak bij close to

vliegtuig (o) charteren charter an aircraft

vliegtuig (o) plane

vloed (m) flood (n)

vloeien flow (v)

vloer (m) floor *[surface]*

vloeroppervlakte (vr) floor space

vlottend floating

vlottende activa (mv) current assets

vlottende passiva (mv) current liabilities

vlucht (vr) *[geld or vliegtuig]* flight *[money or plane]*

vluchtinformatie (vr) flight information

vlug fast (adj)

voelbaar tangible

voertuig (o) vehicle

voet (m) *[rente]* rate (n)

vol full

voldaan paid *[invoice]*

voldoen (aan) meet *[be satisfactory] or* meet *[expenses]*

voldoen *[een factuur]* settle *[an invoice]*

voldoen aan een tijdslimiet (m) meet a deadline

voldoen aan een vraag (vr) meet a demand

voldoen aan comply with

voldoende adequate *or* sufficient

voldoening (vr) satisfaction

volgen uit result from

volgen follow

volgens factuur (vr) as per invoice

volgens monster (o) as per sample

volgens overheidsvoorschriften (o mv) government-regulated

volgens verzendadvies (o) as per advice

volgens according to *or* under *or* as per

volgnummer (o) serial number

volgorde (vr) order (n) *[certain way]*

volgroeide economie (vr) mature economy

volledig (inclusief rechten) outright

volledig full *or* complete *or* total (adj)

volledige betaling (vr) full payment

volledige dienstbetrekking (vr) full-time employment

volledige kwijting (vr) van een schuld (vr) full discharge of a debt

volledige prijs (m) full price

volledige terugbetaling (vr) *or* **volledig terugstorting (vr)** full refund *or* refund in full

volmacht (vr) tot beheer (o) van nalatenschap (vr) letters of administration

volmacht (vr) mandate *or* power of attorney *or* proxy *[deed]*

volstorten (aandelen) pay up

voltijddienstverband (o) full-time employment

voltijds full-time

voltooien complete (v)

voltooiing (vr) completion

voltooiingsdatum (m) completion date

volumineus bulky

volwassen economie (vr) mature economy

vonnis (o) judgement *or* judgment

voor de kust (vr) offshore

vóór zijn pre-empt

vooraf up front *or* advance (adj)

voorafbetaling (vr) money up front

voorafgaand previous *or* prior

voorbehoud (o) proviso

voorbelasting (BTW) input tax

voorbereiden brief (v)

voorbereiding (vr) arrangement *[system]*

voordeel (o) advantage or profit

voordeel (o) halen uit benefit from (v)

voordelig *[goedkoop]* good value (for money)

voordelig *[gunstig]* favourable

voordelig *[winstgevend]* money-making

voordelig saldo (o) profit

voordelig tarief (o) cheap rate

voordracht (m/vr) *[benoeming]* shortlist (n)

voordracht (m/vr) *[tentoonstelling]* presentation *[exhibition]*

voordracht maken shortlist (v)

voordringen jump the queue

vóórfinanciering (vr) pre-financing

voorkeur (vr) preference

voorkeur geven aan prefer

voorkeurs- preferential

voorkeursrecht (o) bij aandelenemissie (vr) rights issue

voorkeursrecht (o) first option

voorkeurtarief (o) preferential duty or tariff

voorkomen prevent

voorkoming (vr) prevention

voorleggen present (v) *[show a document]*

voorlichting (vr) *[bedrijf]* public relations (PR)

voorlichtingsafdeling (vr) public relations department

voorlichtingsfunctionaris (m) *[overheid]* information officer

voorlichtingsfunctionaris (m) public relations officer

voorlichtingsmedewerk(st)er (m/vr) public relations man

voorlopig bewijs van aandeel (o) scrip

voorlopig provisional

voorlopige begroting (vr) provisional budget

voorlopige verkoopprognose (vr) provisional forecast of sales

voornaamst prime or chief (adj) or principal (adj)

voornaamste industrie (vr) staple industry

voorraad (m) aanvullen restock

voorraad (m) opruimen liquidate stock

voorraad (m): in voorraad hebben stock (v) or carry or have in stock

voorraad (m) stock *[goods]* or inventory or stockpile or supply or reserve *[supplies]* or store

voorraad aanleggen stock up

voorraadaanvulling (vr) restocking

voorraadbeheer (o) inventory or stock control

voorraadbeheerder (m) stock controller

voorraadcode (m) stock code

voorraadcontrole (vr) inventory control

voorraadlijst (m/vr) stocklist

voorraadniveau (o) stock level

voorraadomzetsnelheid (vr) turnover *[of stock]*

voorraadopname (m/vr) stocktaking

voorraadstroom (m) stock movements

voorraadtaxatie (vr) stock valuation

voorraadverloop (m) stock movements

voorraadwaardering (vr) stock valuation

voorraden (m mv) aanleggen stockpile (v)

voorraden (m mv) op peil houden maintenance of supplies

voorraden (m mv): te grote voorraden overstocks

voorradig: niet voorradig out of stock

voorschiften (o mv) regulations

voorschot (o) bij afbetaling (vr) advance on account

voorschot (o) in rekening-courant (vr) advance on account

voorschot (o) advance (n)

voorschrift (o) rule (n)

voorspellen forecast (v)

voorspelling (vr) forecast (n)

voorstel (o) proposal or suggestion

voorstellen *[introduceren]* introduce

voorstellen *[opperen]* move *[vergadering]* or propose

voorstellen om (iets te doen) propose to *[do something]*

voortdurend constant (adj) or continual (adj)

voortdurend continually (adv)

voortgaan continue or proceed

voortgang (m) progress (n)

voortgangsrapport (o) progress report

voortreffelijk fine (adv) or outstanding or exceptional

voortrekker (m) pioneer (n)

voortvarend go-ahead (adj)

voortvloeien uit result from

voortzetten continue

voortzetting (vr) continuation

vooruit- forward

vooruit up front

vooruit te betalen payable in advance

vooruitbestellingen (vr mv) dues *[orders]*

vooruitbetaald prepaid

vooruitbetalen (o) advance (vr) *[lend]*

vooruitbetalen pay (v) in advance *or* prepay

vooruitbetaling (vr) money up front *or* advance payment *or* prepayment

vooruitgaan progress (v)

vooruitgang (m) progress (n)

vooruitkomen get along

vooruitstrevend go-ahead (adj)

vooruitzicht (o) forecasting

vooruitzichten (o mv) prospects

voorverpakken prepack

voorwaarde (vr): op voorwaarde dat on condition that *or* provided that *or* providing

voorwaarde (vr): op/onder voorwaarde dat on condition that

voorwaarde (vr) condition *[terms]* or provision *or* proviso

voorwaardelijk qualified *[with reservations]* or conditional

voorwaarden (vr mv): op/onder gunstige voorwaarden on favourable terms

voorwaarden (vr mv) terms and conditions

voorzien in cater for *or* provide for

voorzien van een etiket (o) *or* label (o) label (v)

voorzien van naam of initialen personalized

voorzien provide

voorziening (vr) *[accountancy]* provision *[money put aside]*

voorziening (vr) *[gebouw]* facility *[building]*

voorzieningen treffen make provision for

voorzitter (m) chairman *[of committee]*

vorderen progress (v) *or* to make progress

vorderingen (vr mv) *[accountancy]* receivables

vorderingen (vr mv) overdragen aan derden factor (v)

vorig previous

vorkheftruck (m) fork-lift truck

vormen form (v)

vormgeving (vr) design (n)

vraag (vr) en aanbod (o) supply and demand

vraag (vr) demand (n) *[need]*

vraaggesprek (o) interview (n)

vracht (m/vr) onder rembours (o) te betalen carriage forward

vracht (vr) aan boord (m) nemen take on freight

vracht (vr) over zee (vr) verzenden send a shipment by sea

vracht (vr) verschepen send a shipment by sea

vracht (vr) volgens laadvermogen (o) deadweight cargo

vracht (vr) cargo

vracht (vr) freight *[prijs]* or load (n) *or* cargo

vracht betaald carriage free *or* carriage paid

vrachtbrief (m) delivery note *or* shipping note *or* *[schip]* bill of lading *or* *[spoor/vliegtuig]* consignment note *or* *[vliegtuig]* airwaybill *or* *[weg]* waybill

vrachtkosten (m mv) te betalen bij levering (vr) freight forward

vrachtkosten (m mv) carriage *or* freight costs *or* freightage

vrachtlijst (vr) manifest

vrachtprijs (m) carriage

vrachtschip (o) cargo ship *or* freighter *[ship]*

vrachttarieven (o mv) freight rates

vrachtvliegtuig (o) freight plane *or* freighter *[plane]*

vrachtwagen (m) carrier *[vehicle]* or lorry *or* truck

vrachtwagen laden load a lorry

vrachtwagenchauffeur (m) lorry driver *or* trucker

vrachtwagenlading (vr) lorry-load

vrachtwagentransport (o) trucking

vragen (om) request (v)

vragen *[vereisen]* require *or* demand

vragen *[verzoeken]* ask *or* request

vragen: iets vragen ask for *[ask a price or a question]*

vragen: om iets vragen ask for *[something]*

vreemd foreign

vreemd vermogen (o) loan capital

vreemde valuta (vr) foreign currency

vrij *[gratis]* free

vrij *[onbeperkt]* free *or* unrestricted

vrij *[van werk]* off *[away from work]*

vrij aan boord (o/m) free on board (f.o.b. *or* FOB)

vrij van belasting (vr) exempt from tax *or* tax-exempt *or* free of tax

vrij van douanerechten (mv) duty-free *or* free of duty

vrij van kosten free of charge

vrij: de weg is vrij the road is clear

vrije markt (vr) open market

vrije markteconomie (vr) free market economy

vrije tijd (m) spare time

vrije zone (vr) free zone

vrijgave (o) *or* **deblokkering (vr)** release (n)

vrijgesteld exempt (adj)

vrijgeven *[document]* release (v)

vrijgeven *[voor publicatie]* release (v) *[make public]*

vrijgeven: de handel vrijgeven decontrol (v) trade

vrijgezel single

vrijhandel (m) free trade

vrijhandelsgebied (o) free trade area

vrijhandelszone (vr) free trade zone

vrijhaven (vr) free port

vrijkaartje (o) complimentary ticket

vrijlaten release (v) *or* free (v)

vrijlating (vr) release (n)

vrijstellen exempt (v)

vrijstelling (vr) exemption

vrijwaren indemnify

vrijwaring (vr) indemnification

vrijwillig ontslag (o) voluntary redundancy

vrijwillige liquidatie (vr) voluntary liquidation

vroeg early

vuur (o) fire (n)

Ww

waar voor je geld (o) good value (for money)

waar right (adj) *[not wrong]*

waarborg (m) security *or* guarantee *or* warrant (n) *[document]*

waarborgen warrant (v) *or* guarantee (v) *or* safeguard (v)

waarborgsom (m/vr) verbeuren forfeit a deposit

waard zijn worth (v) *or* be worth

waarde (vr): naar (geschatte) waarde (vr) ad valorem

waarde (vr) value (n) *or* worth (n)

waarde bepalen evaluate

waarde: in waarde dalen depreciate *or* lose value

waarde: in waarde verminderen depreciate *or* lose value

waardebepaling (vr) valuation

waardedaling (vr) depreciation *[loss of value]*

waardeloos worthless

waardepapieren (o mv) securities

waarderen *[op prijs stellen]* appreciate *[how good something is]*

waarderen *[waarde bepalen]* value (v)

waardering (vr) *[bepalen van de waarde]* valuation

waardering (vr) *[het op prijs stellen]* appreciation *[how good something is]*

waarderingscijfer (o) rating

waardestijging (vr) appreciation *[in value]*

waardevermeerdering (vr) appreciation *[in value]*

waardevermindering (vr) decrease in value *or* depreciation *[loss of value]* *or* writedown *[of asset]*

waardigheid (vr) rating

waarmerken certify

waarnemend bedrijfsleider (m) acting manager

waarnemend acting

wachtruimte (vr) transit lounge

wanbeheer (o) maladministration *or* mismanagement

wanbeleid (o) maladministration

wanbestuur (o) maladministration *or* mismanagement

wanbetaler (m) defaulter

wanbetaling (vr) default (n) *[failure to fulfil obligations] or* default on payments *or* non-payment *[of a debt]*

wanprestatie (vr) default (n) *[failure to fulfil obligations]*

warenhuis (o) department store *or* store (n) *[large shop]*

warrant (m) warrant (n) *[document]*

wederinvoer (m) reimport (n) *or* reimportation

wederinvoeren reimport (v)

wederkerig mutual (adj) *or* reciprocal

wederkerige overeenkomst (vr) reciprocal agreement

wederkerigheid (vr) reciprocity

wederrechtelijk toe-eigenen misappropriate

wederrechtelijk toe-eigening (vr) misappropriation

wederuitvoer (m) re-export (n)

wederverkoop (m) resale

wederzijds mutual (adj) *or* reciprocal

weegbrug (vr) weighbridge

week (vr) week

weer aanpassen readjust

weer in bezit (o) nemen repossess

weer in dienst (m) nemen re-employ

weer winstgevend maken turnround *[making profitable]*

weg (m) road

weg- en watertransport (o) surface transport

wegen weigh

wegens owing to

weggaan leave (v) *[go away]*

weggeefprijs (m) bargain price

weggeefprijzen (m mv) knockdown prices

weggeven give away

weglaten omit

weglating (vr) omission

wegnemen excise (v) *or* cut out

wegtransport (o) road haulage *or* road transport

wegtransporteur (m) road haulier

wegvervoer (o) road transport *or* road haulage

wegvervoerder (m) road haulier

wegwerken dispose of excess stock

wegwerp verpakking (vr) non-returnable packing

wegwerp disposable (adj)

weigeren refuse (v) *or* turn down *or* *[cheque]* dishonour

weigering (vr) refusal

wekelijks weekly

wereld (vr) world

wereldmarkt (vr) world market

wereldwijd- worldwide (adj)

wereldwijd worldwide (adv)

werk (o) *[arbeid]* labour

werk (o) *[baan]* job *[employment]*

werk (o) in uitvoering (vr) work in progress

werk (o) uitbesteden farm out work

werk (o) work (n)

werk(st)er (m/vr) worker

werk: te werk gaan proceed

werk- working (adj)

werkbevrediging (vr) job satisfaction

werkdag (m) day *or* working day

werkelijk real

werkelijke cijfers (o mv) actuals

werken work (v)

werkend working (adj)

werkende bevolking (vr) labour force

werker-directeur (m) worker director

werkgelegenheid (vr) employment

werkgever (m) employer *or* *[informal]* boss

werkgroep (m/vr) working party

werking (vr): in werking stellen run (v) *[work machine]*

werking (vr): in werking operative (adj)

werking (vr) operation

werkkapitaal (o) working capital

werkloos out of work *or* unemployed

werkloosheid (vr) unemployment

werkloosheidsuitkering (vr) unemployment pay *or* unemployment benefit

werkneemster (vr) *or* **werknemer (m)** employee

werkneemster (vr) ontslaan dismiss an employee

werknemer (m) *or* **werkneemster (vr) ontslaan** dismiss an employee

werkplaats (vr) workshop

werkplek (vr) place of work *or* workstation *[at computer]*

werksatisfactie (vr) job satisfaction

werkterrein (o) territory *[of salesman]*

werktuig (o) implement (n) *or* instrument *[device]*

werkvergunning (vr) work permit

werkwijze (vr) mode *or* process (n)

werkzekerheid (vr) job security

wet (vr) law *[rule]*

wet (vr) van de afnemende meeropbrengst (vr) law of diminishing returns

wet (vr) van vraag (vr) en aanbod (o) law of supply and demand

wetgeving (vr) legislation

wetsontwerp (o) bill (n) *[in Parliament]*

wettelijk voorgeschreven statutory

wettelijk statutory *or* legal *or* lawful

wettelijke aansprakelijkheidsverzekering (vr) third-party insurance

wettelijke feestdag (m) statutory holiday

wettig betaalmiddel (o) legal currency *or* legal tender

wettig gedeponeerd handelsmerk (o) registered trademark

wettig lawful *or* legal *or* valid

wettige handel (m) lawful trade

wijk (m/vr) area *[of town]*

wijze (vr) van betaling (vr) mode of payment

wijze (vr) mode

wijzigen *[document, statuten, wet]* amend

wijziging (vr) *[document, statuten, wet]* amendment

wikkel (m) wrapper

wilde staking (vr) wildcat strike

willekeurig random

willekeurige steekproef (vr) random sample

willekeurige steekproeftrekking (vr) random sampling

winkel (m) shop

winkelbediende (m/vr) shop assistant

winkelcentrum (o) shopping centre

winkeldief (m) shoplifter

winkeldiefstal (m) shoplifting

winkeldievegge (vr) shoplifter

winkelen (o) shopping *[action]*

winkelgalerij (vr) shopping arcade

winkelier (m) shopkeeper

winkelketen (vr) chain *[of stores]*

winkelpassage (vr) shopping arcade

winkelpromenade (vr) shopping mall *or* shopping precinct

winst (vr) na belasting (vr) after-tax profit *or* profit after tax

winst (vr) op papier (o) paper profit

winst (vr) per aandeel (o) earnings per share *or* earnings yield

winst (vr) vóór belasting (vr) pretax profit *or* profit before tax

winst (vr) earnings *or* gain (n) *[increase in value]* *or* profit *or* return (n)

winst- en verliesrekening (vr) profit and loss account

winstcapaciteit (vr) earning capacity

winstcentrum (o) profit centre

winstdelend profit-sharing

winstgericht bedrijf (o) profit-oriented company

winstgevend plan (o) money-making plan

winstgevend money-making *or* profitable

winstgevend paying (adj) *or* profit-making

winstgevendheid (vr) profitability *[making a profit]*

winstherstel (o) turnround *[making profitable]*

winstmarge (vr) margin *or* profit margin

winstopslag (m) mark-up *[profit margin]*

wissel (m) draft (n) *[money]* *or* bill *or* bill of exchange (n)

wissel (m) accepteren accept a bill

wissel (m) honoreren honour a bill

wissel (m) niet honoreren dishonour a bill

wissel (m) prolongeren renew a bill of exchange

wissel (m) protesteren protest a bill

wissel (m) ter acceptatie (vr) aanbieden present a bill for acceptance

wissel (m) ter betaling (vr) aanbieden present a bill for payment

wisselen change (v) *[money]* *or* convert *or* exchange (v) *[currency]*

wisselgeld (o) change (n) *[cash]* *or* float (n) *[in shop]*

wisselgeldautomaat (m) change machine

wisselkantoor (o) bureau de change

wisselkoers (m) exchange rate *or* rate of exchange

wisselmakelaar (m) foreign exchange broker

wisselmarkt (vr) foreign exchange market

wisselprotest (o) protest (n) *[official document]*

wissels (m mv) ter incasso bills for collection

wissels: (m mv) te innen wissels bills receivable

witte benzine (vr) cut-price petrol

witwassen launder (money)

woning (vr) house

woonachtig resident (adj)

woonplaats (vr) *[juridisch]* domicile

woordvoerder (m/vr) information officer *or* spokesman

wrak (o) wreck (n) *[ship]*

Zz

zaak (vr) *[bedrijf]* business *or* company *or* house

zaak (vr) *[probleem]* matter (n) *or* matter (n) to be discussed

zaak (vr) beginnen set up in business

zaak (vr) beheren control a business

zaak (vr) verkopen sell out *[sell one's business]*

zaak (vr) voeren carry on a business

zachte lening (vr) soft loan

zachte valuta (vr) soft currency

zachte verkoopmethode (vr) soft sell

zak (m) *[biljart]* pocket (n)

zak (m) *[tas]* bag

zak (m): in eigen zak steken pocket (v)

zakagenda (vr) pocket calculator

zakelijk bankroet (o) commercial failure

zakelijk commercial (adj)

zakelijke brief (m) business letter

zakelijke strategie (vr) business strategy

zakelijke transactie (vr) deal *or* business transaction *or*

zaken (vr mv) doen met iemand deal with someone *or* do business with someone

zaken (vr mv) business *[commerce]*

zaken doen transact business *or* deal

zaken: voor zaken (vr mv) on business

zakenadres (o) business address

zakenbezoek (o) business call

zakenlunch (m) business lunch

zakenman (m) businessman

zakenomvang (m) volume of trade

zakenreis (vr) business trip

zakenvrouw (vr) businesswoman

zakgeld (o) spending money

zakken drop (v)

zakrekenmachine (vr) pocket calculator

zee- marine

zeehandel (m) maritime trade

zeerecht (o) maritime law

zeeverzekeraar (m) marine underwriter

zeeverzekering (vr) marine insurance

zegel (o) seal (n)

zegelrecht (o) stamp duty

zekerheid (vr) certainty *or* *[veiligheid]* safety *or* *[algemeen dekking]* security

zeldzaamheidswaarde (vr) scarcity value

zelfbedieningsgroothandel (m) cash and carry

zelffinanciering (vr) self-financing (n)

zelffinancierings- self-financing (adj)

zelfklever (m) 'per luchtpost' (vr) airmail sticker

zelfregelend self-regulatory

zelfregeling (vr) self-regulation

zelfstandig independent

zelfstandig self-employed

zelfstandige onderneming (vr) independent company

zenden send

zending (vr) despatch *or* dispatch

zendingen (vr mv) van stortgoederen (o mv) bulk shipments

zetten put (v)

zich aanmelden report (v) *[go to a place]*

zicht (o) sight

zicht (o): op zicht on approval

zichtbare handel (m) visible trade

zichtwissel (m) sight draft *or* short-dated bills

ziekteverzekering (vr) health insurance

zijde (vr) side

zijkant (m) side

zitstaking (vr) sit-down protest

zitstaking (vr) sit-down strike

zittende huurder (m) sitting tenant

zo niet failing that

zo spoedig mogelijk asap *or* as soon as possible

zonder carbon (o) carbonless

zonder datum (m) undated

zonder huur rent-free

zonder voorbehoud (o) unconditional

zonder winstoogmerk (o) non profit-making

zorgen voor attend to *or* provide for

zuinig economical

zuiver inkomen (o) net income *or* net salary *or* net earnings

zuiver vermogen (o) net assets

zuiver winst (vr) clear profit

zuivere handel (m) fair dealing *or* fair trading

zuivere winst (vr) net profit

zustermaatschappij (vr) sister company

zusterschip (o) sister ship

zwaar transport voertuig (o) *or* **zware vrachtwagen (o)** heavy goods vehicle (HGV)

zwaar heavy *[important]* *or* heavy *[weight]*

zwaar: te zwaar zijn overweight

zwakke markt (vr) weak market

zwakke valuta (vr) soft currency

zwangerschapsverlof (o) maternity leave

zware industrie (vr) heavy industry

zware machines (vr mv) heavy equipment *or* heavy machinery

zwarte circuit (o) black economy

zwarte lijst (vr) black list (n)

zwarte markt (vr) black market

zwendelaar (m) racketeer

zwevend floating

zwevende wisselkoersen (m mv) floating exchange rates

BILINGUAL DICTIONARIES

A range of comprehensive, up-to-date bilingual business dictionaries. The dictionaries cover all aspects of business usage: buying and selling, office practice, banking, insurance, finance, stock exchange, warehousing and distribution.

Each dictionary includes:

over 50,000 entries example sentences
clear and accurate translations grammar notes

Ideal for any business person, teacher or student

Business French	ISBN 0-948549-64-5	600pp	h/b
Business German	ISBN 0-948549-50-5	650pp	h/b
Business Spanish	ISBN 0-948549-90-4	736pp	h/b
Business Chinese	ISBN 0-948549-63-7	534pp	h/b
Business Romanian	ISBN 0-948549-45-9	250pp	h/b
Business Swedish	ISBN 0-948549-14-9	420pp	h/b

Available from all good bookshops.

For further details, please contact:
Peter Collin Publishing Ltd
1 Cambridge Road, Teddington, TW11 8DT, UK
fax: +44 181 943 1673 email: info@pcp.co.uk www.pcp.co.uk